鈴木彩加
Suzuki Ayaka

女性たちの保守運動

右傾化する日本社会のジェンダー

人文書院

女性たちの保守運動　目次

序章　保守運動の台頭とジェンダー　13

第一部　女性たちの保守運動を捉える視点

第一章　戦後日本社会における保守運動の系譜　43

女性たちの保守運動——右傾化する日本社会のジェンダー

序章　保守運動の台頭とジェンダー

一　現代日本社会における新しい保守運動

社会運動研究では長らく、保守運動は研究対象として扱われてこなかった。その理由のひとつには、「社会運動」がそもそも「保守」とは正反対の進歩・革新主義運動として現れたことがあるだろう。日本では一九六〇年代まで、社会運動といえば主に労働運動のことを意味していた。一九五二年に書かれた赤松克麿の『日本社会運動史』という書籍は、「社会運動」という言葉を冠しているものの、同書が主に論じているのは社会主義運動である。当時の社会運動とは、労働者を運動主体として階級闘争によって社会の変革をめざす運動であった。

今日のような社会運動が登場するのは、一九七〇年代以降のことである。学生運動や女性運動、環境運動、エスニック・マイノリティをはじめとする社会的少数者による運動がこの時期から花開き、これらの運動は「新しい社会運動」と呼ばれた。長谷川公一によれば、この「新しい社会運動」

には二つの特徴があるという。第一に、労働者ではない運動主体としての集合的アイデンティティの形成が模索されていること、そして第二に、「社会的マイノリティによる民主主義の実質化と徹底化を求める要求」としての自己決定が重視されていることである（長谷川 1991：21）。以降、社会運動といえば右記のような運動が想起されるようになり、戦後日本社会で展開されてきた社会運動の歴史がふり返られる際にも、戦後民主主義の精神にもとづき、自らの権利を守るための、あるいはこれまで社会から排除されてきた人びとを包摂するための社会制度の創設を求める運動に主軸が置かれ、記述されてきた[1]。例外的に、片桐新自（1995）は右翼運動に言及しながら社会運動論史を描いているが、敗戦後に活発に取り組まれるようになったファシズム研究の文脈で右翼運動を取り上げているため、そこで言及されているのは一九五〇年代の右翼運動研究に限定されている。

実際には、この間にも保守運動は存在していた。学術研究では取り上げられてこなかった一方で、保守運動は雑誌記事やルポルタージュなどで断続的に、批判的に言及されてきた。戦後の日本社会では今日に至るまで、アジア太平洋戦争に関する日本の戦争責任・戦後責任をめぐって数多くの論争や、東アジアの近隣諸国との間で外交摩擦が生じてきた。天皇や内閣総理大臣による靖国神社公式参拝の是非や、歴史教科書における日本軍の侵略行為の記述の仕方、あるいは「侵略」という言葉を使用することの是非をめぐって韓国や中国との外交問題にまで発展した歴史教科書問題などが、その例としてあげられるだろう。これらの論争で、靖国神社公式参拝を支持したり、歴史教科書における南京大虐殺や従軍「慰安婦」といった日本軍の侵略行為の記述の削除を求め、韓国・中国に対し強硬姿勢を取る団体や人びとは、「保守派」「右翼」と呼ばれてきた。ジャーナリズムでは日本の「右傾化」「反動化」を推し進めるとされる保守運動団体の存在がこれまでにも指摘されてきたものの、論争が沈静化するにつれて保守運動団体への関心も雲散霧消していくという単発的な取りあげられ方であった。

しかし、二〇〇〇年代以降このような状況は一変し、保守運動に関する学術研究が取り組まれるようになった。その背景には、一九九〇年代後半から新しい運動スタイルを取る保守運動団体の台頭が目立ち始め、社会的・政治的にも一定の影響力を持つようになったことがある。一九九七年には「新しい歴史教科書をつくる会」（以下、「つくる会」と略記）が結成され、南京大虐殺や従軍「慰安婦」制度という歴史的事実を否定する歴史修正主義にもとづいた中学校歴史・公民教科書の作成とその採択率の向上を目的とした活動が展開されるようになった。小熊英二・上野陽子による『〈癒し〉のナショナリズム』は保守運動研究の先駆けとなった著作である。同書において小熊は、上野が「つくる会」の神奈川県支部有志団体「史の会」で行った調査結果をもとに、「史の会」が従来の市民運動と類似した運動スタイルを持つことや、同会の参加者たちが「普通の」市民であることを自称していることに着目し、冷戦体制の崩壊とグローバリゼーションから生じた「流動化現象」が保守運動の草の根的な広がりの背景となっていることを指摘している（小熊・上野 2003：5）。「流動化現象」によって不安を抱く人びとがナショナリズムへと接近していくという小熊の説はその後、学術研究に留まらず幅広く影響を与え[2]、「つくる会」以後の保守運動を論じる際のひとつの参照点となっている。

二〇〇〇年代後半になると、今度は街頭演説やデモ行進・抗議活動といった直接行動を重視する

「行動する保守」と呼ばれる運動団体が相次いで結成されるようになった。その中でも、二〇〇七年に結成された「在日特権を許さない市民の会」(以下、在特会と略記)は、在日コリアンを誹謗・中傷する攻撃的な言論を街頭で発し、韓国・中国・北朝鮮への強烈な敵対心を発露する活動を展開する組織として突出している。安田浩一の『ネットと愛国』は、在特会と「行動する保守」に連なる諸団体に対する丹念な取材にもとづいた優れたルポルタージュである。全国各地で行われた在特会の活動を追いかけ、活動家への聞き取りを行った安田は、在特会に惹きつけられた人びとを「日常生活のなかで感じる不安や不満が、行き場所を探してたどり着いた地平が、たまたま愛国という名の戦場であっただけだ」と論じている(安田 2012 : 313)。人びとが排外的なナショナリズムへと接続していく理由が「不安」や「不満」といった言葉で説明されており、小熊が『〈癒し〉のナショナリズム』で展開した議論を踏襲していることがこの表現からわかる。

他方で、「愛国心」や排外的ナショナリズムと結びついた運動が今日これほどまでに活発化している状況を、人びとの「不安」や「不満」でのみ説明することの限界も指摘されるようになっている。樋口直人は、「不安」を抱いた人びとがナショナリズムに引き寄せられるという議論に対して「「しんどそうな人びと」ばかりで運動が組織されているとみるのは無理がある」として退け(樋口 2014 : 15)、資源動員論の観点から在特会が台頭するようになった要因と、日本の排外主義運動にみられる特徴を明らかにしている。樋口は、在特会および「行動する保守」系団体の活動家三四名に対するライフヒストリーの聞き取り調査などから、在特会が登場した理由を個人レベルと社会レベルの二つの観点から論証している。まず、個人レベルでは、活動家たちは政治的社会化の過程で排外主義運動と親和的なイデオロギーを既に形成しており、インターネットを介して「在日特権」という言葉を知り、排外主義運動へと接続していく。次に、社会レベルでは、「東アジアの地政学的構造」があげられている（樋口 2014：6）。一九世紀以降の東アジアには、「帝国」と「植民地」双方が存在しており、今日に至るまで、植民地主義の精算は果たされていない。さらに、一九九〇年代以降になると、旧「帝国」と旧「植民地」が経済的に対等なプレイヤーとなっているという特徴もある。このように、日本と東アジア諸国との歴史的関係に起因する敵対感情が、在日コリアンをはじめとする国内のエスニック・マイノリティに向けられるという構図になっていると、樋口は論じている。

もっとも、在特会をはじめとする「行動する保守」の諸団体を「保守運動」と呼ぶか否かについては、論者によって立場が異なっていることに加えて、ひとりの論者の主張の中でも用語の定義は揺れている。樋口は「排外主義運動」という言葉を使っているが、その活動家らの政治的イデオロギーを、「戦後日本の政治的対立軸となってきた外交・防衛を中心とする立場の相違」である革新－保守に加えて（樋口 2014：71）、「保守」のさらに右側に「より強硬な立場を指す右翼という類型」を置いて分類しているなど（樋口 2014：71）、「排外主義」「保守」「右翼」の概念を整理しきれていない。本書における保守運動の定義に関しては後述するが、本書では在特会を含む「行動する保守」の諸団体も保守運動に含めることとする。

二　保守運動に参加する女性たち

保守運動の参加者の多くは男性だが、女性も少なくはない。一九九八年まで「つくる会」の事務局長を務めていた大月隆寛は、同会が二〇〇〇年に行ったシンポジウムの参加者への聞き取り調査を行っているが、その対象者一〇名のうち四名は女性であった（大月 2000）。祖父から従軍体験を聞かされる中で歴史に関心を持つようになったという仁科康子（四二歳、長野県、元小学校教諭）、鈴木理恵（二一歳、神戸市、大学生）、金城沙知子（一八歳、沖縄県、専門学校生）の三名と、高所得者層が子どもの「お受験戦争」に躍起になっていることを目の当たりにする中で「自分の既得権を子供に譲ろうと血道をあげているようじゃ日本は危ない」と思ったという日野裕子（四七歳、主婦）の語りが紹介されており（大月 2000：70）[3]、四〇代の中年層と二〇代以下の若年層の女性がそれぞれ二人ずつ取り上げられている。

この四名は「つくる会」のシンポジウムに参加した女性であるが、催しに参加するだけでなく、自らグループを立ち上げた女性もいる。先述した「つくる会」の神奈川県支部有志団体「史の会」の「発起人」とされるHさんは、調査者である上野陽子によれば三十四歳の女性であり、「幹部では紅一点の女性。会にはお子さんを連れて出席される」と記されている（小熊・上野 2003：183）。加えて、この「史の会」の主たる活動である勉強会とその後の懇親会に関する記述の中にも、女性が登場する。勉強会の出席者の職業内訳は、人数が多い順に会社員・定年退職者・主婦・学生だったとされ、また「三十代の主婦や女性の会社員」も参加していたと上野は述べている（小熊・上野 2003：80）。

二〇〇〇年代になると、「女性」の名を冠した保守運動グループが結成されていたことも報告されている。その大きな契機となったのが、男女共同参画反対運動である。一九九九年に制定された男女共同参画社会基本法は、あらゆる分野における男女の対等な社会参画の実現を目指すことを掲げた法律である。その基本法に対して、二〇〇〇年から二〇〇六年頃にかけて、全国的な反対運動が展開された。基本法の制定を受けて地方自治体でも男女共同参画条例が制定されるようになったが、条例制定反対の立場から、地方で活動するグループが出てきた。山口県宇部市では、「やまぐち女性フォーラム宇部」「男女共同参画を考える宇部女性の会」といった団体が存在していたことが指摘されている（小柴 2008）。このように、男女共同参画反対運動が全国的に行われた時期には「女性」という名を冠した組織や団体が相次いで結成され、保守運動における女性の存在に言及される機会も増えた。

在日コリアンに対する憎悪を極めて攻撃的な口調で表す在特会にも、女性が参加している。在日コリアンの集住地区である大阪・鶴橋で行われた在特会の街宣では女性も演説をしており、その場面を安田（2012）は次のように描写している。「ひときわカン高い声で合いの手を入れていたのは、ひざ上丈のスカートに、薄手のカーディガンを羽織った若い女性だった。仕事帰りにそのまま駆けつけたOLといった感じの地味な佇まいは、顔立ちが整っているだけに、街宣参加者のなかでもひときわ異彩を放っている」（安田 2012：5）。

また、「行動する保守」に連なるグループの中には女性中心に結成された団体も存在する。「日本女性の会 そよ風」、「愛国女性のつどい花時計」、「なでしこアクション」、「日本侵略を許さない市民の会」、「凜風やまと」などの団体は、他の男性中心団体と共同しながら、あるいは単独で、活発な活動を展開している。これらの女性団体は在特会と同様に在日コリアンへの憎悪や、東北アジア諸国を非難する言論を街宣やデモ行進の中で表明しているが、「慰安婦」問題への言及が多いという傾向もみられる。

さらに、二〇一〇年代になると「行動する保守」とも関係する女性たちによる書籍が続々と刊行されている。佐波優子『女子と愛国』(2013)、河添恵子ほか『国防女子が行く』(2014)、山本優美子『女性が守る日本の誇り』(2014)、杉田水脈『なでしこ復活――女性政治家ができること』(2014)などがその例としてあげられるだろう。これらの書籍には「女性」と「愛国」「日本」との結びつきを強調したタイトルがつけられており、保守論壇においても女性からの情報発信が積極的に行われようとしている。

三 女性たちの保守運動を捉える枠組みの不在

このように今日の保守運動は数多くの女性によっても支えられているものの、これまでの保守運動研究にはジェンダーの視点が欠如している。小熊・上野(2003)の「つくる会」に関する研究では、活動に参加する女性たちの描写が含まれてはいるが、女性に焦点を当てた分析や考察が行われているわけではない。また、在特会と「行動する保守」の活動家に対して樋口が行った聞き取り調査には女性活動家も含まれており、樋口自身も「ジェンダーの視点を用いた研究が必要」であると述べてはいるが（樋口 2012：159）、実際に樋口（2014）が行った分析にはその観点が導入されているとは言えない。

本研究が保守運動の女性参加者たちをジェンダーの視点から考察する必要があると考える理由は二点ある。第一に、たとえ同じ運動団体に所属していたとしても、参加者のジェンダーの違いによって運動内での経験は異なると推測されるためである。保守運動の女性参加者に焦点を当てた数少ないルポルタージュでは、女性参加者たちは他の男性参加者や運動外部の男性たちから性的存在として見られがちであることが記されている。保守系ケーブルテレビ番組である「チャンネル桜」に出演する佐波優子は、デモに参加した女性が他の男性参加者からのつきまとい行為の被害を受けていたことに触れ、「より女性が参加しやすい環境を作っていくことも大事」であると指摘している（佐波 2013：206）。また、北原みのり・朴順梨が「行動する保守」の女性団体を対象として書いたルポルタージュには、「相手から性の対象と見られていたことがガマンならなかった」と語る女性参加者の語りがみられる（北原・朴 2014：148）。保守運動は男性中心主義的な運動文化を持つことが推測される。男性参加者にとっては「日本人」というアイデンティティを確認できる居心地のよい場であったとしても、女性参加者にとっては同じような感覚を抱くことができる場とはならない場面があるのではないだろうか。さらに言えば、女性参加者が運動内において抑圧されるような状況も、少なくはないのではないだろうか。

第二に、保守運動は反フェミニズム運動という側面も併せ持っているが、女性たちがフェミニズムに反対することの意味は、より詳細に考察する必要があるためである。一九七〇年代に始まった日本の第二波フェミニズム運動は、社会や文化の中に潜む性差別や女性の抑圧を告発し、女性解放を希求してきた。また、時には国連やNGO、国外の運動団体とも連携することで、性差別の解消と男女格差の是正のための国内法整備を推進してきた。すべての女性が生きやすい社会の実現を目指し歩んできたフェミニズムに女性が反対することの理由は、男性のそれとは異なる意味合いを持つのではないだろうか。

保守運動になぜ女性が参加するのかという問いに対してジェンダーの観点から説明を試みた研究もあるが、それらは小熊・上野（2003）を敷衍したものとなっている。例えば、江原由美子は、男女共同参画に対するバッシングが盛り上がったのは、「ジェンダー・アイデンティティを傷つけられることに対する人々の不安感や反感を背景にしている」としたうえで（江原 2007：192）、男女共同参画に反対する女性は「既婚女性の多くが働くようになったことによって専業主婦であることに自信を失い不安にな」っているのだとする（江原 2007：190）。また、伊田広行は、男女共同参画に反対する女性たちは、「エリート」や「国家権力が「あるべき女性の解放像」や社会変革を押しつけてきて、それが「主婦である普通の私」を否定しバカにし既得権を奪っていくように感じるので、それが悔しい、反発したいという思いがある」のだと論じている（伊田 2006：185）。

このように、「主婦」である自分が否定されることへの不安から一部の女性たちは男女共同参画に反対するのだという説明は、女性のライフコースが多様化し専業主婦がいる世帯が少なくなった社会状況を鑑みれば、説得力があるようにも聞こえる。しかし、男女共同参画に反対する女性たちがそのような「不安」や「反発心」を抱いているのか否かについてまずは実証的に明らかにしたうえで、なぜ彼女たちが保守運動へ接続していくのかが検討される必要があるだろう。

他方で、とくに「行動する保守」の女性団体や女性参加者らの存在が目に見えるようになってからは、「不安」による動員とは異なる説明も散見されるようになった。すなわち、子どもや家族を守るために保守運動に参加する母親、という論調である。二〇一二年一二月の『ＡＥＲＡ』誌上には「ニッポンが傾く」という特集が組まれ、活発化した「行動する保守」をはじめとする保守運動の動向が取り上げられている。その特集の中には女性活動家に焦点をあてた「将来への不安と母性から「国を守れ」右傾化する女子の〝正義〟」という記事が掲載されている。この記事では、「行動する保守」関連の活動に参加する女性は「子どもを守りたい」という「母性」にもとづいており、その「母性」が「愛国心と結びつき、子どものための「強い日本を」という思いになる」のだと論じられている（金城 2012：12）。

「子どもや家族を守るために日本を守る母親」という説明は戦時中の「靖国の母」とも通じるものがあり、保守運動に女性が参加する理由としては「分かりやすい」ともいえる。確かに、保守運動の中には「母親」という立場で育児や教育問題に取り組む女性もいるが、保守運動の女性参加者をすべて「母親」という立場へと結びつけて論じてしまうことは、女性たちの保守運動の一面的な見方でしかないのではないだろうか。つまり、「母親」という概念に依らずとも、今日では「女性」と保守運動をつなぎ接続する回路が存在する可能性を見落としてしまうのではないだろうか。

このように、今日の日本の保守運動研究には女性たちの保守運動を捉えていくための枠組みが存在しておらず、さらに重要なことに、なぜ二〇〇〇年以降になって女性たちの保守運動への参入が相次ぎ、活動が活発化しているのかということも、明らかにされていないのである。

四　本書の目的と方法および構成

本書は、現代日本社会における女性たちの保守運動の実態を実証的に明らかにすることを通して、女性たちの保守運動が成立している要因を、保守運動内部のジェンダー構造と運動外部の社会構造に着目しながら考察することを目的とする。

現代日本社会で活動する保守運動のなかでも、本書では二つの潮流を取り上げる。ひとつは男女共同参画反対運動であり、いまひとつは「行動する保守」の諸団体による「慰安婦」バッシングである。この二つの運動を取り上げるのは、二〇〇〇年以降に保守運動が取り組んできた係争課題の中でも、とくに女性の発言や活動が目立ったためである。両者はこれまで個々に論じられてきたが、同時に取り上げられることはなかった。本研究では異なるテーマを扱う二種類の保守系女性団体を対象とすることで、女性たちの保守運動の特徴を浮かび上がらせることができると考える。さらに、女性たちの保守運動がなぜ「男女共同参画」と「慰安婦」問題に熱心に取り組むのかを考察することで、保守運動内における女性参加者・女性団体の独特の位置づけも明確になるだろう。

研究方法は質的調査法を用いる。女性中心に構成された二つの保守運動団体でのフィールドワークとインタビュー調査で得られたデータに加えて、保守系オピニオン雑誌や男性中心団体の機関紙に掲載された記事、また、インターネット上にアップロードされている活動に関する動画も扱う。複数の異なる性質のデータ・資料を扱うことで、それぞれのデータが持つ分析上の限界を補完するためである。保守運動団体の調査は、調査者が運動団体の主張に全面的に賛同していない場合、困難に遭遇することも多く、なかには匿名であっても自分の情報が開示されることに危惧を抱く者もいた。本研究で行った調査では受け入れ先の団体の代表者をはじめとした多くの方々の協力を得ることができたが、保守運動参加者の個人史的背景に関しては尋ねられないことも多かった。こうした調査実施上の限界に加えて、個別の運動団体のみを対象にするだけではその団体を取り巻く保守運動総体との関連性も見失いやすい。そのため、本研究では入手可能なデータを幅広く収集し分析することで、多角的な考察を試みることにした。なお、雑誌記事に関しては、挿し絵として挿入されている画像も資料に含めていることや、ある特定の対象に対する語りの違いといった質的差異の析出に重点を置いたため、計量的なテキスト分析ではなく質的分析を行っている。

本書の構成は以下のとおりである。まず、第一部「女性たちの保守運動を捉える視点」では、女性たちの保守運動を論じるための枠組みを設定する。第一章「戦後日本社会における保守運動の系譜」では、敗戦直後から今日に至るまでの保守運動史を日本遺族会を軸にしながら辿ることで、女性たちの保守運動がいかなる運動史的背景のもとに生じてきたのかを提示する。第二章「右派女性に関する米国フェミニズム研究の展開」では、日本よりも保守運動研究が蓄積されている米国の右派女性研究の展開を整理することを通して、日本における女性たちの保守運動を分析・考察していくうえで、どのような留意や目配りが必要となるのかを明らかにする。

第二部以下では、運動団体で行ったフィールドワークや各種団体の機関紙・ミニコミ、雑誌記事等のデータを分析し、現代日本社会における女性たちの保守運動の実態を提示する。第二部「保守運動と家族」では男女共同参画反対運動を取り上げる。男女共同参画反対運動では「女性の人権」に対置させるかたちで「家族の価値」が称揚され、女性参加者たちも「母親」「妻」「主婦」などの立場から積極的に発言していたためである。第三章「日本遺族会における家族言論の変遷——〝苦労する母親〟像に着目して」では、稼ぎ手である夫と専業主婦である妻およびその子どもという家族イメージが保守運動において論じられるようになった背景を、日本遺族会の会報記事の分析から考察する。第四章「「家族の価値」をめぐるポリティクス」では前章での分析を踏まえたうえで、今日の保守運動の「家族の価値」言論を発言者のジェンダーに着目して分析をする。二〇〇〇年から二〇〇六年までの期間、「主婦」という肩書で男女共同参画を批判する記事が保守系オピニオン雑誌などで散見されるようになった。第四章では「主婦」の立場で書かれた記事とそれ以外の記事を比較分析することで、「主婦」による男女共同参画批判が実際はフェミニズム研究におけるケア論とも交差する可能性があることを示したい。第五章「女性たちの男女共同参画反対運動——愛媛県の事例から」では、男女共同参画に反対する草の根の市民団体A会で行ったフィールドワークと会員へのインタビュー調査をもとに、地方で行われた男女共同参画反対運動の実態と、女性参加者たちの主張を提示する。第四章で示した知見と併せて、男女共同参画に反対する女性たちの主張がケア・フェミニズムと交差する点と乖離していく点を明らかにしたい。

第三部「保守運動と女性の生／性」では、「行動する保守」の女性団体を取り上げる。第六章「争点化される「慰安婦」問題」では、インターネット上にアップロードされた「行動する保守」の女性団体の活動に関する動画の内容分析から、これらの団体が「慰安婦」問題へと活動内容を集中させていく様子と、「慰安婦」問題をめぐって「行動する保守」の女性たちが置かれた立場の複雑性を明らかにする。第七章「「慰安婦」問題を喋えない女性たち」では、「行動する保守」に分類される女性団体B会で行ったフィールドワークをもとに、街宣やデモ行進のような直接行動ではない、非‐示威行動の場における参加者同士の相互行為を記述する。なかでも、参加者たちが話すジョークに着目することで、「慰安婦」問題が彼女たちにとってどのような意味をもつテーマであるのかを提示する。

そして、終章「日本社会で生きる女性たちの保守運動――その困難と展望」では、第一部から第三部までの議論を総括したうえで、女性たちの保守運動を女性運動として読み替える試みを行う。その試みを通して、二〇〇〇年代以降に女性の保守運動への参入が相次いでいることの理由と、男女共同参画と「慰安婦」問題が女性たちの保守運動の中心的なテーマとなったことの意味を考察する。

五　用語の定義

五－一　保守運動と保守主義

本論に移る前に、本書で用いる「保守運動」という言葉の定義について述べておきたい。本書で扱う運動団体は、論者によって「右派」「右傾化」「右翼」「排外主義」「レイシズム」といったように呼称が異なるが、本書では「保守運動」と呼んでいる。本書では、保守運動と思想としての保守主義は異なるものとして扱う。K・マンハイム（1927＝1997）は、一般的に「保守主義」と呼ばれてきた思想傾向には二種類のものが混同されているとし、それらを明確に区別している。ひとつは、未知なるものや新しいものに直面したときに人びとが抱く不安感や戸惑いであり、時代や地域の別を超えて人びとが普遍的に抱いてきた心性である。マンハイムはこれを「伝統主義」と呼ぶ。いまひとつは、特定の歴史的状況のもとで成立してきた思考様式であり、具体的に述べればフランス革命とともに形成された進歩主義への反発として生じた近代的思考形態である。マンハイムはこちらの方を「保守主義」と呼んでいる。[4]

保守主義の思考形態上の特徴として、マンハイムは三点指摘している。第一に、具体的な物事を重視するということであり、保守主義は抽象的な理論や体系化を忌避するとされる。第二に、今ここに存在するものは過去から必然的に連続してきた結果として存在するという物の見方である。そして第三に、家族や地域社会などの有機的団体・中間団体の意義を重視する点である（Mannheim

1927＝1997）。

Ｅ・バークはマンハイムが言うところの「近代保守主義の父」とされており、バークの著書『フランス革命の省察』は異なる時代、異なる地域においても共通してみられる近代保守主義のエッセンスが凝縮していると評されている（橋川 1968）。バークはフランス革命に対して批判的で厳しい見解を有しているものの、ここで注目したいのはバークがフランス革命を批判しているその論理である。

果たしてフランス政府は、改革の余地がまったく無いか、または改革に値せず、従って、建物全体を一時的に倒壊させてその跡を理論に従った実験用建造物を建てる場所として空地にしなければならない、という絶対的必要があったのでしょうか（Burk 1790＝1978: 168）。

この引用文中では、バークは革命後のフランス政府に対して疑問を投げかけているのだが、それは革命後の政府自体を必ずしも批判しているわけではなく、「革命」という方法に疑問を付している。フランス革命を推進し支持する進歩主義をバークは鋭く批判するが、バークが最も問題視していることは、歴史的に連続して存在してきたものを一挙に除去し、そこに「理論」という抽象的なものにもとづいた全く新しいものを構築したという手段なのである。

バークは物事を一から新たに作ることには反対するが、かといって過去に回帰したり現状を維持するだけで事足りると考えるわけではない。破壊でも現状維持でもない第三の方法としてバークは、

「改善」という手段を模索している。「改善」とは「保存しようとする気質と改善する能力を合したもの」であり（Burke 1790＝1978: 197）、「改善」こそが政治には必要であるとバークは考えた。「近代保守主義の父」と言われるバークは、社会制度や政治体制を変更すること自体を否定しているのではなく、「何らかの変更の手段を持たない国家には、自らを保守する手段がありません」として（Burke 1790＝1978: 29）、「改善」なくして「保守」はないとも述べている。思想としての保守主義は社会変革をすべて否定するわけではない。進歩主義が社会変革のために用いる手段や変化の速度を批判しているのである。

保守主義がこのような指向性を有する思想であることをふまえると、今日の日本で「保守」を自称する、あるいは「保守」と名指される人びとや運動団体は、思想としての保守主義からかけ離れていることがわかる。この点については、これまでも指摘されており、「リベラル保守」を自称する中島岳志は、「『保守とは何か』を問うたとき、出てくる答えは「九条の改憲」や「愛国心の重要性」などのフラグメンツ（断片）ばかりで」あると述べる（中島 2013：28）。また、仲正昌樹はヒューム、バーク、トクヴィル、バジョット、シュミット、ハイエクといった、政治思想において保守主義と考えられている思想家が社会制度や伝統的慣習をどのように位置づけてきたのかを概観したうえで、「ヒューム以来の制度的保守主義は、社会を安定させている制度に注目し、それを出来るだけ守っていこうとする」という姿勢が貫かれていることを指摘する（仲正 2014：234）。そして、日本で「保守」を自称する人びとが「『国を愛する心』を培うことをスローガン的に掲げることによって、〝日本らしさ〟を回復できると考えているとすれば、それは保守というよりはむしろ、自分たちの青写真を元に社会を改造しようとする設計主義の発想」であると批判している（仲正 2014：234−5）[6]。

憲法改正や教育といった法律・社会制度を変更することで愛国心を涵養させようとする今日の日本の保守運動は、思想的観点からみると、保守主義よりも反動主義に近い。「保守」と「反動」もまた相互互換的に使われているが、厳密には両者は異なる概念である。A・ハーシュマン（1991＝1997）によれば、反動（reaction）とはもともと、作用（action）に対する反作用（reaction）という意味でしかなかったが、保守主義という思考形態が生まれてきたときの状況と同じように、「反動」という言葉はフランス革命以後に政治性を帯びたネガティブな意味合いで使われるようになったという。

反動主義は保守主義とは異なり、過去の政治体制への回帰を強く指向する。ハーシュマンは「反動思想」の言説分析を行っているが、その中で「反動思想」として想定されているのは、公民権・普通選挙制度（＝民主主義）と福祉国家を否定する言説である（Hirschman 1991＝1997）。反動主義とは進歩主義にもとづいた政治的・社会的達成を否定し、それ以前の状態に回帰することを望む思考形態である。保守主義もまた長年にわたって存在してきた慣習が有する機能を重視しているものの、現状をすべて否定し、過去の政治体制へ戻すための変革を目指す思想ではない。保守主義と反動主義は同じ意味合いの言葉として使われることも多いが、思想的には全く別の思想である。

丸山眞男（1957）はかつて、日本では「保守」という自称が定着しなかったと述べているが、この指摘から六〇年以上経った今日、「保守」であることを自称する運動団体や人びとが数多く登場している。彼ら／彼女たちの主張は様々ではあるが、憲法改正や内閣総理大臣・閣僚による靖国神社公式参拝、再軍備支持などは共通してみられる。これらはいわば、戦後に築かれた政治・社会制度を積極的に変革してそれ以前に戻すということを意味しており、思想的には保守主義ではなくむしろ反動主義といえるだろう。そのため本研究では、ある運動団体が保守運動なのか否かを判断する際に、その運動団体が思想としての保守主義にもとづいていることを要件とはせず、保守主義と保守運動は別のものとして扱う(7)。

多くの国において人びとの政治意識は二項対立図式で描かれる。米国の場合、政治的対立は「保守」対「リベラル」という図式が用いられているが、米国の「保守主義運動」の形成過程を描いた中山俊宏によれば、「保守とリベラルは、相互の関係性のなかで浮かび上がってくる立場であり、時間軸を超えた確固たる思想体系に依拠しているとは限らない」という（中山 2013：18）。そのため中山は、「保守」と「リベラル」という概念を「説明的な機能を持った概念」ではなく「人びとを動かす政治的対立を集約している対概念」として用いている（中山 2013：36）。人びとは「保守」や「リベラル」という立場にもとづいた上で政治社会的状況について価値判断をしていくのではなく、政治・社会問題に関する個別のイシューに対する様々な考えが「保守」「リベラル」という旗印のもとに集約されていき、論争や社会運動となって対峙していくのである(8)。

日本の場合、人びとの政治意識の指標として長らく用いられてきたのは「保守」対「革新」という対立構図であった。しかし、この対立はひとつの一貫した軸によるものではなく二つの軸が存在していたことが指摘されている。蒲島郁夫・竹中佳彦（1996）によれば、戦後日本社会の政治的イデオロギーの対立軸となっていたのは、第一にアジア太平洋戦争以前の旧体制と日米安保を中心とした安全保障への賛否である。この「旧体制・安全保障」をめぐる対立軸は、敗戦直後のマルクス

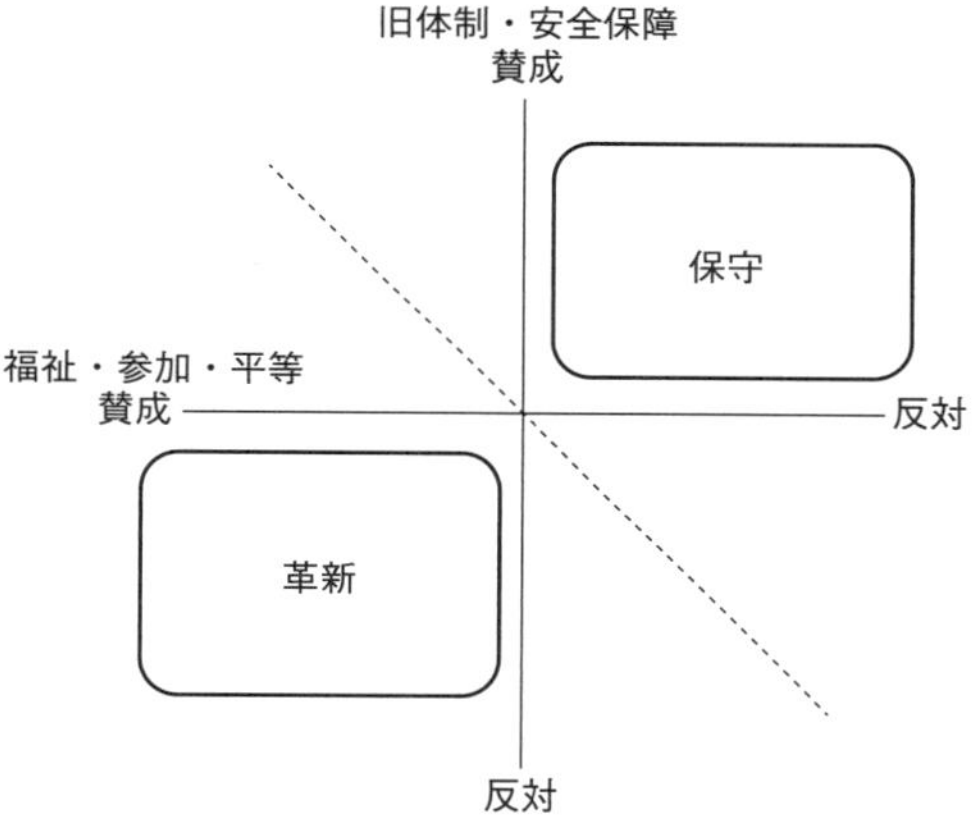

図1　戦後日本の政治意識

蒲島・竹中（1996）をもとに作成

主義の復活にともなった旧体制の否定と、その後に生じた「逆コース」と呼ばれる「左派」に対する巻き返しとして現れ、一九六〇年の日米安全保障条約をめぐって両者の対立は最高潮に達した。そして第二の対立軸は、福祉・参加・平等をめぐる軸であった。高度経済成長によって一九六〇年代の旧体制・安全保障をめぐる第一の対立軸は影を潜めることになるが、一九七〇年代になると、公害や環境破壊といった資本主義的経済成長のマイナス面が社会問題化し、「「反成長」や「福祉」などを旗印とする革新の勢力を増大させ」た（蒲島・竹中 1996：88）。そのため、七〇年代の国内の政治的対立構図は、六〇年代までの旧体制・安全保障という軸に加えて、福祉・参加・平等という新たな軸が加わった二次元構図になったと、蒲島・竹中は指摘している（**図1**参照）。

一九八〇年代以降は、冷戦体制の崩壊も相まってこのような「保守」対「革新」という政治意識の拘束性は弱まり、さらに、市場放任主義と結びついた新保守主義の登場によって政治的対立構図は多元化していったことが明らかにされている（蒲島・竹中 1996）。しかし、人びとの政治意識ではなく社会運動レベルでみれば、こうした政治的イデオロギーの配置図は今日においても有効であると考えられる。そのため本研究では、「保守運動」を戦前の旧体制と日米安保を支持し、福祉制度の充実と市民の平等な政治参加には否定的な立場をとり、「愛国心」を唱えるナショナリズムと結びついた運動、と定義する。具体的には、憲法改正・軍備強化・東アジア諸国（とくに中国・南北朝鮮）への強硬姿勢・天皇制擁護・靖国神社公式参拝支持・性別役割分業と家族単位の重視といった見解を有する運動団体を念頭に置いている。

昨今の運動状況を鑑みれば、保守運動を論じるうえでナショナリズムとの結びつきは外すことができない。ここでいうナショナリズムとは、「政治的な単位と民族的な単位とが一致しなければならないと主張する一つの政治的原理」というE・ゲルナーによる定義を採用している（Gellner 1983＝2000: 1）。ナショナリズムをどのように定義するかについては様々な議論があり、ゲルナーの定義は簡潔に過ぎるという批判もある（塩川 2008）。また、ナショナリズムは必ずしも「保守」と結びつくものではなく、戦後思想史においては進歩的知識人とされた人びとが「国家に抗するナショナリズム」の構築を模索した時代もあった（小熊 2002：826）。しかし、そのことを踏まえてもなお、今日のように在日外国人の排斥を訴える運動団体が「行動する保守」を自称していることや、靖国神社公式参拝や歴史教科書におけるアジア太平洋戦争に関する記述に対する中国・韓国からの批判を「内政干渉」として激しく反発する保守系論壇・保守運動団体の言論からは、ゲルナーの定義に依拠することが適切であると考えられる[9]。

五－二　保守運動と右翼運動

最後に、本書では保守運動と右翼運動も区別し、前者のみを扱う。「保守」と「右翼」という言葉もまた、同じ意味の言葉として用いられることが多く、本書で取り上げる団体を「右翼運動」とみなす研究も存在する[10]。右翼運動といっても活動形態には幅があり、なかには本書で扱う保守運動にも右翼運動と重複するような団体は存在する。本書ではそれらの団体も含めて「保守運動」という言葉を用いることとするが、とくに街宣車に乗り暴力を運動手法として用いる狭義の意味での右翼運動は、研究対象として含めない。

日本の右翼運動は一八七八年の玄洋社の結成をもってはじまるが、アジア太平洋戦争の敗戦とそれに伴うＧＨＱの対日占領政策により、敗戦直後の右翼運動は一時的に壊滅状態となる。その要因として木下半治（1951a, 1976）は、四つの要因をあげている[11]。①一九四六年に出された超国家主義団体解散令による右翼運動の活動禁止という法的要因、②天皇の神格否定による思想的基盤の喪失、③軍隊・財閥解体による経済的基盤の損失、④農地解放にともなう農村の民主化による人的供給源の断絶、である。加えて、一九四五年の戦犯追放により右翼運動指導者が政治的に追放されたことも右翼運動の衰退に大きな影響を与えた。

しかし、一九五〇年代前半になると対日占領政策は民主化から経済復興重視へと転換され、それに伴い右翼運動も活動を再開するようになる。まず、戦前から活動していた右翼運動のなかでも協同党や協和党などの解除組が活動を再開し、平和主義や再軍備反対を掲げるようになった。新たな団体も結成されるようになり、一九五六年当時でその団体数は合計二七二団体（関東七三、東北二〇、北海道二三、中部一八、近畿二六、中国四国五〇、九州六二）にまで増加したという（木下 1977）。

敗戦後の右翼運動を木下（1965）は「新生右翼運動」と呼び、三種類に分類している。第一に「政治右翼」であり、戦前の旧右翼運動の伝統を受け継ぐものとして大東塾の影山正治、全国師友協会の安岡正篤、国民同志会の吉田益三らがあげられる。第二に「街頭右翼」であり、暴力を用いた実力行使を重視する系統である。具体的には愛国党の赤尾敏、大日本生産党の河上利治、日本青年連盟の富田一夫、大日本国民党の荒川牧水らがこれに該当する。そして第三が「やくざ右翼」であり、暴力団との境が曖昧なものとして、義人党の高橋義人、国粋会の森田政治などがあげられる。

一九五〇年代後半になると、日米安保問題をめぐる左翼運動の盛り上がりに対抗するため、右翼運動も三つの連合体のもとに結集するようになる。一九五九年には「政治右翼」の連合体として「日本国民会議」が結成され、東亜連盟同志会の伊東六十二郎が事務局長となり、生長の家・全国師友協会・郷友連などが参加した。同年にはまた、「街頭右翼」が「全日本愛国者団体会議」を組織し、議長団代表として護国団の佐郷屋嘉昭が、事務局長には大日本国民党の荒川牧水が、顧問には児玉誉士夫・三浦義一・笹川良一が就任した。同じく「街頭右翼」の中でも「全国愛国者団体会議」と対立する形で結成されたのが「大日本愛国団体連合――時局対策協議会」であり、防共新聞の福田素顕を中心としながら、大日本錦旗会の本多葵堂が議長に、言論同志会の長谷幸裕が事務局長となった。一九六一年には「やくざ右翼」の連合体として「日本主義連合」も結成されている。

長期間にわたって多数の団体が存在してきた右翼運動を一言で語ることは難しい。猪野健治は、右翼運動を「左翼に対抗する在野勢力の前衛的部分」と定義したうえで（猪野 2005：11）、右翼運動の特徴を二〇項目にまとめている。長くなるがそれらを列挙すれば、「天皇制および国家に対する絶対的忠誠」、「共産主義、社会主義またはこれに同調する勢力への反対・警戒」、「理論よりも行動の重視」、「民族的伝統、文化の護持と外来思想、文化への警戒」、「義務・秩序・権威の重視」、「民族的使命感」、「命令系統における権威主義」、「家族主義的全体主義」、「保守的傾向」、「一人一党的傾向」、「少数精鋭主義」、「家父長的人間関係」、「知識層――とくに言論人、教職員に対する警戒」、「性急な直接行動（直訴、テロ、クーデター指向）」、「国益最優先」、「軍事力の拡大強化指向」、「愛国教育の推進」、「戦後体制の全否定（ヤルタ・ポツダム体制打破）」、「マスコミの報道姿勢への強い警戒」、「セレモニーの重視（祭礼、儀式、儀礼、パーティ等）」とされる（猪野 2005：11－2）。

猪野があげた項目には保守運動にも共通するものが多いが、異なる点として次の二点があげられる。第一に、「一人一党的傾向」である。この傾向が右翼運動には強くみられることは頻繁に指摘されてきた（木下 1951, 1965：堀 2000）。数値からもそのことは示されており、堀幸雄（2000）は一九七二年度版の『右翼関係団体要覧』を参照しながら一団体あたりの構成人数を明らかにしている。それによれば、『要覧』に記載されていた右翼団体二三四団体中、三六％に該当する八五団体が構成員一〇人以下の小規模組織となっており、さらにそのなかでも二二団体（全体の約一〇％）は一人であったとされる。右翼団体中六三％ともっとも多い一四八団体ですら、構成員は五〇人以下であった[12]。

第二に、「性急な直接行動（直訴、テロ、クーデター指向）」である。右翼運動において、暴力は自らの主義主張を社会に対して表明するひとつの重要な手段であった。河野一郎邸焼討事件（一九六三年）・経団連襲撃事件（一九七五年）を起こし、一九九三年に朝日新聞社にて自決した野村秋介は「右翼とは何か」と題した座談会において、「問題点を肉体言語によって提起してくのも行動右翼の仕事」であると語っている（猪野編 2006：61）。ここで「肉体言語」として言及されているのは、右翼団体を名乗る青年がポリバケツ入りガソリンを積んだ小型トラックで首相官邸へ突入した事件のことであるが、暴力を用いた抗議行動が「肉体言語」として肯定的に捉えられている。暴力を伴う抗議活動は社会に大きなインパクトを与えるが、「そのことによって右翼はかえって大衆の支持を失った」ともされている（堀 2000：135－6）。

保守運動と右翼運動は運動団体として重なる部分はあるものの、先の木下による右翼運動の分類にもとづけば、本書では「街頭右翼」「やくざ右翼」は研究対象から除外している。今日、保守運動は社会的・政治的に勢いをつけているが、それは保守運動に参入し、運動を支える人的基盤の広がりと厚さによるところが大きい。保守運動は一人一党の少数精鋭の運動ではない。また、活動として恒常的に暴力をともなうものであるならば、多くの人びとを動員し安定的な運動を展開していくことは不可能である。そのため、本書では狭義の意味での右翼運動を保守運動と区別し、取りあげないこととした。また、保守運動と重複する右翼運動団体に関しては、「保守運動」として統一した用語を当てる。

（1）例として、社会運動論研究会編（1990）、矢澤編（2003）など。
（2）高原（2006）も「社会の流動化」をキーワードとして二〇〇〇年代における日本・中国・韓国のナショナリズムを考察している。
（3）名前はすべて仮名であると大月は記している。
（4）国内の「右傾化」現象全般を扱ったものとして塚田編（2017）がある。政党政治における「右傾化」現象に関しては中野（2015）を参照。
（5）保守主義がいかなる思想であるかについてはこの他に落合（1987）、宇野（2016）を参照。
（6）英米の保守主義思想家たちが制度論について語ってきたことに対し、日本の保守主義思想家は「日本人の精神の在り方を論じること」に主眼を置いてきた（仲正 2014：214）。この違いについて仲正は、イギリスやアメリカは政治体制の連続性が保たれてきたために、社会の安定性に資してきた慣習に着目しやすい一方で、日本の場合は明治維新・アジア太平洋戦争による政治体制の断絶があり、今日まで存続する慣習を思想的に拾い上げていくことが困難であることを指摘している。
（7）思想としての保守主義を社会運動の中に見出せるとすれば、環境保護運動がそれに該当するかもしれない。野田裕久編『保守主義とは何か』には、欧米の政治的保守主義に関する論稿と並んで、イギリスのナショナル・トラストを扱った論稿が収められている。佐野は、一九世紀末のイギリスで展開されたナショナル・トラストの成立過程および背景を考察する中で、①近代化・産業化への反発、②イギリス人としての習慣や美意識、③ナショナリズム、④商業主義に対する反発といった要素を、保守主義的側面として指摘している（佐野 2010）。
（8）人びとの政治意識がどのような「道徳基盤」によって規定されるのかを心理学の観点から検証しているものとしてHaidt（2012＝2014）がある。
（9）山崎望（2015）は、今日の日本でみられる「ナショナリズム」が従来のナショナリズム類型のいずれにも当てはまらない「奇妙なナショナリズム」であることを指摘している。保守運動とナショナリズムの関係性については検証する余地が十二分にあるが、本書ではナショナリズムのより詳細な議論には踏み込まず、まずは保守運動をジェンダーの観点から論じることに専念したい。

(10) たとえば、堀(2000)は後述する「生長の家」や「日本を守る国民会議」なども「右翼運動」と括っている。もちろん、保守運動と右翼運動の境界は曖昧であることが多いが、本書ではこれらの団体にも「保守運動」という言葉を当てている。

(11) 戦前には約三五〇あった右翼団体のうち、約二一〇余りの団体がこれによって解散したとされる(木下 1951b)。

(12) 右翼運動が一人一党的傾向をもつのに、運動を支える理論が貧困であることが要因だとされる。木下はこのような右翼運動の理論の「無さ」を「消極的左翼追随主義」と呼んでいる(木下 1965:13)。確かに、右翼運動には天皇制護持や反共主義といった思想的指向はみられるが、それらを結びつけ系統立てる理論はなく、そのため右翼運動を最も突き動かすのは左翼運動への反発感であった。それと同時に、右翼運動は「人を中心に運動を進めてきた」とも言われる(堀 2000:193-6)。実際、右翼運動に関する研究でも運動団体に焦点を当てるものと同じくらい、運動の指導者個人の来歴や思想に着目するものは少なくはない。

第一部　女性たちの保守運動を捉える視点

第一章　戦後日本社会における保守運動の系譜

一　保守運動の胎動——日本遺族会を中心に

一-一　保守運動の系譜を辿るために

本章では、女性たちの保守運動がどのような運動史的背景のもとで登場したのかを明らかにするために、アジア太平洋戦争敗戦後から現代に至るまでの保守運動の流れを追う。これまでにも断片的にではあるが、戦後日本社会における保守系諸団体の展開を論じる研究は存在した。保守運動の潮流を生み出してきた団体は非常に多岐にわたっているため、論者によってその潮流の中心にどの団体を位置づけるかは異なっている。例えば、堀幸雄（2000）は「生長の家」を、K・ルオフ（2002＝2009）は「神社本庁」を軸に据えて、一九六〇年代後半から一九七〇年代にかけて展開された元号法制化運動の流れを整理している（元号法制化運動については後述する）。

他方で、近時ではジャーナリズムにおいて「日本会議」が注目を集めるようになった。二〇一六年には菅野完（2016）・青木理（2016）・山崎雅弘（2016）によって「日本会議」とその源流を扱ったルポルタージュが刊行されており、翌年にも藤生明（2017）によるルポが出版されている。これら「日本会議」を扱った書籍の相次ぐ出版は、〝日本会議本〟ブームとも呼ばれ、同組織の存在が一躍知られることになった。「日本会議」がこれだけ広く世間の関心を集めたのは、政治との関わりの深さもある。「日本会議」には国会議員が加盟する「日本会議国会議員懇談会」という下部組織があるが、二〇一五年の第三次安倍改造内閣の閣僚二〇名のうち一三名が同会に加盟していたことも一部ではセンセーショナルに報じられた。

「日本会議」を扱ったこれら一連の著作で書かれていることは、同組織の政治に対する影響力の大きさに加えて、どのようにして日本最大の保守系組織が作られたのかという経緯である。「日本会議」の結成経緯については、次のような描き方をされることが多い。その起源は一九六〇年代に遡るとされ、全共闘などの左派学生運動に対抗するために、「生長の家」信徒学生らが中心となって一部の大学で右派学生運動が組織された。そこで中心となっていた男子学生らがその後、「日本青年協議会」「日本協議会」を結成し、この二団体が現在の「日本会議」の中核あるいは「実働部隊」となっている、というものである。

強力なリーダーなど特定の人物の歩みを辿ることによって運動の歴史を描くという記述の仕方は、明瞭でわかりやすいものの社会運動史としては不十分である。社会運動は一人のカリスマ性のあるリーダーがいるだけでは成立しない。演説や執筆などによって運動団体の主張を外部に発信する人、実務や雑用などの裏方を担う人、実質的に活動に携わるわけではないが運動団体に参加する人、入会しないもののその活動を支持する人など、様々な関わり方をする複数の人びとが必要であり、他の運動団体との関係性や、何を係争課題としてそれをどのように社会に訴え支持を集めていくかといった運動戦略もある。

さらに、運動団体のリーダー層のみに着目することは、ジェンダーの視点から社会運動を捉えようとする場合に時として弊害にすらなりうる。男性中心主義の社会では組織や団体のトップ・要職には男性が就きやすく、女性参加者が取りこぼされてしまう可能性がある。また、ジェンダーに関する係争課題はたとえある運動団体が力を入れて取り組んでいたとしても、男性リーダーにとっては瑣末なものとして認識されていることもある。そして、リーダーとその他大勢の参加者たちの認識は必ずしも一致しているわけではない。

本章では、戦後日本社会における保守運動の系譜を、一九六〇年代の右派学生運動よりも遡って日本遺族会を軸として描き、そこに女性たちの保守運動を位置づけてみたい[1]。日本遺族会はアジア太平洋戦争における軍人・軍属戦没者の遺族によって作られた団体であり、自民党最大の支持母体と言われている。日本遺族会は、一家の稼ぎ手であった夫や父親亡き後、遺族の経済的・精神的処遇改善を目的として敗戦直後から今日にいたるまで活動してきた。国家による軍人・軍属戦没者遺族の生活保障を要求し続けてきたという点において、遺族会は保守系団体である以前に利益団体という側面を持つ。しかし、同会は時代が下がるにつれて、戦後は一宗教法人となった靖国神社を再び国家の管理の下にするという靖国神社国家護持を求める活動に重点を置くようになり、その結果、様々な保守系団体が遺族会と接点を持つようになった。靖国神社国家護持という係争課題の移行とともに遺族会の運動手法にも変化がみられるようになる。日本遺族会に着目することで、一九八〇年代までの保守運動の活動の特色を浮かび上がらせることができるとともに、九〇年代以降に生じた草の根レベルの小グループを中心とした保守運動の特徴もまた、明らかにできると考える。そしてその上で、女性による保守運動を保守運動史の中に位置づけてみたい。

一－二　日本遺族会の出発

戦後日本社会において人びとの政治意識を測る指標として長らく用いられてきたのは、「保守」対「革新」という二項対立図式であった。一九五五年一〇月の左右社会党合同による日本社会党の誕生と、翌一一月の自由党・民主党の合流による自由民主党の結成をもって、戦後日本の政治システムの基盤となった五五年体制がはじまった。この自由民主党と社会党の対抗関係に対応する形で、安全保障や再軍備問題などの政治的争点をめぐって、「保守」対「革新」というイデオロギー上の対立構図もまた形成されるようになった（大嶽 2005：間場 2000）(2)。

日本遺族会は自民党「保守」政党の支持基盤となった団体であるが、そもそもアジア太平洋戦争における軍人・軍属戦没者遺族による遺族運動は、戦没者妻たちによって当初は形作られていった。敗戦にともなう軍人恩給・公務扶助料の停止と靖国神社の宗教法人化は、軍人・軍属戦没者遺族にとって「掌を返したような冷遇」として受け止められた（今井 2002：83）。なかでも、稼ぎ手である夫を亡くした戦没者妻の生活は困窮を極め、これらの女性たちの中から「反軍平和思想」と「現実的な生活の窮乏感」にもとづいた戦争犠牲者遺族同盟が結成された（今井 2002：93－4）。

日本遺族会の前進である日本遺族厚生連盟は、この戦争犠牲者遺族同盟から分離して作られた団体である。一九四七年、戦争犠牲者遺族同盟の地方代表者会議の場で、英霊顕彰を重視する男性遺族と経済支援を求める戦没者妻との間で対立が生じた（北河 2000, 2005；大日方 2009）[3]。男性を中心とした遺族はその後、戦争犠牲者遺族同盟を離脱して同年一一月に日本遺族厚生連盟を結成、一九五三年に財団法人日本遺族会へと改組した[4]。以下では厚生連盟時代も含めて、日本遺族会を「遺族会」と表記する。

日本遺族会は、アジア太平洋戦争における軍人・軍属戦没者の父母・きょうだい・妻・子らで構成されている。ただし、戦没者遺族全体に対する組織率は田中伸尚の聞き取り調査によれば一九七八年時点で五六％とされており（田中 1995）[5]、必ずしもすべての戦没者遺族が加入しているわけではない。しかし、遺族会は軍人・軍属戦没者遺族団体としては国内最大の組織となっている。

遺族会の活動は、①戦没者遺族の経済的処遇改善と、②靖国神社国家護持の二つを柱としている。厚生連盟時代の会報第一号（一九四九年）には、会の目的として「遺族の相互扶助、慰藉救済の道を開き道義の昂揚品性の涵養に努め、平和日本建設に邁進すると共に、戦争の防止、ひいては世界恒久平和の確立を期し以て全人類の福祉に貢献すること」が掲げられている。遺族会は英霊顕彰を重視する遺族らが中心になっているが、結成当時はＧＨＱの占領方針に抵触するため靖国神社国家護持に関する活動を行うことは困難であった。そこでまず取り組まれたのが、生活に困窮する戦没者遺族、とくに戦没者妻らの経済的境遇の改善であった。

経済的境遇の改善として遺族会は軍人恩給と公務扶助料の復活を目指し、そのために政治家や行政への陳情・請願活動を展開した。一九四七年一一月にはＧＨＱ福祉課・首相官邸・衆参両院議長・厚生省に対して陳情を行い、翌年一一月にも遺族会の各都道府県代表が政府・国会に陳情、遺族会婦人代表もＧＨＱ福祉課長ネフ大佐に面会し、陳情している（日本遺族会編 1987）。結成から二年後の一九四九年には早速その成果として、「遺族援護に関する決議」と「未亡人並びに戦没者遺族の福祉に関する決議」が国会で可決された。この決議は、軍人・軍属戦没者を公務上の犠牲者とする遺族会の主張を認め、アジア太平洋戦争における軍人・軍属戦没者の「肯定的再評価の端緒を開く」ものであった（今井 2003：129）。

これらの決議を経て、一九五〇年代には遺族会の要望が相次いで実現されるようになった。一九五二年には「戦傷病者戦没者遺族等援護法」が、そして一九五三年には恩給法改正が実現し、遺族年金と公務扶助料が復活した。しかし、遺族会はこれらの要望が実現された後も、公務扶助料の増額や遺族年金の支給対象者の範囲を拡大するために活動を継続させた。毎年開催されている「全国戦没者遺族大会」では国に対する要望事項を決議しているが、一九五七年から一九五八年までに開かれた第九～一一回大会でも、公務扶助料の文官との不均衡是正や、動員学徒等の準軍属遺族の処遇改善などの決議があげられている（日本遺族会編 1987）。

要望を着実に実現していった遺族会の活動手法は、政治家への働きかけを中心としていた。先にみたように、政治家や官僚などへの請願・面会に加えて特筆すべきは、議員との相互協力関係である。一九四九年一月二三日の戦後初の国政選挙後、同年三月二五日に遺族会は衆議院・参議院をそれぞれ訪問し、戦没者遺族の処遇改善を求める陳情を行っている。城下賢一によれば、陳情の場に出席した議員には次のような傾向があったという。第一に、当時の与党である民自党に限らず幅広い政党所属議員であったこと、第二に、当選回数の少ない議員であったこと、である（城下 2012）。遺族会は選挙戦を念頭に置きながら、当選回数が少ないがゆえに「選挙基盤が固まっておらず、そのために遺族厚生連盟との相互協力関係を欲する」議員を対象に積極的な働きかけを行っていた（城下 2012：110－1）。

遺族会はこのようにして自民党との結びつきを深めていき、同党の支持基盤として発展していった。一九六九年に遺族会会長に就任した賀屋興宣以降、遺族会の会長は代々自民党の衆議院議員が務めるようになった(6)。また、遺族会には日本遺族政治連盟という公職選挙法上の団体があり、同団体から推薦を受けた議員は一九九七年時点で二八〇名であった（田中 1997）。他方で、自民党内にも遺族会と関係の深い遺家族議員協議会というグループが存在し、遺族会の「要求実現のための政治的行動の見返りとして選挙における遺家族票が約束されるという仕組み」が作られていた（田中 1997：69）。このようにして遺族会は、自民党の「有力な利益団体」と呼ばれるまでの政治的影響力を持つようになったのである（奥 2009：69）。

一－三　靖国神社法案の挫折

戦没者遺族の経済的処遇改善を求める活動が一定の成果を収めた後、遺族会は靖国神社国家護持の実現に本格的に取り組むようになる。一九六三年の第一八回全国戦没者遺族大会では、靖国神社の国家護持が年度要望事項の一番目にあげられるようになり、翌年には靖国神社国家護持の請願署名六四二万八〇八八人分が提出されている（日本遺族会編 1987）。

靖国神社国家護持の実現をめざす取り組みを通して、日本遺族会は様々な運動団体と連携するようになる。一九六六年には遺族会が主催となり、日本郷友連盟・軍恩連盟・日本傷痍軍人会・戦争犠牲者援護会・偕行社・水交会・日本英霊奉賛会などの団体との懇親会が開かれた。一九六九年になると、これらの団体を含めた合計三一団体の共催で靖国神社国家護持貫徹国民大会が開催され、このときの大会実行委員会はその後、「靖国神社国家護持貫徹国民協議会」（以下、「靖国協」）へと発展していった（日本遺族会編 1987）。

靖国神社国家護持に向けた動きは一九七〇年前後になるとさらに加速していく。一九六九年から七四年にかけて計七回、議員立法によって靖国神社国家護持法案が国会で提出されるようになった。遺族会も法案成立へ向けて、「靖国協」として、あるいは単独で様々な活動を精力的に展開した。一九七〇年には各支部の代表者が地元選出議員に対し「靖国神社法案の今国会における成立を期し努力する」ことを確約する旨の署名を求め、衆議院議員二六三名、参議院議員一〇三名がこれに応じている（日本遺族会編 1987：82）。また、一九七三年には遺族会青年部が「靖国協」の青年団体五〇〇名と共同で、戦没者の遺骨の写真を抱いて街頭行進を行うというアピールを行った（日本遺族会編 1987：97）。遺族会婦人部も一九七四年に「靖国法必成婦人部決起大会」を開催し、大会終了後には二五〇名が首相に面会を求めるため官邸正門前で座り込みをした（日本遺族会編 1987：101）。しかし、七回提出されたいずれの法案も憲法上の政教分離規定に反するという理由で廃案になったのだった（波多野 2011）。

靖国神社法案の挫折は、運動方針の転換をもたらすものであった。遺族会はこれまで、政治家や官僚への面会・陳情といった直接交渉と政治家への選挙協力という形で、夫や父親亡き後の困窮した遺族の経済的処遇改善を実現してきた。しかし、活動のもうひとつの柱であった靖国神社国家護持の実現には、日本国憲法という法が立ちはだかり、憲法で定められた政教分離規定そのものを変更しなければならないという事実に直面することとなった。これまでのような議員との相互協力関係のもとで要望を実現するという手法では限界があることが明らかとなったのである。

二　保守運動の組織化――「英霊にこたえる会」から「日本会議」へ

二-一　英霊にこたえる会

遺族会をはじめとした靖国神社国家護持を目指した諸団体は、一九七〇年代後半になると運動方針の大幅な転換を図るようになる。これまでのように政治家や官僚に働きかけることで要望を実現していくのではなく、広く国民世論に訴えることに重点が置かれるようになり、この運動戦略の変化は運動の質自体にも変化をもたらした。その先駆けとも言えるのが、一九七六年四月に社団法人日本宗教放送協会が実施した世論調査である。この調査は、靖国神社を国が管理運用することの是非をはじめ、戦没者慰霊のあり方などを全国から層化無作為抽出された成人男女一万人を対象にして、面接方式で尋ねたものである。「「国のために戦争などでなくなった方々にたいして、国として追悼行事をすることは当然だ」という意見がありますが、あなたはどう思いますか、そうした方がよいと思いますか、そうは思いませんか」といった質問が盛り込まれており、質問項目や調査実施方法の偏りが指摘されるなど調査方法上問題のある調査ではあった。(7) しかし、この調査が実施された背景には、保守運動において政治から世論へと関心を向ける対象が移行し始めていることがうかがわれる。

「靖国協」に集っていた団体は、国民の世論を高めることで天皇や内閣総理大臣による靖国神社公式参拝を実現するために、新たな組織づくりを開始した。一九七六年一月には新組織結成のための世話人会が発足し、同年四月には世話人会のもとに総務・組織・広報の三委員会が設けられた。翌五月には発起人会が開催され、諸原案の決定と大会実行委員会が発足した。

このようなプロセスを経て、一九七六年六月二二日に「英霊にこたえる会」が結成される。(8) 会長は元最高裁長官の石田和外が就任し、副会長には扇屋正造（評論家）・宇野精一（東京大学名誉教授）・石井好子（音楽家）・有末精三（郷友連盟会長）・紅露みつ（各種婦人団体連合会長）・佐藤信（日本遺族会専務理事）が就任した。(9) また、参与には池田弥三郎・黒川紀章・香山健一ら六三名が就いている。参加団体は日本遺族会をはじめ、隊友会・日本郷友連盟・軍恩連盟・偕行社・水交会・全国戦友会・神社本庁(10)・仏所護念会・国柱会・新日本協議会・修養団青年部・養生会・全国師友協会・世界救世教・日本宗教放送協会・日本相撲協会などの四五団体であり、後に生長の家政治連合中央部・中央乃木の会・東京日韓親善協会・日本青年協議会などが参加している。

設立趣旨には、「靖国の英霊に対し、国の名において最もふさわしい儀礼を尽くすことは極めて当然のこと」であるとした上で、「英霊に対する国および国民の基本姿勢の確立こそ、今日の急務であり、そのためには最早政治の場のみにゆだねることなく、国民一人一人が勇気をもって行動を起こすべきときであ」ると記されている[11]。

事業内容は、①英霊顕彰に関する啓蒙宣伝活動、②靖国神社等における戦没者の慰霊顕彰行事、③靖国神社における公式参拝の実現、④戦没者遺骨収集の完遂、⑤戦没者慰霊の日制定運動、⑥その他、とされており、設立趣旨にもあるように国民世論の形成を目指すことが事業内容でも第一に掲げられている。「英霊にこたえる会」の結成をもって、これまで日本遺族会などの旧軍人関連団体が中心となって進められてきた靖国神社国家護持を求める運動は、新たな段階に入ったのであった（井口 1981：宮地 1981：波田 2002）。

宮地正人は「英霊にこたえる会」の特徴として組織形態に着目し、「「国民運動」の拠点として、各都道府県を単位とする積極的な地方本部および市町村単位の地方支部をつくっていったこと」をあげている（宮地 1981：95）。同会の地方の動きを見てみると、まず一九七六年一二月一五日に山口県本部が結成され、会長に西川貞一（宇部時報会長）、副会長に吉富幸助（山口県遺族会会長）・黒神直久（山口県神社本庁）が就任している。翌年二月には山梨県本部が、同年三月には徳島県本部が結成され、一九七八年一〇月までに全都道府県本部が結成された。「英霊にこたえる会」はこのように急速に地方本部・支部を設立していくのだが、同会の結成要領には、地方本部・支部の結成手順が次のように定められている。「日本遺族会、日本郷友連盟、軍恩連盟全国連合会、偕行社、神社本庁、日本傷痍軍人会を幹事団体とし、各都道府県遺族会が呼びかけ主唱者となり、幹事団体各支部を中心とする準備会を開催し、逐次所在の各団体その他に呼びかけ結成を完了する」[12]。この規定

遺族通信　（昭和25年5月15日 第三種郵便物認可）　第322号　（2）

一千万署名スタート

公式参拝実現　靖国神社で呼びかけ

英霊にこたえる会

「英霊にこたえる会」は靖国神社秋の大祭期間中の十月十七、十八、十九日の三日間、同神社境内で署名運動を実施した。

この署名運動は、靖国神社公式参拝実現をめざす一千万署名運動の一環として実施されたもの。

「天皇陛下も内閣総理大臣も、いまだかつて、一度も、公式の立場で靖国神社をご参拝されたことはありません。世界中のどこに、国のために散華された戦没者を、公におまつりしていないところがあるでしょうか」と会員が訴える声に「そのとおりだ」とつぶやきながら署名する人など、期間中、四千百十二人にのぼる人たちが署名された。

「英霊にこたえる会」はこれから"靖国神社公式参拝実現のための一千万署名運動"を全国的に展開、世論の盛り上りと結集をはかりたいので、皆さんの協力を願いたい――と呼びかけている。

人びとは会員の訴えにうなづきつつ署名する
―10月18日・靖国神社で

図1-1　靖国神社公式参拝署名活動の様子（1977年）

出典：日本遺族会『日本遺族通信』（第322号、1977年11月15日）

からは、「英霊にこたえる会」は日本遺族会を中心とした既存の全国レベルの団体を活用しながら、地方本部／支部を組織化していったことがわかる。

「英霊にこたえる会」ではまた、個人会員制が導入された。会則第五条では、「個人会員」「団体会員」「賛助会員」の三種類の会員資格が設けられており、個人会員は「本会の目的に賛同する個人」とされている(13)。それまで靖国神社国家護持運動を担っていた団体は、日本遺族会や軍恩連盟・日本傷痍軍人会などのように旧軍人関連団体や宗教団体などであり、同じ境遇にある者や教義・信仰を共有する人びとで構成される団体であった。これに対して「英霊にこたえる会」は、会の趣旨に賛同する者であれば誰でも参加することが可能であり、さらに会員制度の中でも「個人会員」は一番目に列挙されていることからも、運動参加者層の拡大を意図していると言える。このような意図もあって、「英霊にこたえる会」の個人会員は一九八〇年時点で六六万七一六〇名にも上るとされている（宮地 1981）。

結成後の「英霊にこたえる会」の活動は、大きく分けると二つあげられる。第一に靖国神社公式参拝署名活動である。この活動は一千万筆を目指して一九七七年から始まり（**図1-1**）、結成から二年後の一九七八年四月には第一次分署名として四四四万筆を集め、さらに同年八月には一七七万筆の署名を総理府に提出している。宮地（1981）によれば、この署名活動は一九八〇年四月までに八七四万筆にまで達したとされている。第二に、靖国神社公式参拝を求める決議を地方議会であげていく活動である。一九七八年一二月一五日には「英霊にこたえる会」三重県本部が同県議会へと提出した請願が、賛成二九、反対一五で可決され、全国初の事例となった。翌一九七九年には一六の県が、一九八〇年にはさらに一〇県が靖国神社公式参拝を求める決議を可決している。結成要領にもとづいて作られた地方本部・支部が、全国各地の地方議会で次々に靖国神社公式参拝を求める請願を提出していったのである。

二-二 元号法制化運動

「英霊にこたえる会」が活動を活発化させていたのとまさに同じ時期に、類似した手法で進められていた運動があった。それは、元号法制化を求める運動である。天皇一代は同じ元号を用いることを初めて定めたのは、一八六八（明治元）年の行政官布告であり、のちに旧皇室典範にも規定が追加された。しかし、敗戦後に制定された皇室典範には元号に関する規定が置かれておらず、元号法制化運動とはこの旧皇室典範の規定を復活させることを目的とした運動であった。

元号法制化運動を実質的に担っていたのは、「日本を守る会」という宗教系団体の連合体である。一九七四年四月に結成されたこの団体は、「混迷する社会状況に対処し、日本の伝統精神の原点に立ちかえって、愛国心を昂揚し、倫理国家の大成を図る」ことを趣旨としていた。結成時の代表委員は、朝比奈宗源（臨済宗円覚寺派管長）、小倉霊現（念法真教教団灯主）、篠田康雄（神社本庁事務総長）、関口トミノ（仏所護念会教団会長）、谷口雅春（生長の家総裁）、塙瑞比古（笠間稲荷神社宮司）、安岡正篤（全国師友協会会長）、岩本勝俊（曹洞宗管長（大本山総持寺貫主））、金子日威（日蓮宗管長（大本山池上本門寺貫主））、清水谷恭順（戦争時貫主（聖観音宗））、伊達巽（明治神宮宮司）、浅沼門三（修養団主幹）、広池千太郎（モラロジー研究所所長）、山岡荘八（日本会会長）となっており、その顔ぶれから「選挙において今日の自民党を支える右派教団を核とした教団の大連合」と評されていた（中島 1981a：155）。

「日本を守る会」は、次のような基本運動方針を掲げた。①「わが国の伝統的精神に則り愛国心を昂揚し、倫理国家の大成を期する」、②「正しい民主主義を守り明るい福祉社会を建設する」、③「偏向教育を排し、ひろく教育の正常化を推進する」、④「言論報道の公正を求め、唯物思想や独裁的革命主義を排除する」、⑤「国際協調の中にあらゆる世界平和の道を求め祖国日本を守り抜く」。この基本運動方針は、「今日進行しているイデオロギーを中心とする反動化・右傾化の目標、理念が総てたたきこまれている」と否定的に評されていた（中島 1981a：155）。しかし、今日の目から見ると、「伝統的精神」「愛国心」「偏向教育」「言論報道の公正」といった点は、現代の保守運動にみられる教育・マスメディア批判にもつながる芽が胚胎されていることがわかる一方で、「福祉社会」が保守系団体において希求されるべきものとして捉えられていたことには新鮮な印象を受ける。

「日本を守る会」の活動が本格化するのは、一九七〇年代後半以降のことである。一九七七年一月には当時の福田首相と会見し、「国民の連帯精神の恢弘に関する要望書」が提出された。その要望書には元号・国旗・国歌の法制化と「建国記念の日」を政府主催の公式行事とすることなどの要望が盛り込まれていた。同年二月一一日の「建国記念の日」には、全国二〇カ所以上で紀元節奉祝集会が開催され、元号法制化を求める決議が続々とあげられている。さらに同年五月三日には、神社本庁・生長の家・日本郷友連盟・日本を守る会・自主憲法制定国民会議[14]などによって「元号法制化要求中央国民大会」が開催され、五〇の団体・一五〇〇名(うち国会議員五名)が参加した(Rouff 2002＝2009)。この大会によって、「これまで各民間団体が推し進めてきた運動がここではじめて統一され」たとされる(中島 1981a：168－9)。

元号法制化運動はその後、「英霊にこたえる会」[15]と同じように地方議会での請願採択を急速に推進していった。一九七七年八月には日本青年協議会が中心となり、神社本庁・自主憲法制定国民会議と共催でキャラバン隊を組み、西日本の各都市を訪れている。このキャラバン隊は二〇都市で「講演と映画の夕べ」を開催し、五〇都市で街頭演説を行った。その結果もあって、同年九月二二日には佐賀県伊万里市で、全国で初めて元号法制化を求める決議が採択された。他にも四県五市の地方議会がこの月に請願を決議しており、伊万里市での採択から八カ月の間に、三六の県議会と三四二の市町村議会で元号法制化を求める請願が相次いで採択された。中央から派遣されたキャラバン隊を迎え入れることを契機として各地の運動が活発化し、その勢いをもって議会への請願提出・採択が行われていったのである（中島 1981a）。同年冬になると今度は東日本へ向けてキャラバン隊が派遣された。一九七七年一二月には二〇の県議会で元号法制化を求める決議が採択され、一九七八年三月までに三六の府県で決議が通った。

地方での動きは政界にも影響を与え、一九七八年六月一四日、「元号法制化促進国会議員連盟」が発足した。この連盟には自民党議員三四六名、民社党議員三九名、新自由クラブ所属議員二二名、その他政党四名の合計四一一名の議員が参加する大規模なものであった。参加議員の所属政党からもわかるように、この連盟は「「超党派」＝反社共、反革新を実現している点が特徴」とされている（中島 1981a : 170）。

元号法制化運動が盛り上がりを見せるなかで、先に見た「英霊にこたえる会」の関係者たちもその流れに合流するようになる。一九七八年七月一八日、「元号法制化実現国民会議」が発足した。呼びかけ人は徳川宗敬（神社本庁統理）・石田和外（元最高裁長官）・宇野精一（東大名誉教授）・天池清次（同盟会長）・黛敏郎（作曲家）・山岡荘八（作家）・細川隆元（政治評論家）・永野重雄（日本商工会議所会頭）・春日野清隆（日本相撲協会理事長）・大浜英子（元中央選挙管理会委員長）ら一〇名となっており、議長を石田和外が、運営委員長を末次一郎（日本健青会）、事務総長を副島広之（日本を守る会）が務めている。一九七九年一〇月三日には「元号法制化実現総決起国民集会」が開催され、一万九〇〇〇名が参加した。「元号法制化実現国民会議」もまた地方組織をつくっていくのだが、それらは「英霊にこたえる会」に加盟する組織とほぼ重なるとされている（宮地 1981）。

地方決議と様々な団体の強力な運動展開によって、一九七九年六月六日、ついに元号法が国会で成立する。元号法は、第一項「元号は、政令で定める」、第二項「元号は、皇位の継承があった場合に限り改める」という二項から成る非常に短い法律であり、昭和の元号は第一項にもとづいて定められたものとする、という附則がつけられた。元号法制化を求める地方決議は、一九七九年一〇月までに沖縄・北海道を除く四五都道府県と八〇〇の市町村で決議されるに至った。元号法制化運動は元号法の制定をもってその運動目標を実現したのだった。

二−三　日本会議の誕生

元号法制化運動を担っていた諸団体は、元号法が成立するとすぐさま新たな活動を開始した。元号法の制定から二年後の一九八一年一〇月、「英霊にこたえる会」と人物・組織がほぼ重複していた「元号法制化実現国民会議」は、「日本を守る国民会議」へと改組した。議長には加瀬俊一（元国連大使）が就任し、運営委員長を黛敏郎（作曲家）が、事務総長を副島広之（日本を守る会）が担当することとなった。この団体には江藤淳・清水幾太郎・宇野精一・三好修といった文化人の他に、栗栖弘臣（元統幕議長）・竹田五郎（元統幕議長）・永野蔵門（元陸幕長）などの元自衛隊官僚、そして自民党国会議員や財界人も数多く参加している（成田 1982）。ただし、個人会員は入会するためには「関係団体に所属しているか、関係団体の役員などの紹介状が必要で」あったとされる（青木 1986：50－1）。

中央組織がまず作られ、そこからキャラバン隊という形で地方を巡るなかで地方組織を立ち上げていくという、これまでのスタイルとは異なり、「日本を守る国民会議」の場合は一部の地方組織が先に結成されていた。一九八一年九月五日には大阪で「府民会議」が発足し、九月七日には広島で「日本を守る広島県民会議」が、翌八日には愛知で「愛知県民会議」がつくられ、同年一〇月にこれら各県民会議の中央組織として東京で「日本を守る国民会議」が結成されたのである。中央組織がつくられた後も、これまでの運動団体と同様に県・市町村レベルで支部が計画的に作られていくが、その「事務所と連絡先はほとんどが生長の家か神社本庁の地方支部であ」り、「運動方針も中央とほぼ同じでほとんど独自性はない」ものであった（佐藤 1982：230－1）。

「日本を守る国民会議」が運動目標として掲げたのは、憲法改正であった。佐藤達也が「日本を守る国民会議」を「改憲派の総結集」「〝草の根〟からの改憲運動」と指摘するように（佐藤 1982：227）、同会は改憲へ向けた明確な構想を持っていた。国民世論を喚起するという戦術は「英霊にこたえる会」以降の団体と共通しているが、「日本を守る国民会議」の場合は漠然と改憲問題を訴えるのではなく、防衛と教育という個別イシューに焦点を絞り、具体的な問題点を列挙することによって改憲の必要性を説得しようとしていたのである。

なかでも、「日本を守る国民会議」が行った教育分野での活動のうち、最も議論を呼んだのが『新編日本史』の作成・発刊であった。この『新編日本史』は一九八六年に高校教科書として検定合格もしている。『新編日本史』に対しては歴史学者を中心に様々な批判の声があがった。北島万次は、『新編日本史』は「天皇及び国体を軸として歴史をとらえる史観」である皇国史観にもとづいているとし（北島 1987：12）、歴史学研究の知見を無視した「非科学的」な記述が目立つと批判している。検定合格後は採択運動が展開され、結果として『新編日本史』を一九八七年度用高校教科書として採択したのは三二校八三二一冊であり、採択率は〇・七％であった（百田 1987）。

元号法の成立後も、「日本を守る会」と「日本を守る国民会議」はともに様々な活動を行っている。歴史教科書の作成・採択運動の他にも、昭和天皇在位六〇年奉祝運動・今上陛下（現上皇）即位などの皇室奉祝や、終戦五〇年にあたっての戦没者追悼事業、新憲法制定提唱事業などがあげられる。一九九七年になるとこの二つの団体は統合され、現在国内で最大の保守系団体と言われている「日本会議」が結成された。

当時「日本を守る国民会議」の機関紙であった『日本の息吹』（現在は「日本会議」の機関紙）には、新組織結成にあたっての「危惧」が掲載されている[16]。その「危惧」とは、現代の日本社会は「独立国家としての国民の気概は薄れ」、「東京裁判史観の蔓延」が「諸外国への卑屈な謝罪外交を招」いており、「家族や教育の崩壊などの深刻な社会問題が生起し」ている、というものである。そして、このように「深刻化するわが国の危機的状況を打開し、新世紀に生きる国家・国民の将来を展望する、新たな国づくり、人づくりをめざした国民運動の形成」をめざすために、新組織を立ち上げることになったのだと記されている。一九九七年三月一九日には、「日本を守る会」の一〇〇人委員会で「日本を守る国民会議」との統合・新組織設立が決定され、翌日には「日本を守る国民会議」第一四回総会でも新組織設立が決定、同年五月三〇日に「日本会議」が結成されたのだった。

「日本会議」の運動目標もやはり、最終的には憲法改正であるといえるだろう。「日本会議」会長の塚本幸一（㈱ワコール代表取締役会長）は会長式辞において、「戦後の《ママ》与えられた民主主義、一見言葉はきれいでありますが、今はいろんな弊害が出てきて」おり、そのためには「まず何といっても、憲法を変えなければなりません。芯が腐っていたのではこの国は立ち直れません」と語っている[17]。「日本会議」は「私たちのめざす六つの事業構想」として、①時局問題への迅速な取り組み、②「日本会議」結成に対応してつくられた「国会議員懇談会」との連携、③「国を愛する草の根国民運動」の拡大、④女性運動・教育運動への取り組み、⑤全国情報ネットワークの構築、⑥「美しい日本の心を伝える」ための文化事業、の六点を掲げている[18]。憲法改正をめざし、国会議員との連携や「国民運動」の拡大を模索する点は「英霊にこたえる会」以降の団体とも共通しているが、時局問題への迅速な取り組みや女性運動の展開、情報ネットワークの構築などは「日本会議」が新たに掲げた、時代に対応した取り組みであるといえる。

二－四　組織化された保守運動の特徴

「日本会議」は「日本を守る会」と「日本を守る国民会議」という二つの団体が統合してつくられた団体であり、これらの団体は一九七〇年代後半に展開された、靖国神社公式参拝を求める運動と元号法制化運動を担ってきた団体でもあった。元号法制化運動は元号法の制定という運動目標を達成し、一方で「英霊にこたえる会」が中心となって行ってきた靖国神社公式参拝を求める運動も、法制度の制定といったはっきりとした形での結果は得られなかったが、内閣総理大臣や一部閣僚などによって靖国神社への参拝が行われるようになったという意味では、一定の運動成果をあげたといえる。

一九七〇年代後半に行われた靖国神社公式参拝運動と元号法制化運動には、二つの共通点がみられる。第一に、組織づくりに関してだが、まず東京に中央組織がつくられ、その後に地方本部・支部がつくられていくというパターンが取られている。「英霊にこたえる会」の場合は、日本遺族会を中心とした既成の団体がその受け皿となり、元号法制化運動の場合は中央からキャラバン隊を派遣することで地方の運動を盛り上げていくという手法がとられている。一九七〇年代は保守運動団体の横のつながりが強められるとともに、「上から」地方組織がつくられていくという、保守運動の組織化が進められた時期であった。

第二に、運動手法に関する事柄として地方議会が運動目標の実現に活用されている点があげられる。靖国神社公式参拝を求める運動も元号法制化運動も、地方組織が作られたのちにそれぞれの地方議会へと請願をあげ、議会で決議するという戦略が取られている。数多くの地方議会で決議が採択されることで、それが今度は中央への追い風になっていると考えられる。靖国神社公式参拝を求める運動も元号法制化運動も、多くの協力団体とそれぞれの団体に加盟している多数の人びとが全国に存在し、彼/彼女たちが地方議会を積極的に利用しながら運動を推進していったのである。

このように、中央組織‐地方組織という系統だった組織形態をもつ全国規模の保守系運動団体を「組織化された保守運動」と名付けたうえで、以下の節では一九九〇年代以降に学術的にも社会的にも注目されるようになった保守運動が、「組織化された保守運動」とどのような点において異なる「新しい」保守運動であるのかをみていきたい。

三　保守運動の草の根化――「つくる会」から「行動する保守」へ

三－一　「新しい歴史教科書をつくる会」

「日本会議」が結成されたまさに同時期に、これまでの保守運動とは異なる歴史教科書問題に特化した動きが登場した。その契機となったのは、一九九四年四月からはじまった、東京大学教授の藤岡信勝による『社会科教育』誌上の連載「近現代史の授業をどう改造するか」である。藤岡は、これまでの歴史教育は「自虐史観」「東京裁判史観」であるとして批判し、「自由主義史観」にもとづいた歴史教育の実践を提起した。この「自由主義史観」の特徴は、①健康なナショナリズム、②リアリズム、③イデオロギー不信、④官僚主義批判の四点であるとした（藤岡 1996）。藤岡の「自由主義史観」に対しては歴史学や教育学において激しい批判が向けられ、森脇建夫は藤岡の提言がもつ三つの側面を指摘している。それによれば、①南京大虐殺事件における被害者数や従軍慰安婦に関する事実の確定といった「これまでの歴史学の成果に対する疑義の提出」、②「歴史教育の変革の提起」、③藤岡が言うところの「一国平和主義」・「戦後民主主義」などの「戦後を支配した思想」を問題視していること、である（森脇 1997：40）。このうち、①の側面に関しては歴史学研究者らを中心に、歴史学研究の成果と蓄積を無視するものとして激しく批判され続けているが、奈良県歴史学研究会が開催したこの「藤岡問題」に関するシンポジウムでは、②と③の歴史教育のあり方について真摯に受け止め、ともに考えていこうとする姿勢をとる研究者・教師らが少なくはなかった

（奈良県歴史研究会編 1997）。「藤岡問題」は高度経済成長の終焉と冷戦体制の崩壊を経て、今後どのような歴史観にもとづいて子どもらに歴史教育を行うべきなのかを考え直す機会になる可能性を当初は持っていたが、そうはならなかった。

藤岡は一九九五年になると、『社会科教育』一月号に「自由主義史観」にもとづいた歴史教育を実践するための新雑誌創刊を宣言する。そして、この新雑誌の執筆者を集めるために「自由主義史観研究会」が組織された。新雑誌は『近現代史の授業改革』と名付けられ、一九九五年九月に第一号が、同年一一月に第二号が発刊され、ともに実売数は一万部を越えたとされる（村井 1997）。「自由主義史観研究会」には当初、歴史教育に関する積極的な議論が拓かれていく可能性もあった。しかし、歴史教育方法の問い直しという側面はすぐに後景化し、それに入れ替わるかたちで歴史修正主義的要素が強まっていく。一九九六年一月、『近現代史の授業改革』に掲載されていた「人物教材」をもとに『産経新聞』が執筆者探しを始め、「教科書が教えない歴史」という連載を開始した。同時に、藤岡もまた『諸君!』や『文藝春秋』『正論』などで相次いで発言するようになる。そして同年七月、同会の方向性を一変する出来事が起こる。「自由主義史観研究会」は中学校歴史教科書から「従軍慰安婦」に関する記述の削除を求める声明を発表したのである。これを機に、歴史・社会科科目の新しい教授方法などを探求する目的で入会していた現場重視の教師たちが研究会を離れることになり、それに変わって歴史問題や政治・外交問題に関心を持つ人びとが同会に入会するようになった（村井 1997）[19]。

「日本会議」が結成された一九九七年、藤岡をはじめとして阿川佐和子・小林よしのり・林真理子・深田祐介ら九名の著名人が呼びかけ人となって「新しい歴史教科書をつくる会」（以下、「つくる会」）が発足した。同会は南京大虐殺や従軍「慰安婦」の存在を否定するという歴史修正主義の立場にもとづいた中学校歴史・公民教科書の制作と採択運動の展開を目的とし、『新しい歴史教科書』『新しい公民教科書』を作成した。『新しい歴史教科書』では、「歴史を学ぶのは、過去におこったことの中で、過去の人がどう考え、どう悩み、問題をどう乗り越えてきたのか、つまり過去の人はどんな風に生きていたのかを学ぶこと」であるという指針が記述されており（藤岡ほか 2005：6）、近現代史のアジア太平洋戦争に関しても中国・朝鮮半島侵略の記述は極端に少なく、真珠湾攻撃の「勝利は、東南アジアやインドの人々に独立への夢と勇気を育んだ。東南アジアにおける日本軍の破竹の進撃は、現地の人々の協力があってこそ可能だった」とするなど（藤岡ほか 2005：206）、東南アジアへの日本軍の侵攻を肯定的に描くものである。『新しい歴史教科書』の採択率は、二〇〇一年度〇・〇三九％、二〇〇五年度〇・四％であったが（具 2009）、二〇〇九年度は一・六％であり[20]、わずかながら採択率も年々増加している[21]。

しかし、「つくる会」は当初から理事会内部の対立が絶えず（具 2009）、二〇〇六年に一部の理事が脱退し「日本教育再生機構」という別団体を設立した。これにより、「新しい歴史教科書をつくる会」は自由社から、「日本教育再生機構」は扶桑社の子会社である育鵬社からそれぞれ中学校歴史教科書を出版・採択運動を展開するようになった（俵 2008）。

「つくる会」がこれまで保守運動に関わりのなかった人びとや、歴史学・歴史教育をめぐる議論から派生してきたように、同会は「組織化された保守運動」とは異なる特徴をもつ。

第一に、自発的に地方支部が作られていたことである。「つくる会」もまた全国に支部を持つが、「組織化された保守運動」が「上から」地方組織をつくっていったことに対し、「つくる会」の場合は会が結成された後に、それに呼応する形でそれぞれの地域で市民たちが中心となって会を立ち上げるケースが存在した。上野陽子は「つくる会」の地方支部、「新しい歴史教科書をつくる会神奈川県支部有志団体史の会」(以下、「史の会」)にて調査を行っている(小熊・上野 2003)。「史の会」は「つくる会」の神奈川県支部有志団体ということになっているが、もともとは一九九八年に行われた「つくる会」のシンポジウム後に会員の県別会合で意気投合した人々がつくった勉強会であった。一九九八年一〇月に「史の会」は結成され、翌年二月に「つくる会」の神奈川県支部が発足した後、支部長と交渉するなかで「有志団体」として支部活動の一貫として位置づけられたという経緯をもつ(小熊・上野 2003)。

上野が行った「史の会」での調査をうけて、小熊英二は「史の会」の運動形態に関する新規性を次のように論じている。①自発的参加の重視、②固定した役職・上下関係のない「ゆるやかな結合体」、③上部団体に対する「半独立」の姿勢、④インターネットなどコミュニケーション技術の活用、⑤既存政党と距離をとる「普通の市民」による運動の自称、の五点が、これまでの保守運動にはみられなかった「史の会」の特徴であるとされる(小熊・上野 2003：189)。

第二の特徴は、参加者の心性である。上野の調査によれば、「史の会」には戦争体験を有する高齢男性も参加しているが彼らは少数派であり、実質的に「史の会」の運動を担っているのは、天皇や皇室に対する意識が稀薄な人々であり、これまで保守運動を担って来た層とは異なっている。「史の会」の参加者たちは「サヨク」「朝日」「官僚」などへの敵意は共有しているが、「積極的にみずからを定義する言葉を持たないことに、不安を感じて」おり（小熊・上野 2003：197）、彼らは同じ価値観を共有していることを確認しあうことで「アイデンティティの安定を得ようと」しているのだとされる（小熊・上野 2003：203）。

三－二　保守運動の連携――男女共同参画反対運動

一九七〇年代から八〇年代にかけて形成された「組織化された保守運動」と、九〇年代以降の新しい保守運動は、運動形態や参加者層の違いはあるものの、全く接点をもたずに活動していたわけではない。二〇〇〇年代前半に生じた男女共同参画反対運動は、新旧の保守運動団体が連携して進められたものであった。一九九九年に制定された男女共同参画社会基本法は、その前文において「男女が、互いにその人権を尊重しつつ責任も分かち合い、性別にかかわりなく、その個性と能力を十分に発揮することができる男女共同参画社会の実現」を「緊要な課題」として位置づけている。二〇〇〇年頃から、この基本法と同法の制定に影響を与えたとされるフェミニズムに対して、「ジェンダー・フリー」という言葉への批判を梃子にした激しい批判が向けられるようになった。[22]『産経新聞』や『正論』『諸君！』といった保守系メディアには、男女共同参画／ジェンダー・フリーは「男女の性差をなくす」「男らしさ／女らしさを否定する」「家族破壊・家庭崩壊を目論んでいる」「ひな祭り・鯉のぼりなどの伝統文化を否定する」といった言論が散見されるようになった。

この現象は、女性運動やフェミニズム研究において「バックラッシュ」と呼ばれている。バックラッシュとは女性運動や男女平等政策の進展に対する「反動」や「揺り戻し」を意味する言葉として、米国のジャーナリストであるS・ファルーディ（1991＝1994）が用いた言葉である。ファルーディは一九八〇年代のレーガン政権下で、第二波フェミニズム運動の進展に逆行する家族主義的政策が進められるようになったことや、映画や小説・CMなどのメディアで社会進出を果たした女性が否定的に描かれる傾向が強まったことを受けて、このような現象を「バックラッシュ」と呼んだ。二〇年前の米国でみられたものと同じような現象が、二〇〇〇年代の日本においても生じるようになったのである。(23)

日本でこの時期に「バックラッシュ」の標的となったのは、男女共同参画社会基本法だけにとどまらない。二〇〇二年頃からは「ジェンダー・フリー教育」として学校教育におけるジェンダー平等をめざす教師たちが行っていた実践や、男女混合名簿の導入なども「バックラッシュ」の影響を受けた（木村 2005）。さらに、性教育に対する風当たりも強くなっていった。厚生労働省の外郭団体である（財）母子衛生研究会が作成した中学生向けの冊子『思春期のためのラブ&ボディBOOK』にピルや人工妊娠中絶の記載があったことを問題視した山谷えり子衆議院議員が国会で取り上げたのである。それ以降、「過激な性教育」が学校現場で行われているという言説が保守系メディアや保守運動団体において広くみられるようになり、性器の名称や避妊方法を教えることも「子どもにセックスを促している」と批判されるようになった。(24)

保守系メディアや保守系国会議員・地方議員をも巻き込んで生じた「バックラッシュ」の推進力となったのが、保守運動団体である。日本会議や「つくる会」に加え、神道政治連盟・教育再生地方議員百人と市民の会、日本協議会、日本青年協議会などの団体が、男女共同参画反対運動を担ったとされる（伊田 2006）。基本法の制定を受けて地方自治体でも男女共同参画条例が制定されていくが、千葉県は条例制定への反発が強く、全国で唯一、男女共同参画条例のない県となっている。「千葉県男女平等条例ネットワーク」のメンバーとして、千葉県条例をめぐる攻防を目にしてきた船橋邦子によれば、千葉県でも日本会議や「つくる会」を中心に反対運動が展開されたという。船橋は、「バックラッシュ」では日本会議と同会の議員連盟、「つくる会」、『産経新聞』などのメディアを巻き込んだ運動が、「彼らの国家観に基いて横断的にきわめて組織的に形成されて」おり「二〇〇〇年を境に草の根保守派として横断的につながり、ネットワーク化に成功した」とする（船橋 2007：25－6）。九〇年代後半に登場した、新しい運動スタイルをもつ保守運動団体である「つくる会」と、それ以前の組織的な保守運動団体である日本会議が連帯して展開されたという点に、男女共同参画反対運動の特徴がある。

さらに、草の根レベルのローカルなグループの活動が目立ったことも、男女共同参画反対運動の特徴といえよう。地方自治体で男女共同参画条例を制定しようとする動きがみられると、その地域に住む人びとを中心に、反対運動が展開されるようになった。日本会議や「つくる会」が男女共同参画反対運動の中心的役割を担っていたと考えられてきた一方で、山口智美・斉藤正美・荻上チキ（2012）は山口県や千葉県をはじめとする地方で男女共同参画反対運動を担っていた団体に着目し、山口県を拠点とした出版会社である「日本時事評論社」が、全国的に見ても比較的早い段階から男女共同参画に反対する記事を同社発行の新聞『日本時事評論』に掲載し、男女共同参画反対運動をリードしていたことを指摘している。この他にも、「男女共創社会を考える京都市民の会」（京都府京都市）、「健全な男女共同参画社会をめざす会」（愛媛県）、「人づくり県民ネットワーク」（新潟県新潟市）といった、男女共同参画に反対するグループが結成され、男女共同参画条例の運用に制限をかける請願を地方議会に提出したり、あるいは条例制定を阻止する運動を展開していった。

三－三　「行動する保守」と運動の先鋭化

二〇〇〇年代後半には、草の根レベルの保守運動の流れを汲みながらも、運動手法が異なる団体が数多く登場するようになった。「行動する保守」と呼ばれる諸グループである。この時期は、韓国に対する世論が悪化するようになった時期でもあった。**図1－2**は、内閣府が実施した「外交に関する世論調査」における「韓国に親しみを感じるか」という質問項目に対する回答の推移を示したものである。もともと、「韓国に親しみを感じない」とする回答の方が多かったが、二〇〇〇年代前半になるといわゆる「韓流ブーム」などの影響もあって「親しみを感じる」という回答が増えていた。しかし、二〇〇〇年代後半になると「親しみを感じない」とする回答が再度急増し、今日に至っている。対韓感情の悪化については複数の要因が考えられる。竹島の領有権をめぐる外交問題や、二〇〇二年に日韓共同で開催されたワールドカップといった個々の出来事が例としてあげられる。さらに、この時期急速に普及したインターネットが果たした役割も看過できない。総務省「平成二十一年通信利用動向調査」によれば、二〇〇〇年には三七・一％だったインターネット普及率は、二〇一一年には七八・〇％にまで伸びている。インターネット空間では韓国への嫌悪感が露骨に示

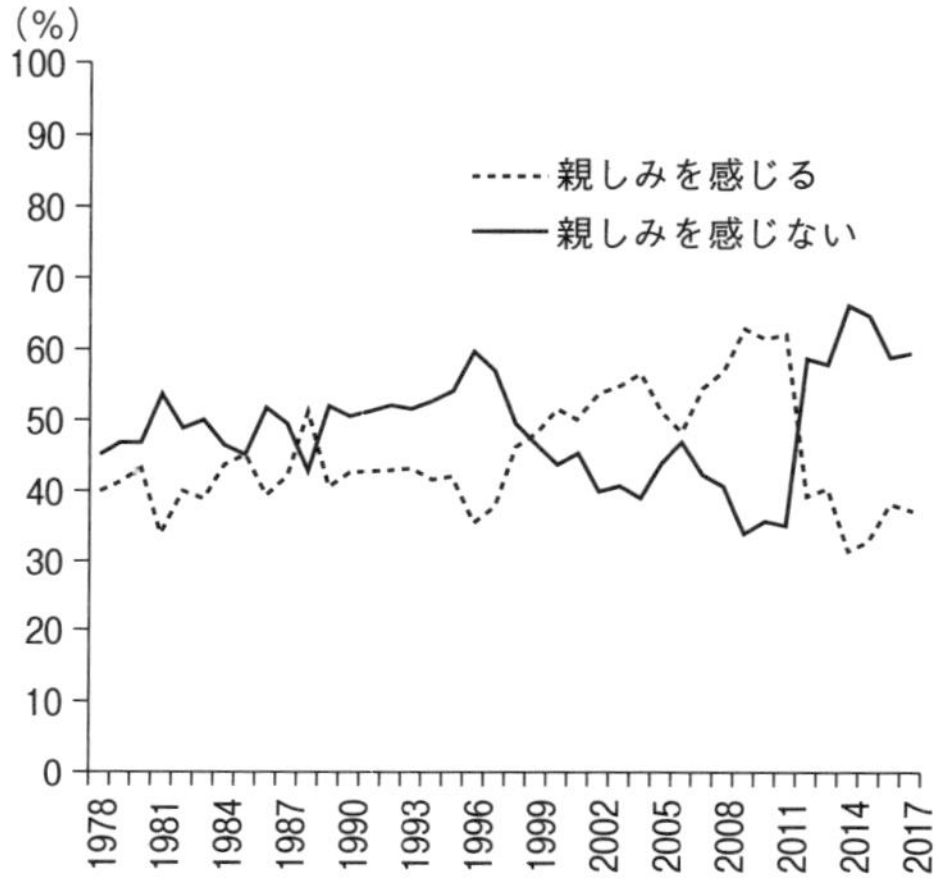

図1-2　韓国に対する親近感の推移

内閣府「外交に関する世論調査」から筆者作成

された言論が頻出するようになり、(25)そうしたインターネット上の言説と親和性のある保守運動団体が現実世界において活動を展開するようになった（岡本 2013）。

安田浩一のルポルタージュ『ネットと愛国』は、そうした「行動する保守」の存在を広く世に知らしめた著作である。「行動する保守」の諸グループのなかでも「在日特権を許さない市民の会」（以下、「在特会」）は、人種／民族主義・外国人嫌悪・外国人排斥を訴える国内で最大の団体である。二〇〇七年に結成されて以来、在日コリアン集住地区の周辺で街宣やデモ行進などを繰り返しており、会員数は二〇一五年五月時点で約一万五千人となっている。(26)在日コリアンをはじめとする国内のエスニック・マイノリティへの差別意識や制度上の差別は今日に至るまで存在してきたが、人びとの差別意識を露骨に公に表明する運動は在特会が初めてのことであるとされている（樋口 2014）。「在特会」が注目されるにつれ、「ヘイトスピーチ」という言葉に対する社会的認知も高まっていった[27]。

「在特会」をはじめとする「行動する保守」の団体による差別感情を剝き出しにした活動に対して、「カウンター」と呼ばれる人種差別・民族差別に反対する人びとがその後抗議活動を行ってきたこともあり、今日では「行動する保守」の諸団体による街宣やデモ行進の参加者数は徐々に減少してきている。「在特会」は今日では以前ほどの勢いはないが、それはこうした「カウンター」を始めとした人びとの地道な抗議活動にくわえて、二〇一六年六月にヘイトスピーチ解消法（正式名称は「本邦外出身者に対する不当な差別的言動の解消に向けた取組の推進に関する法律」）が施行されたこと、二〇一四年に「在特会」設立者の桜井誠が退任し、二〇一六年に新たに結成した政治団体「日本第一党」へと活動の軸足を置くようになったことが影響していると考えられる。

「在特会」は排外主義運動の文脈で取り上げられることが多いが（樋口 2014）、先述のように同会は「行動する保守」に連なる団体である。安田（2012）によれば、「行動する保守」とは「街頭に躍り出た保守」のことである（安田 2012：152）。「日本会議」などの組織化された保守運動団体から「つくる会」以降の草の根の保守系グループまで、それまでの保守運動は講演会や学習会を主な活動内容としていた。それに対して「行動する保守」と呼ばれるグループは、街頭演説やデモ行進、抗議活動などのより直接的な活動を指向するという傾向がみられる。

「行動する保守」にも様々なグループがある。安田（2012）は在特会以外にも五つの団体を取り上げている。西村修平氏を代表とし、「行動する保守」のルーツと位置づけられている「主権回復を目指す会」、右翼運動から「行動する保守」へ転換した金友隆幸氏の「排害社」[28]、NPO法人資格を取得している「NPO外国人犯罪追放運動」(理事長：有門大輔氏)、革命を起こすべく山中で訓練を行う「よーめん」氏率いる「親衛隊」、黒田大輔氏を代表とし、創価学会への批判に重点を置く「日本を護る市民の会」(以下、日護会)である。

当初、政治家や官僚との交渉・陳情や選挙を見据えた協力関係を築くことから出発した戦後日本の保守運動は、一九七〇年代から八〇年代にかけて複数の団体が大同団結して組織化し、「国民運動」を展開するようになった。九〇年代になるとそれら組織化された保守系団体とともに、それぞれの地域で市民たちが自発的に運動を立ち上げ、活動するようになり、そして二〇〇〇年代後半以降今日に至るまで、草の根レベルの保守系諸グループは街頭を主な活動場所とし、より先鋭化していったのである。

四　保守運動に連なる女性グループの登場

本章ではこれまで、戦後日本社会における保守運動の展開を描いてきた。それでは、女性たちの保守運動は運動史の中でどのような位置づけにあるのだろうか。保守運動は基本的に男性参加者によって担われてきたが、今日では女性中心のグループも数多く形成されている。その契機となったのは、男女共同参画反対運動である。男女共同参画社会基本法とフェミニズムへの批判が頻出した二〇〇〇年から二〇〇六年頃までの時期は、保守運動に参加していた女性の新たな団体やグループが続々と結成された時期でもあった。日本会議は二〇〇一年九月に「日本女性の会」を結成し、「日本の家庭を築こう」「子供たちの豊かな感性を育てる学校にしよう」「国や社会に尽くす女性の力を集めよう」という三つの活動方針を打ち出した（日本女性の会 2007）。また、日本会議大阪女性部会は、「良識的な男女共同参画推進条例を求める要望の署名活動」を行っている。[29] 基本法の制定を受けて地方自治体でも男女共同参画条例が制定されるようになったが、その条例制定に反対するために、「女性」の名を冠した草の根グループも各地で結成されていった。山口県宇部市では「やまぐち女性フォーラム宇部」「男女共同参画を考える宇部女性の会」が条例制定に反対し（小柴 2008）、大阪市でも二〇〇二年一〇月に「ジェンダーフリーを考える大阪女性の会」がクレオ大阪西にて「男女共同参画を考える市民の集い」を開催した。[30]

二〇〇〇年代後半になると、「行動する保守」として少数先鋭のグループが数多く作られるようになるが、女性中心のグループの動きも活発にみられる。なかでも精力的に活動しているのが、「日本女性の会 そよ風」（以下、「そよ風」）」、「愛国女性のつどい花時計（以下、「花時計」）」、そして「なでしこアクション」である。二〇〇七年に結成された「そよ風」は、「マスコミの偏向報道、教育の場での自虐史観授業等に日本の危機を感じ」た「日本を愛する女性の会」を標榜している。[31] 会員数は八七七名（うち男性会員三〇七名）とされている。[32] 同会の活動は、男性中心団体と連携したデモ行進の実施や、街頭演説・署名活動などを中心としている。「花時計」は二〇一〇年四月に結成された団体である。「子育て中の主婦など二〇代～四〇代の女性が中心」になっているとされ、会員数は一〇四〇名と公表されている。[33] 「花時計」は街宣活動を中心にしており、「韓国・朝鮮のウソにご用心！」「マスコミのウソにご用心！」などのテーマで定期的に演説を行っている。「なでしこアクション」は、「慰安婦」問題に特化した団体である。二〇一一年に外務省前で「慰安婦」問題の解決を日本政府に訴える水曜デモ一〇〇〇回記念アクションに対抗するために結成された。代表の山本優美子氏は保守系メディアでの露出も多く、また、国連でのロビーイング活動も行うなど、国外向けの取り組みが目立つ。

また、二〇一〇年代に入ると保守運動団体とも関わりをもつ女性たちによる書籍の刊行が相次いでいる。佐波優子『女子と愛国』(2013)、河添恵子ほか『国防女子が行く』(2014)、「なでしこアクション」の山本優美子『女性が守る日本の誇り』(2014)、杉田水脈『なでしこ復活――女性政治家ができること』(2014)[34]、河添恵子・杉田水脈『「歴史戦」はオンナの闘い』(2016) などのように、「女性」と「愛国」「日本」との結びつきを強調したタイトルがつけられ、書籍による情報発信も行われるようになった。

これまで見てきた戦後日本の保守運動の潮流の中に女性たちの保守運動を位置づけると、女性を中心に構成されるグループが登場するようになったのは二〇〇〇年代以降のことであり、保守運動の中でも女性たちの保守運動は後発組であることがわかる。この時期、保守運動内ではジェンダーに関する社会問題が運動の係争課題として次第に認知されていくようになった。確かに、一九九〇年代後半にも選択的夫婦別姓制度の導入に対する反論や批判を保守運動は行ってきてはいるが、複数の団体が連携し新たに草の根のグループが立ち上げられるようになったのは、男女共同参画反対運動において顕著にみられた傾向であるといえる。

女性による保守運動がこの時期に活発化した背景には、運動という観点からするとやはり保守運動自体が辿ってきた変遷が大きく影響しているだろう。靖国神社公式参拝運動と元号法制化運動を経て「日本会議」へと至るまでの、一九七〇年代から継続して取り組まれてきた保守系諸団体の組織化と、小熊・上野（2003）が明らかにしたような、従来の市民運動と類似した形態を持った草の根レベルでの運動スタイルが一九九〇年代後半から生み出されるようになったことは、女性たち自身による保守運動の形成を促すことにつながったと考えられる。保守運動団体が組織化され、それぞれの地域に存在する別々の運動団体や宗教系団体のつながりが作られ、その人脈をもとに、あるいはインターネットという新たなメディアを活用することで同じ問題意識を有する女性たちが集まり、草の根レベルでの小さな運動グループが作られるようになったといえる。さらに、女性たちが自発的に保守運動を展開するようになったのは、男女共同参画社会基本法の成立をはじめとして、女性を取り巻く社会状況が変化してきたことも、忘れてはならない。

学者やジャーナリストといった有識者ではない草の根の女性たちが、「女性」であることを積極的に打ち出して保守運動を担うようになったのは、二〇〇〇年以降の新しい現象である。そして、このような現象はこれまであまり注目されては来なかったが、保守運動史の観点からみると非常に大きな変化であるといえるだろう。

（1）　保守運動と『正論』をはじめとする保守系メディアはその時々で取り上げているトピックなど連動している

部分も多く、広義では両者を総称して「保守運動」と呼ぶ場合もある。本章では保守運動団体を主に扱うため、保守系メディアの動きはあまり言及しないが、長らく保守論壇を牽引してきた『正論』『諸君！』に関しては上丸（2011）を、一九九〇年代以降の歴史修正主義をメディア論の観点から考察している研究として倉橋（2018）を参照されたい。

（2）五五年体制を一面的に捉えることの問題点も指摘されている。保革イデオロギー対立が前面に押し出されたのは五五年体制初期の頃のみであり、その後の高度経済成長期には「政府財政支出などの利益配分を行って、社会の統合を図るスタイルのシステムに姿を変えてい」くなど（間場 2000：15）、五五年体制自体もまた時代とともに変容したとされている。

（3）このときの地方代表者会議で共産党議員が天皇制廃止を叫んだことが契機となり、それに憤った男性遺族が会場を去って別途、露天会議を開催したという（今井 2002）。

（4）日本遺族会が財団法人という形式をとった背景には、国有財産であった九段会館（旧軍人会館）の払い下げを受けるためだったとされる。詳細は田中（1995）を参照。

（5）遺族会の会員数については正確な統計が公表されておらず、管見の限りでは田中（1995）が示した一九七八年時点のものが唯一のデータであった。

（6）一九九六年から二〇〇一年まで会長を務めた中井澄子のみ、組織内部から推薦を受け会長に就任している。

（7）この質問文は「国のために戦争などでなくなった方々にたいして、国として追悼行事をすることは当然だ」という主張があることを冒頭で示している点で、回答を誘導する効果があり、質問文として不適切であるといえる。質問項目全文とその回答結果は藤沢（1977）に掲載されている。

（8）「英霊にこたえる会」の結成とともに、それまで靖国神社国家護持運動を担って来た「靖国協」は解散し、残余金二二四万余円が「英霊にこたえる会」へと寄付されている（『日本遺族通信』第三〇六号、一九七六年七月一五日）。

（9）以下、肩書は当時のものである。

（10）神社本庁に関しては藤生（2018）に詳しい。また、戦後日本の宗教団体と保守政党については塚田（2015）を参照。
（11）『英霊にこたえる会たより』第一号より抜粋。
（12）この幹事団体にはのちに隊友会も加わることになる。
（13）『日本遺族通信』第三〇六号、一九七六年七月一五日。
（14）一九六九年に憲法改正を目的として設立された団体で、生長の家・神社本庁・日本遺族会・軍恩連盟・郷友連盟などが加盟していた。
（15）左翼学生運動に対抗することを目的として、一九七〇年代に民族派の大学生によって設立された団体である（Rouff 2002＝2009）。
（16）『日本の息吹』平成九年一月号。
（17）『日本の息吹』平成九年七月号。なお、先述のように『日本の息吹』は「日本を守る国民会議」の機関紙であったが、その後は「日本会議」の機関紙として引き継がれている。
（18）『日本の息吹』平成九年七月号。
（19）村井は「自由主義史観研究会」に入会していた教師たちに対し聞き取り調査を行っている。この調査においても、従軍「慰安婦」問題に関する声明が発表されたことを契機として同会を離れたという教師が複数登場している。退会した教師たちは、同会の「従来の見方とは違う授業づくりをしよう、そのためにはまず、いろんな考え方を交流させようという主旨」に賛同し、新たな授業づくりを模索する場として期待していたという（村井 1997：200）。
（20）新しい歴史教科書をつくる会「つくる会が採択結果について「声明」を発表「つくる会歴史教科書」が二万冊を突破！　著作権訴訟は大局的見地から「控訴せず」」『つくる会Ｗｅｂニュース』第二六四号、二〇〇九年（http://www.tsukurukai.com/01_top_news/file_news/news_264.html　二〇一二年九月二六日閲覧）。
（21）学校教育における歴史教科書をめぐっては「家永裁判」のように保守運動団体が介入する以前から様々な

攻防が展開されてきた。Nozaki（2008）は「日本を守る国民会議」の『新編日本史』や「新しい歴史教科書をつくる会」による『新しい歴史教科書』を、そうした戦後日本における歴史教育をめぐる議論のなかに位置づけて論じている。

(22)「ジェンダー・フリー」とは、「ジェンダーにセンシティブになる」という意味で、男女平等教育の実践に取り組んでいた現場教師たちや女性センターで使われていた言葉である。

(23) 本書では、とくに運動団体に着目する際には「バックラッシュ」ではなく「男女共同参画反対運動」という言葉を用いることとする。

(24) こうした流れのなかで二〇〇三年には「七生養護学校事件」が起きている。七生養護学校では知的障がいのある児童が自己や他者の体のつくりを理解できるよう、「からだうた」という教材が使われていた。その「からだうた」に性器の名称が入っていたことが都議会で取り上げられ、都議会議員三名と東京都教育委員会などが七生養護学校を視察して教材を没収した。その後、養護学校教員は処分を受けている。教員側は東京都と当該都議会議員に対して、教育への不当介入および処分取り消しを求めて訴訟を起こした。二〇一三年の最高裁判決をもって教員側の勝訴が確定している。詳細は児玉（2009）を参照。

(25) インターネット空間における在日コリアンへの憎悪・差別発言を分析したものとして高（2015）がある。

(26) ただし多くの論者が指摘しているように、在特会はメールアドレスを登録すれば誰でも会員になれるため、厳密には「登録者数」である（安田 2012、樋口 2014）。

(27)「在特会」を扱ったルポルタージュについては安田（2015）も参照。

(28)「排害社」は二〇一二年に「排害社解散宣言」を出して解散している（http://haigai.exblog.jp/ 二〇一五年一月一七日アクセス）。

(29)「地方クローズアップ 大阪府 地域に密着した支部活動と女性運動に成果有り」『日本の息吹』平成一五年六月号、二五頁。

(30)「大阪「男女共同参画を考える市民の集い」が開催」『日本の息吹』平成一四年一二月号、二四－五頁。

(31) http://www.soyokaze2009.com/index.php（二〇一九年八月二七日閲覧）
(32) http://www.soyokaze2009.com/soyokaze.php（二〇一九年八月二七日閲覧）
(33) http://www.hanadokei2010.com/hanadokei.php（二〇一九年八月二七日閲覧）
(34) 杉田水脈衆議院議員は二〇一八年にＬＧＢＴをはじめとするセクシュアル・マイノリティに対する差別的発言や、日本軍「慰安婦」制度に関する科研費を採択された研究者らに対するバッシングなどで注目を集めた。後者は「科研費バッシング」と呼ばれるようになり、当該研究者らから名誉毀損として二〇一九年二月一二日に提訴されている。

第二章　右派女性に関する米国フェミニズム研究の展開

一　米国の右派女性研究を参照することの意義

本章では、女性たちの保守運動を第二部以下で具体的に考察していく際の枠組みを構築するために、米国で行われてきた右派女性研究を概観する。二〇〇〇年代から、日本でも保守運動を対象とした学術研究が取り組まれるようになってきたが、保守運動の参加者として想定されているのは基本的に男性である。小熊・上野（2003）や山口・斉藤・荻上（2012）、樋口（2014）などのように保守運動団体を対象としたこれまでの数少ない調査では、聞き取りが行われているのは主として男性である。もちろん、それらの調査対象者のなかには女性も含まれていることはあったが、女性参加者をジェンダーの観点から分析はしていない。日本の保守運動研究にこうした傾向が強いのは、そもそも保守運動の参加者は男性が多いということもあるが、性別役割規範や家族主義を重視する保守運動では、組織の役職に就いている女性がそもそも少なく、そのために代表者や役職に就いている者などを対象として保守運動団体の調査を行った場合は、女性参加者がそこからこぼれ落ちてしまうということが考えられる。

今日では多くの国においてジェンダーの観点を導入した保守運動研究が取り組まれている[1]。そのなかでも米国では一九八〇年代から右派女性をジェンダーの観点を導入して取り上げる学術研究が進められてきており、これまでに優れた研究成果が蓄積されてきた。そこで本章では、米国で取り組まれてきた右派女性研究のこれまでの流れを概観することによって、日本における女性たちの保守運動を分析するために必要な視点を導き出していきたい。本章では、米国右派女性研究のなかでも引用件数が多くかつ右派女性の捉え方が異なる五人の論者、A・ドウォーキン、R・クラッチ、K・ブリー、R・シュライバー、J・ハーディスティを取り上げる。米国の右派女性研究の歩みを追うとともに、ジェンダーの観点から右派女性を取り上げる研究者たちが右派女性をどのようにまなざしてきたのかについても着目したい。

なお、「保守運動」は国や地域・時代や論者によってその意味合いや呼ばれ方が異なるため、以下の米国の文脈ではブリー&クリーサップに倣い、「保守運動」「右翼運動」「右派」の三つの言葉を用いる。すなわち、「保守運動（conservative movements）」を愛国心・自由企業資本主義（free enterprise capitalism）と／または伝統的な道徳的秩序を支持し、暴力を手段としない運動（ブリー&クリーサップが「保守運動」をこのように定義している米国独自の背景については後述する）、「右翼運動（right-wing movements）」を人種・エスニシティに焦点を当てかつ／または暴力を用いる運動、そして、「保守運動」「右翼運動」を包括する上位概念として「右派（rightist）」とする（Blee and

Creasap 2010: 270-1)。[2]

二　〈被害者〉としての右派女性

フェミニストによる米国の右派女性研究は一九八〇年代に始まる。A・ドウォーキンの *Right-wing Women*（1983）はその初期の研究であり、のちに多くの研究者から参照されるようになった。米国では一九七〇年代にニューライトと呼ばれる保守運動が台頭するようになり、それまで政治とは距離をとっていたキリスト教福音派によって「モラル・マジョリティ」などの政治団体が相次いで結成されていった。[3] その結果、人工妊娠中絶や同性婚といった「政治」とは一見すると関係の薄いトピックが次第に政治化されていき、今日では「ソーシャル・イシュー」として大統領選挙が実施される度に共和党と民主党いずれもを支持するかの指標のひとつとなっている。

米国で右派女性研究が取り組まれるようになった直接のきっかけは、ERA（男女平等憲法修正条項）の批准をめぐってのことであった。合衆国憲法に男女平等条項を盛り込むことを目的に、全米各地の女性団体はERAの批准をそれぞれの州政府に働きかけていた。その取り組みは順調に進められていったが、突如としてERAの批准に反対する女性たちの運動が登場した。憲法学者のフィリス・シュラフリーが草の根の女性を組織化し、[4] STOP ERA キャンペーンを全米で展開するようになったのである（荻野 2001）。女性によるERA反対運動はフェミニストに大きな衝撃を与え、ドウォーキンもこれらの女性たちを念頭において右派女性を論じている。[5]

ドウォーキンは、右派の運動に女性たちが参加しているのは「アメリカの政治右派」が「女性の深刻な恐怖心を搾取し、かつその恐怖心を和らげるような」約束を右派女性と交わしているためであると考える（Dworkin 1983: 21）。その約束とは、女性に対して向けられる男性の暴力は管理も予測もできないという前提に立ったうえで、男性の暴力を制限して女性が住みやすい世界を作る、というものである。「アメリカの政治右派」は女性に対してあるべき役割や生き方――それらは性別役割にもとづくものだが――を示し、それに従うならば男性の暴力から身を守ることができるとし、女性の恐怖心や不安を利用して運動に動員しているというのである。

そして、女性たちがこのような約束を交わして右派の運動を支持し、参加することをドウォーキンは「自殺行為」であるとして厳しく批判する（Dworkin 1983: 35）。ドウォーキンにとって右派女性とは、男性の暴力に怯え、その恐怖心を実際には取り払うことができないような約束を右派と交わしてしまった「被害者」なのである。

ドウォーキンは右派女性を受動的な存在として描き、辛辣な言葉を向ける。しかし、ドウォーキンの主眼はあくまで右派女性に恐怖心を抱かせる社会構造自体を批判することにあるといえる。ドウォーキンは、女性を男性に従属・服従させる社会構造を性 - 階級システム（sex-class system）と呼んでいる（Dworkin 1983: 221）。性 - 階級システムはレイプや殴打などの手段を用いて、女性がシステムの外に脱出することを阻み、男性の支配下に置き続けるというものである。ドウォーキンは、右派女性はこの性 - 階級システムを十分に認識しているがゆえに右派男性と手を組み、自己防衛しようとしているのだと結論づけている。

右派女性にいち早く着目したドウォーキンの議論は、その後の右派女性研究にとって初期の研究の重要な例としてみなされている。右派女性を男性の暴力に怯え右派男性に騙された「被害者」であるとする描き方は、後続の研究者から強く批判されることとなる。しかし、女性同士の対立が生じる原因を性差別的社会構造に求める点は、今日の目からしてもドウォーキンの研究の重要なポイントであるといえる。

三　〈運動主体〉としての右派女性

三 - 一　保守運動の二つの類型

一九八〇年代後半になると右派女性の団体を調査し実証的に考察する研究が行われるようになる。その中でもR・クラッチの *Women of the New Right*（1987）は、右派女性の世界観を内在的に明らかにすることを通して、米国の保守運動には二つの類型があることを示した点で優れた研究である。クラッチは、ドウォーキンに代表されるそれまでの右派女性研究が、女性参加者を「被害者」として描きすぎていると批判し（Klatch 1987: 10）、運動を担う主体として右派女性を捉えようとしている。クラッチの研究もまた、ドウォーキンの研究と時代背景を共有しているが、保守運動を一枚岩として描くのではなく、複数の主義主張が運動内に存在していることを示した点に特色がみられる。

クラッチはニューライトと呼ばれた当時の保守運動を、キリスト教福音派を中心とした社会的保守主義（social conservative）と、政治・経済領域への政府の介入を拒絶しキャリア志向の女性が数多く参加する自由放任保守主義（laissez-faire conservative）の二種類に分類している。そして、この二つの保守運動は国家・家族・人間・ジェンダーに関する考え方が大きく異なることが示されている。

まず、社会的保守主義の世界観には宗教が大きく影響している。国家は宗教的信条や伝統にもとづくべきであると考えられている。社会的保守主義は、家族を道徳的観点から重視している。家族は社会の構成単位であり、すべての文化を維持する基盤とみなされている。家族には様々な機能が求められているが、なかでも子どもに道徳的価値を教え社会化する機能を彼女たち／彼らは強調するという。また、人間は無制限の欲望をもつ存在として捉えられており、家族や教会などの道徳的権威だけが人間の欲望をより大いなる善へと変えることができると考えられている。ジェンダーに関しては、聖書の教えに従うとして厳密な性別役割が支持されており、男性は家族を守り導き、女性は男性を支えてその権威に従うべきだとされる。そのために、男女の地位の差異は不平等ではなく性差別は存在しないと考える点に社会的保守主義の特徴があるとクラッチは指摘する（Klatch 1987: 49）。

次に、自由放任保守主義の世界観は一九世紀の古典的リベラリズムに由来しているという。彼女たち／彼らは自己完結した経済システムを理想とし、外部からの干渉がなければ経済は均衡に機能すると考えるため政府のいかなる介入をも拒否する。社会的保守主義で重視されている家族は、自由放任保守主義の世界観では重要な位置を占めない。人間は自由意志をもつ存在であり、個人の創意や自立／自律がその本質であるとされる。自由放任保守主義は男性も女性も利己的で合理的な主体と捉えるために、男女の地位の差異は不平等であり、性差別の存在を認識しているとクラッチは言う（Klatch 1987: 51）。

クラッチは以上のように保守運動を二つに分類したうえで、それぞれの女性参加者とフェミニズムとの関係について考察を進める。妻や母の立場に立つ社会的保守主義の女性たちは、フェミニズムを宗教や家族に対する脅威と捉えイデオロギー上は対立している。他方で、キャリア志向の職業女性からなる自由放任保守主義は、性差別の存在を認識しているためにフェミニズムとビジョンを一部共有しているとされる。しかしクラッチは、彼女たちの運動手法をみるとこの関係性が逆転し、実際に「女性」として行動しているのは社会的保守主義の女性であることを指摘する（Klatch 1987: 152）。社会的保守主義の女性たちは伝統的な性別役割を支持し、妻や母の立場でそれを遂行する女性として集合的に行動しているのに対し、自由放任保守主義は性差別の解消は政府の介入ではなく個人の努力によって克服されるべきであると考えるために、女性として集合的に行動するという運動スタイルは取らないのである。

妻や母という立場をとる社会的保守主義の女性には矛盾がつきまとう。政治活動に従事することは、性別役割を支持するという運動理念と齟齬をきたしている。クラッチによれば、社会的保守主義の女性はこの矛盾を解消するために公的領域において自分たちは「道徳の守り手」であるという戦略をとることによって政治活動に携わっているという（Klatch 1987: 147）(6)。女性の道徳的優位性を説きながら女性が公的領域で活動するという手法は、米国の第一波フェミニズム運動でも見られたものである（栗原 2009）。社会的保守主義の女性たちもまた、運動目標を実現するために同様の手

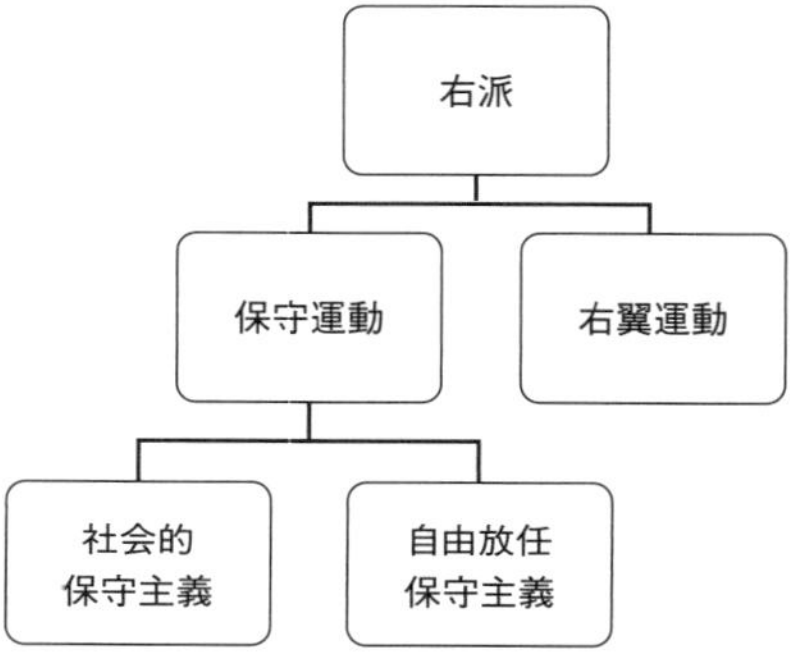

図2-1　米国右派運動の類型

Blee & Creasap（2010）および Klatch（1987）をもとに作成

法を用いて自分たちの運動参加を正当化していることが指摘されている[7]。

クラッチが提示した社会的保守主義と自由放任保守主義という分類は、今日では米国の保守運動研究で広く参照されるようになっている。先述のブリー＆クリーサップによる「保守運動」の定義でも、この二つの保守主義が念頭に置かれている。ブリー＆クリーサップ（2010）の定義にクラッチ（1987）が示した二つの保守主義を位置づけると**図2-1**のようになる。自由放任保守主義が「保守運動」に分類されていることは一見すると奇妙にも思える。クラッチは、社会的保守主義と自由放任保守主義が協働できているのは、共産主義・「大きな政府」・フェミニズムといった共通の仮想敵が存在するためだとしている。異なる世界観にもとづく複数の潮流が保守運動を形成しているということは、クラッチが示した重要な知見であるといえよう。

三-二　右翼運動と女性参加者

一九九〇年代になると、K・ブリーによって右翼運動の女性参加者を対象とした研究が取り組まれるようになった（Blee 1991, 1996）。人種主義・反ユダヤ主義・排外主義にもとづく米国の右翼運動の歴史は保守運動よりも古く、一九二〇年代にまで遡るとされる(8)。クー・クラックス・クランやクリスチャン・アイデンティティの団体(9)、ネオ・ナチ、スキンヘッズといった団体が有名であるが、これらの団体は一九八〇年代になると相互に結びつきを深め、「白人レジスタンス」と呼ばれる非合法の暴力事件を全米各地で展開するようになった（Ridgeway 1991＝1993）。さらに一九九〇年代になると、愛国右翼（right-wing patriot）などの軍事主義的な団体も活動を活発化させるに至っている（Blee and Creasap 2010）。

ブリーはクラッチ（1987）等を参照しながら、保守運動研究では女性が重要な役割を担っていることが指摘されてきた一方で、従来の右翼運動研究は男性参加者のみを想定してきたとする（Blee 1996）。ブリーによれば、一九九〇年代の右翼運動の新規加入者の半数は女性であるにもかかわらず、たとえ女性参加者が言及されたとしても彼女たちは男性参加者の妻やガールフレンドとして扱われ、男性参加者のように運動を自発的に担う主体としてはみなされてこなかった。このように、保守運動研究とは対照的に右翼運動では男性参加者のみが依然として言及されている点にブリーは問題意識を持ち、右翼運動団体に参加する女性に対して調査を実施したという。

ブリーによると、女性たちは右翼運動に参加した経緯を些細なこととして語る傾向がみられたという。例えば、「最初は単なる人付き合い」だったが様々な活動家に会うなかで運動に参加した、というような語りである（Blee 2002: 27）。女性たちが右翼運動に参加する理由や動機などをより深く分析していくためにブリーは、右翼運動の女性たちからライフヒストリーを聞くという調査方法をとっている。

右翼運動の女性参加者の語りからブリーが明らかにしているのは、彼女たちは運動参加以前から人種主義的な思考を有していたわけではないということである。その例として、右翼運動団体のリーダーであるジュディの語りを少し詳しくみてみたい。ジュディは転職のために引っ越した地域で、近隣住民との関係がうまくいかずに悩んでいた。彼女はある日、自宅近くで交通事故に遭うのだが、事故の相手を見ていなかったにもかかわらず、それは近所に住むアフリカ系アメリカ人に違いないとブリーに語っている。なぜそのように言い切れるのかについての理由は明確に提示されてはいないが、ブリーがジュディのライフヒストリーを聞き取るなかで気づいたのは、最初は「近隣住民」としか言及していなかったジュディの語りは、交通事故に遭ったときの話に至ると「アフリカ系アメリカ人」というように、抽象的で曖昧な語られかたであった「近隣住民」という言葉が人種化されるようになっていることである。ブリーは、右翼運動の女性参加者たちの語りはある出来事をきっかけに人種主義的な語りへと変化する傾向がみられ、そしてその出来事は身体への攻撃や干渉・トラウマだったことが共通していたと指摘する（Blee 1996: 693）[10]。これらの出来事は、彼女たちの人生において転機となった出来事として位置づけられている。その出来事にかかわった他者が次第に人種化されたかたちで語られるようになるのは、右翼運動の活動家となった今の時点から過去をふり返ったときに、その出来事を右翼運動のなかで身につけた価値観や認識にもとづいて彼女たちが意味づけを行っているためだと考えられる。

ブリーの研究で重要な点は、右翼運動の参加者はもともと人種差別的思考をもっていたのではなく、様々な経緯で運動に参加した後に右翼運動の活動家に「なる」ということである。そして、女性たちの語りが総じてネガティブであるのは、男性性と強く結びついた白人性を至上の価値とする右翼運動の中で、女性たちが活動家としての自己を構築していった結果であるとブリーは論じている。

四　〈フェミニスト〉としての右派女性

四－一　右派女性に対する積極的な意味付け

前節でみたクラッチ（1987）のようにフィールドワークを通して右派女性の活動実態や考え方を明らかにする研究は、右派女性に対して価値中立的なスタンスを取っているが、二〇〇〇年前後から右派女性を女性運動の一種として位置づけるというより踏み込んだ議論がR・シュライバー（2008）やJ・ハーディスティ（1999）らによって展開されるようになっている。[11]ただし、何をもって「フェミニスト」とみなすかは、論者によって異なる。一九八〇年代後半に保守運動の二つの類型を提示したクラッチも、近年ではこのような議論を展開するようになるのだが、クラッチの場合は女性の不公平な取り扱いを批判し「個人的なことは政治的なこと」と捉える意識を「フェミニスト意識（feminist consciousness）」とし（Klatch 2001: 792）、一九六〇年代の左派・右派学生運動の女性参加者それぞれがフェミニスト意識を構築する過程を分析している。

クラッチは第二波フェミニズム運動と同じ意識をもつ女性を右派運動のなかに見出しているが、

右派女性を「フェミニスト」として論じようとする者の多くは、公的領域への女性の参入を支持していることをもってして「フェミニスト」と呼んでいる。こうしたフェミニズムの捉え方は、米国特有のものであると言えるかもしれない。リサ・タトルの『フェミニズム辞典』によれば、女性運動（Women's Movement）とは「女性の地位や状況の向上を目指すあらゆる活動や組織を含めて広範囲に及んで使われる」言葉とある（Tuttle 1986＝1998: 431-2）。そして、「女性運動」の下位概念に女性解放運動（Women's Liberation Movement）があり、女性解放運動には①主流フェミニズム（mainstream feminism）と、②「よりラディカルな女性解放のための社会的抗議の運動」の二つがあるとされる（Tuttle 1986＝1998: 428）。主流フェミニズムとはリベラル・フェミニズムのことであり、全米女性機構（ＮＯＷ）に代表されるような女性の公的領域への進出を支持し、法制度の改善によって女性の地位向上をめざす女性運動である。もちろん、米国でも性の解放を追求するラディカルなフェミニズム／フェミニストは存在するが、右派女性研究では政治運動・社会運動のレベルで見た時にはその影響力の大きさから、ＮＯＷがフェミニズム運動として想定される傾向がある。

米国における「フェミニズム」概念の特色を踏まえたうえで、二〇〇〇年前後から右派女性を〈フェミニスト〉とみなす研究が次第に増えてきた背景には、自由放任保守主義の新たな団体が九〇年代になって相次いで結成されたことがあげられる。とくに政治的・社会的影響力の大きい団体として、「独立女性フォーラム（Independent Women's Forum, 以下、ＩＷＦ）」[12]と、「女性の自由ネットワーク（Women's Freedom Network, 以下、ＷＦＮ）」が言及されることが多い[13]。いずれも政治・経済・学術領域で活躍する白人女性が中心となった団体である。

以下では、女性による保守運動を女性運動とみなし、「女性であること」の代表性・正統性という観点からこれらの運動を考察するR・シュライバー（2008）と、九〇年代に結成された右記の新しい自由放任保守主義の女性たちを「平等フェミニスト（Equality Feminists）」と明確に呼ぶJ・ハーディスティ（1999）の議論を取り上げたい。

四－二　「女性」を代弁するのは誰か

右派女性を「フェミニスト」とみなす研究は、妻・母の立場にたつ社会的保守主義の女性たちを除外する傾向がある。そのような中で、R・シュライバーは社会的保守主義も含めた女性の保守運動を女性運動として捉えている点で、独創的な研究を行っている。シュライバーは「フェミニズムを右傾化する（Righting Feminism）」という挑戦的なタイトルが付けられた著作において、二つの女性保守系団体を事例としながら、政治的領域において「女性」や「女性の利益」を代弁することができるのは誰か、という議論を展開している。なお、シュライバーが念頭に置いているフェミニズムとは先述の全米女性機構（NOW）のことである。

シュライバーは、社会的保守主義の団体として「アメリカを憂慮する女性たち（Concerned Women for America, 以下、CWA）」を、[14] 自由放任保守主義の団体として先述のIWFを取り上げ、保守運動団体でありかつ女性団体でもあるという両義性が運動戦略に与える影響を考察している。なかでも注目されているのが、政治的領域において「女性であること」や「女性の利益」をそれぞれの団体もまた自分たちのものとして訴える戦略である。シュライバーによれば、CWAもIWF

も、フェミニズムが政治的領域において「女性」を代弁していることに反対し、フェミニズムはすべての「女性」を代弁しているのではなく「急進的なマイノリティのためだけに語っている」と批判しているという（Schreiber 2008: 44）。そしてＣＷＡもＩＷＦも、自分たちこそが「女性」を代弁できるのだと主張することで、より多くの女性たちの支持を取り付けようとしている。

しかし、社会的保守主義であるＣＷＡと自由放任保守主義であるＩＷＦとでは、その戦略が異なることも指摘されている。性別役割を支持するＣＷＡは、妻や母・主婦である女性を代弁しようとしている。他方で、ＩＷＦの戦略はより複雑であるという。ＩＷＦにとって、ジェンダーにもとづく集合的主張をすることは個人主義的立場をとる運動理念に反することである。シュライバーによれば、ＩＷＦはこの矛盾を隠匿してフェミニズム運動に対抗していくために、戦略上あえて「女性」を代弁しようとしているという。その際にＩＷＦが強調するのは女性間の差異である。すなわち、ＣＷＡのような社会的保守主義やフェミニズム運動と差異化するために、妻や母・主婦ではないけれどもフェミニズムを支持しない女性たちをターゲットにし、そうした女性たちの代弁者であろうとしているという。

このように保守運動の女性たちもまた「女性」であることの正統性を訴えている状況は、フェミニズム運動にとって二重の意味で挑戦的であるとシュライバーはいう。第一に、女性にとって望ましい政策を推進する際に保守運動の女性たちがフェミニズム運動と競合する主張を行うことで、議論や法律の形成に影響を与え、第二に、「女性」や「女性の利益」という言葉で訴えていくことに限界があることをフェミニズム運動に認めさせようとしているというものである。クラッチ（1987）

の議論では「女性」として行動することに強い拒否感を示していた自由放任保守主義の女性たちまでもが、これまでフェミニズムが用いてきた「女性」「女性の利益」という概念そのものを自分たちのものとして捉え、右傾化させようとしていることをシュライバーは明らかにしている。

四-三　「平等フェミニスト」たちの保守運動

J・ハーディスティは、自由放任保守主義の女性たちを「平等フェミニスト」と呼びその特徴を三点にまとめている。第一に、「平等フェミニスト」は女性を〝被害者〟として、また抑圧された階級として語ること／語られることを拒絶する。第二に、「平等フェミニスト」はジェンダーに配慮しなくても地位達成や成功に向けて女性たちは男性と競合できるという「近代資本主義のサクセスストーリー」を信じている（Hardisty 1999: 87）。そして第三に、「平等フェミニスト」は「泣き言を言い」「男性を嫌悪する」フェミニズム運動と自分たちは違い、より成熟したステージのフェミニストであると考えている。

ハーディスティによれば、「平等フェミニスト」のルーツはアカデミアにあるという。大学教員のポストに就いている女性のなかでも、もともとフェミニズムに反対していた保守主義の女性や、フェミニズム運動に幻滅した女性、あるいは、女性の権利に関する諸問題をフェミニストとは異なる立場で論じるというメディアの需要があった女性たちが、その後の「平等フェミニスト」の潮流を作ったとされる。

このように社会階層としては上位に位置する「平等フェミニスト」たちは、保守運動のメインストリームであり妻や母・主婦の立場にたつ社会的保守主義の女性たちと協働することに違和感を覚えていた。そのため、九〇年代になると「平等フェミニスト」たちの組織化が進んだという。ハーディスティはその例として、先述のＩＷＦとＷＦＮの二つの団体をあげている。

「平等フェミニスト」は、人工妊娠中絶や同性愛者の権利などの「ソーシャル・イシュー」と呼ばれる問題に関しては、社会的保守主義のように伝統的価値観を擁護する立場をとらず、また、女性の公的領域への参入を強く支持している。しかし、彼女たちは政治・経済問題に関するフェミニストの解決策には激しく反発するという。ハーディスティは「平等フェミニスト」とそれ以外のフェミニストが意見を異にする論点として、アファーマティブ・アクションや同一価値労働同一賃金（comparable pay）をあげている。性差別を解消するためのこれらの解決策は、「平等フェミニスト」の見方からすれば政治・経済領域への政府の介入を意味するために受け入れられるものではないという。

このような「平等フェミニスト」は、ポスト・フェミニズムとも重複していると考えられる。ポスト・フェミニズムとは、フェミニズムはもはや必要ないとしながらも女性の公的領域への進出を支持する潮流である（吉原 2013）。ハーディスティ自身も、ポスト・フェミニズムの代表的論客であるクリスティーナ・ホフ・ソマーズに言及しているものの、ソマーズの著書 *Who Stole Feminism?* が保守系財団から経済的援助と広報支援を受けていたという記述がみられるのみで、ソマーズを「ポスト・フェミニズム」とは呼んでいない。そのため、ハーディスティは「平等フェミニスト」をあくまで保守運動に位置付けていることが推測される。クラッチ（1987）が自由放任保守主義と呼んだものをハーディスティは「平等フェミニスト」と呼んでいる点に、右派女性に対する両者の捉え方の差異と保守運動自体の変化がうかがわれる。

さらに補足すると、米国では保守運動に加わりながらもフェミニストであることを自称する女性が、今日では少なからず存在する。ハーディスティの他にも、「フェミニスト」を自称する保守運動の女性に注目しているのが、M・ジーグラーである[15]。二〇〇八年の米国大統領選挙で共和党の副大統領候補になり、近年ではティーパーティー運動を率いているサラ・ペイリンは、人工妊娠中絶に反対するプロ－ライフ派である一方で、自身のことをフェミニストであると述べており、ジーグラーは彼女のことをプロ－ライフ・フェミニスト（pro-life feminist）と読んでいる。ジーグラーによれば、ペイリンは女性は既に十分な法的保護を享受しているという立場をとり、子どもを守るために政治活動や社会運動をする女性として、プロ－ライフ・フェミニストのことを「ママ・グリズリー（mama grizzlies）」とも呼んでいるという（Ziegler 2013: 259）。

五　米国右派女性研究から得られる示唆

本章では一九八〇年代から今日までの米国のフェミニストによる右派女性研究の流れを概観してきた。そして、米国では右派女性の捉え方が変化してきたことを示した。右派女性を「被害者」と捉えたドウォーキンの議論は、右派女性を受け身の存在として描きすぎていると批判され、クラッチやブリーらによって運動を積極的に担う主体として捉えられるようになった。さらに今日では、右派の政治・社会運動の中にフェミニストを見出す研究も登場している。

それでは、米国で蓄積されてきた右派女性研究から、日本の事例を分析・考察するにあたってどのような示唆が得られるだろうか。本章では、米国の右派女性研究には右派女性を〈被害者〉、〈運動主体〉、〈フェミニスト〉として捉える三つの異なる視点があったことを示したが、それぞれの視点からどのような示唆が得られるのかを考察したい。

第一に、ドウォーキンのように右派女性を〈被害者〉として描いた研究からは、女性同士の対立を生じさせる社会構造に着目する必要があることを導き出せる。先述のように、ドウォーキンの研究は今日では右派女性の主体性を看過しているとして批判的に言及されることが多い。しかし、〈被害者〉として右派女性を捉えることを批判し、フィールドワークやインタビュー調査を通して右派の運動を積極的に担う女性として描く実証研究には、ジェンダーに関する社会構造や社会システムと関連づけて右派女性を論じるという観点がむしろ希薄になってしまっている。

日本の事例を考察する際には、右派の女性たちの活動実態や意識を単に提示するだけでなく、ドウォーキンのような米国の初期の右派女性研究が有していた女性を取り巻く社会構造や社会システム、社会規範といった観点は欠かすことができない。社会制度や社会規範はジェンダー非対称に作用する。二〇〇〇年代以降、女性たちが保守運動に参入し運動主体として活躍するようになった意味を明らかにするためには、女性を取り巻く社会状況の変化についての目配せも必要となるだろう。

第二に、右派女性を〈運動主体〉として捉えていく米国の研究からは、右派女性と男性中心の運動団体・男性参加者との関係性に着目する必要があることが示唆される。クラッチやブリーなどのように右派女性を〈運動主体〉と捉える研究では、右派女性の実態や意識を記述するのみならず、運動のなかで女性たちが経験する困難や葛藤・矛盾と、それらに対処する女性たちの戦略が明らかにされてきた。保守団体でありかつ女性団体という女性たちの保守運動がもつ二つの側面が、女性参加者に対してどのような影響を与えているのかも検討される必要がある。基本的には性別役割を支持する保守運動内での経験は、女性と男性とでは異なると考えられる。日本の場合、保守運動内にどのようなジェンダー・コンフリクトが存在し、女性参加者たちはそれに対してどのような戦略をとっているのか、さらに、そのコンフリクトは運動の外から見たときになぜ見えにくいのかを、第二部以降、考察していきたい。

そして第三に、右派女性を〈フェミニスト〉として捉える米国の研究からは、女性たちの保守運動を女性運動として捉えていくことの可能性が示される。もちろん、女性と女性運動をめぐる社会状況は日本と米国とでは異なる点も少なくはない。米国で右派女性のなかに〈フェミニスト〉を見出す研究が取り組まれるようになった背景には、経済や政治などの公的領域への女性の参入が進み、組織において重要な地位を占める女性が米国では増えているという事実と、全米女性機構（NOW）に代表されるように、大規模で政治的発言力のある政治団体が基本的にはリベラル・フェミニズムであるという米国特有の事情がある。そのため、日本の保守運動に参加する女性たちを〈フェミニスト〉と言えるのか否かについては、詳細な検討が必要となるだろう。

しかし、〈フェミニスト〉とまでは呼べなくとも、保守運動の女性参加者たちを「女性」として捉えていくという発想は、日本の事例を考える際に大きな示唆を与えてくれる。母や妻ではなく「女性」という立場を強調する米国の右派女性たち、あるいは、右派女性を「女性」として取り上げる研究者の視点を踏まえて日本の現状を省みると、日本には「母や妻・主婦という立場で子どもや家族を守るために保守運動に参加する女性」というより他に、右派女性を論じる言葉や認識枠組みがないことが浮き彫りになる。

フェミニズム研究では、社会運動において女性参加者たちが「母親」と「女性」、いずれの立場に立つかによって運動の方向性は異なってくると考えられてきた。一九七〇年代に起こり、日本の第二波フェミニズムの源流となったウーマン・リブは「聖化された「母」」に自らをあずけることを拒否し、生身の女としての自己解放を求めた」運動であった(加納 2012:21)。フェミニズム運動は「母親」の立場を取ることに極めて慎重である。母親の立場に立ち「子のために」を唱えて行動することは、性別役割を女性自身が補強することにつながりかねないからだ。そのため、女性の社会運動において、「母親」と「女性」いずれの立場を取るかは、運動の性質にも関わる大きな分岐点となるのである。

もっとも、米国に比すればわずかではあるが、日本でも女性の高学歴化や社会進出が進み、新自由主義的心性が蔓延している今日では、「母親」になることも女性の一般的なライフコースとは呼べなくなり個人の選択のひとつとなりつつある。そのため、「母親」と「女性」という立場の違いを強調しなければならない運動論的必然性は、ウーマン・リブが登場した七〇年代に比べれば低くなっているとも考えられる(16)。

しかし、このことを踏まえたうえでも、本書では「母親」と「女性」という立場を区別して、女性たちの保守運動を考察していきたい。先述のように、「母親」として子どもや国を守るために愛国心に目覚めた女性、という言論は分かりやすい反面、実態としては日本の保守運動においても「子ども」という言論を持ち出さずに活動する女性が登場してきているためである。その際、「女性」という立場はいかにして「愛国心」と結びついているのか、そこにどのような回路があるのかを明らかにしていくことは、今日の女性たちの保守運動の最大の特徴を浮かび上がらせることにつながると考えられる。

そこで次章以下では、「母親」の立場で活動する女性の保守運動として男女共同参画反対運動を、「女性」の立場に立つ保守運動として「行動する保守」の女性団体を取り上げ、女性たちの保守運動がどのようなポリティクスのうえに成り立っているのかを分析していきたい。

（1）Bacchetta & Power（2002）には、米国をはじめとしてフランス・オーストラリア・ギリシャ・メキシコなど非常に多岐にわたる国々の右派女性を扱った論文が収録されている。ヨーロッパ諸国における右派運動をジェンダーの観点から扱った研究としては、Köttig et al.（2017）がある。歴史学分野では、一九一〇年代のドイツにおける反フェミニズム運動を扱ったGuido（2010）や、一九六〇～七〇年代のチリにおける右派運動を取り上げたPower（2002）などがある。

（2）Blee & Creasap（2010）も言及しているが、実際の運動団体にこの区分を厳密に適用することは困難であり、その典型的な例として人種やエスニシティに関する問題にはさほど焦点をあてていないが、中絶手術クリニックを襲撃するプロ－ライフ運動があげられている。プロ－ライフ運動についてはLuker（1984）、Munson

(2008)、Cohen & Connon (2016) を参照。

(3) キリスト教福音派と政党政治の関係については飯山 (2008, 2013) に詳しい。

(4) ERAをめぐる攻防についてはMansbridge (1986) も参照。

(5) ドウォーキンは「右翼 (right-wing)」という言葉を使っているが、先述のBlee & Creasap (2010) の定義からすればドウォーキンの議論は「保守運動」が念頭に置かれている。本章ではひとまず「右派」という言葉を用いる。

(6) その具体例としてクラッチは、フィリス・シュラフリーの「ポジティブ・ウーマン」や、プロ‐ファミリー団体のリーダーであるコニー・マーシュナーの「新しい伝統的女性」といった概念をあげている。

(7) 運動参加と性別役割規範の間で右派女性が葛藤することは、日本の事例でも指摘されている。「立て直そう日本・女性塾」の女性参加者を対象としたOsawa (2015) によれば、女性参加者たちは自身の活動と性別役割規範の矛盾に気づいており、活動に参加し続けるために家庭内ケア労働を調整したり、イデオロギー上の摺合せを行っていることが指摘されている。

(8) 右翼運動の女性参加者を対象とした研究が停滞していた理由のひとつに、調査の難しさがある。ブリーも度々言及しているが (Blee, 1996, 2003)、米国の「右翼運動」は社会の周縁に位置づけられているため、右翼活動家は学術調査であっても自分たちの情報や居所を行政や司法に通報されるのではないかという疑念を抱く傾向がある。また、調査協力への承諾が得られた場合でも調査者を脅迫するなど、調査者自身にも多くの危険が伴うという。ブリーが実施した調査手法についてはBlee (2018) にまとめられている。

(9) クリスチャン・アイデンティティとは、アングロサクソンはイスラエル人の支族であり、ユダヤ人や黒人、その他有色人種は神の罰として地上に送られた「劣等人種」であるとする神学理論である (Ridgeway 1991＝1993)。

(10) ブリーによれば、これらはあくまでもライフヒストリーの語りにおける転換点であり、右翼運動に参加するようになった直接的な契機ではない点に注意が必要である。右翼活動家となった現在の地点から右翼活動家になる前の過去をふり返った語りであることにも注意されたい。

(11) もっとも、フェミニストによる右派女性研究のすべてがこのような立場に立っているわけではない。社会的保守主義を批判するBurake & Josephson (2003) のように、右派運動に対するフェミニズムからの批判は今日でも継続して行われている。

(12) 一九九二年設立。会員数は一五〇〇人程度とされ、ワシントンDCに専従職員が一〇名いる。年度予算は一一〇万ドルと推測されている。*Women's Quarterly* 誌を発行し、積極的なメディア展開を行うなど政治的・社会的に影響力を有しているとされる (Hardisty 1999)。

(13) 一九九三年にリタ・シモンによって設立される。女性の社会的役割に関する分析を行うことを目的とした団体であるという (Hardisty 1999)。

(14) CWAはERAに反対するために一九七九年にサンディエゴで設立された。設立者はベバリー・ラハイエで、マルチイシューを扱う団体である。シュライバーによれば、会員数は五〇万人で、三〇人の専従職員がいる。年度予算は八〇〇万ドルであり、NOWに匹敵する規模であるという。なお、CWAはクラッチ (1987) の調査対象団体にも含まれている。

(15) ティーパーティー運動については藤本ほか (2011) や久保ほか編 (2012) を参照。

(16) 実際に、二〇一二年度日本女性学会のシンポジウム「再考・フェミニズムと「母」――異性愛主義と女の分断」では、東日本大震災以降の反原発運動や首都圏で放射量測定を行う母親運動から、ジェンダー研究において母親運動が一面的に取り上げていることの問題点が指摘されている (荒木ほか 2012)。

第二部　保守運動と家族

第二部では、「母親」の立場にたつ女性たちの保守運動に焦点をあてる。保守運動といえば、個人（女性）の自由よりも家族などの集団や性別役割分業といった規範を重視すると一般的には考えられている。しかし、女性参加者たちの言葉に耳を傾けてみると、性別役割にもとづいた家族を理想とする保守運動の言論は必ずしも一枚岩ではなく、女性参加者たちの主張はむしろそうした保守運動内の家族言説に亀裂をもたらす可能性をも含んでいる。「母親」であることを強調しながら活動する女性による保守運動の主張や活動実態を、第二部の各章を通して見ていきたい。

「母親」の立場をとる女性たちの保守運動の事例として、本書では男女共同参画反対運動を取り上げる。これまで論じてきたように、二〇〇〇年代前半に展開された男女共同参画反対運動は、保守運動において初めてジェンダーが係争課題となった運動であった。そして、第一章でみたようにこの時期から保守運動内で女性の動きが活発化し、「女性」という名を冠した草の根レベルの運動グループが結成されたのだった。

保守運動団体がこぞって批判した男女共同参画社会基本法は、一九九九年に制定された法律である。日本は一九八五年に女子差別撤廃条約を批准しているが、長らく女性行政は「縦割り行政」で各省が独自に進めており、国としての包括的・長期的なジェンダー平等政策の指針を取り決めるナショナル・マシーナリー（National Machinery：国内本部機構）の設置が求められてきた。一九九四年に設置された「男女共同参画審議会」は、九六年七月に「男女共同参画ビジョン」を答申し、同年一二月には「男女共同参画二〇〇〇年プラン」が決定されている。[1]とくに「男女共同参画ビジョン」が作成された際には、公文書に初めて「ジェンダー」という言葉が登場するなど画期的な取り組みが行われた（大沢 2002）。そして、これらを経て制定されたのが、男女共同参画社会基本法である。男女共同参画社会基本法は、いまだ不十分な点や法制化ゆえの限界を指摘されてはいるが、(2)「フェミニズムが獲得した歴史的成果」を反映したものであるとされる（牟田 2006：202－4）。

そして、この基本法に対して、男女共同参画やジェンダー・フリーは「男らしさ／女らしさをなくす」「家族を崩壊させる」「専業主婦を否定する」「伝統文化を否定する」として批判し、基本法の撤廃を求めたのが男女共同参画反対運動である。『正論』や『諸君！』、『産経新聞』などのメディアを巻き込んで展開された男女共同参画反対運動は、フェミニズム研究やフェミニズム運動の間で「バックラッシュ」と呼ばれるようになった。(3)そもそも、「バックラッシュ」とはフェミニズム運動やジェンダー平等政策の進展に対する「反動」や「揺り戻し」を意味し、米国のジャーナリストであるS・ファルーディ（1991＝1994）によって提唱された概念である。ファルーディは、一九八〇年代のレーガン政権下で第二波フェミニズム運動の浸透に逆行するような家族主義政策が進められるようになったことや、映画やCM・小説といった娯楽メディアの中で社会進出を果たした女性が「ヒステリー」や精神疾患を患っている者として否定的に描かれる傾向が強まったことを受けて、こうした現象を「バックラッシュ」と呼んだ。この用語はその後、フェミニズム研究者や運動家によって広く使われるようになった。また、A・カッド（2002）は「バックラッシュ」という用語を理論的にさらに洗練させており、事実の歪曲や曲解、根拠のないラベリングなどの手法を用いて、社会制度の変更によって既得権を失った人びとによる逸失利益を取り戻そうとする試み、と定義している。

「バックラッシュ」以前から日本のフェミニズム運動は多くの批判や非難を向けられてきた。江原由美子は「からかいの政治学」と題する論稿のなかで、一九七〇年代のウーマン・リブを取り上げた雑誌記事を分析している（江原 1985）。日本でウーマン・リブが誕生したとき、マスコミやジャーナリズムは彼女たちを好奇の目で取り上げた。リブに参加する女性たちを揶揄しからかう言葉が、リブの政治的な主張を無効化する機能を果たしてきたことを江原は指摘している。しかし、こうしたリブに向けられた「からかい」は「バックラッシュ」とは呼ばれなかった。二〇〇〇年代の「バックラッシュ」が日本で初めて生じた「バックラッシュ」と言われているのは、長きにわたるフェミニズム運動の蓄積が行政を動かし、からかう余裕すらないほどにフェミニズム運動が存在感と影響力を持ち始めたためだと考えられる。

保守運動団体による男女共同参画反対運動は二〇〇六年を境に収束していくが、それは反対運動側が男女共同参画行政の「後退」という一定の成果を収めることができたためだ。二〇〇五年の「第二次男女共同参画基本計画」では、「ジェンダー」という用語に関して「性差を否定したり」「家族やひな祭り等の伝統文化を否定することは、国民が求める男女共同参画社会とは異なる」という注釈が新たに付け加えられた。さらに、二〇〇六年には内閣府から「ジェンダー・フリー」という言葉の使用を内閣府は今後控えるという内容の通達が各都道府県に出されている。こうした行政の動きを受けて、保守系メディアや運動団体の会報上では男女共同参画を批判する記事の掲載が次第に少なくなっていった(4)。

男女共同参画反対運動は女性たちが保守運動を担っていく契機となったが、男女の対等な社会参画を目指すとされる男女共同参画政策に、これらの女性たちはなぜ反対し、性別役割にもとづいた「家族」を称賛する保守運動の主張になぜ賛同するのだろうか。そして、彼女たちはどのような理由や経緯から運動に参加したのだろうか。以下、第三章から第五章までの三つの章では、男女共同参画反対運動のなかでも、女性の人権や自由・公的領域への進出に対置させて論じられてきた性別役割にもとづく「家族」を称賛する言論に着目しながら、「母親」の立場で活動する女性たちの保守運動を取り上げたい。第三章ではまず、敗戦直後から今日まで活動している日本遺族会を例に、男女共同参画反対運動において散見された「家族」を重視するようにみえる言説が保守運動で論じられるようになった経緯を追う。第四章では、保守系メディアと保守運動団体の機関紙・会報等に掲載されていた男女共同参画批判の記事分析を行う。男女共同参画に反対するロジックは語り手のジェンダーによって異なっており、女性たちの主張は実はフェミニズムとも接続可能であることを示す。そして第五章では、草の根レベルの女性保守運動団体で実施したフィールドワークから、女性たちの保守運動はフェミニズムとも共通する問題意識があるにもかかわらず、両者がどのような点で乖離していくのかを明らかにする。

（1）　基本法前史に関しては、鈴木・関・堀（2014）を参照。

（2）　フェミニズムから呈されている批判としては、「男女」を強調するあまり異性愛中心主義になっているのではないかというものや（牟田 2006）、「男女共同参画ビジョン」で採用されていた「女性の人権」という文言が基本法では採用されていないこと（戒能 2006）などがある。

（3）「バックラッシュ」の時期をどのように設定するかは研究者によって異なるが、本書では二〇〇〇年から二〇〇六年頃までの男女共同参画とジェンダー・フリーに対する揺り戻し現象を「バックラッシュ」とする。日本においてジェンダー平等への反動・揺り戻しという当初の意味で「バックラッシュ」という言葉を用いたのは、管見の限りでは伊藤（2002）が初出である。石（2016）や和田・井上（2010）のように一九九〇年代後半に提案された「選択的夫婦別姓制」への批判を含める論者や、「つくる会」が結成された前後から台頭してきた歴史修正主義を「バックラッシュ」とする論者もいるが、男女共同参画への反対運動や批判言論が「バックラッシュ」として認知され、その認識枠組みをもとに遡及的に九〇年代以降の様々な保守派の動きが「バックラッシュ」と呼ばれるようになったと考えられる。

（4）二〇〇六年時点では男女共同参画反対運動はある程度の成果を収められたと言えるが、男女共同参画行政の取り組みはその後も堅実に続けられており、二〇一〇年の「第三次男女共同参画基本計画」では重点分野に「女性に対するあらゆる暴力の根絶」が盛り込まれ、二〇一五年の「第四次男女共同参画基本計画」では「男性中心型労働慣行等の変革」が盛り込まれるなどしている。

第三章　日本遺族会における家族言説の変遷
――〝苦労する母親〟像に着目して

一　「家族の価値」言説とは

二〇〇〇年代前半に展開された男女共同参画反対運動では、「家族の価値」が盛んに称揚された。伊藤公雄（2003a）は男女共同参画に反対する保守運動の主張を、①男女の「らしさ」を否定し伝統文化や男女関係を破壊する、②専業主婦を否定する、③家族の絆を破壊する、という三点に整理している。「家族を愛するという気持ちは、国を愛する気持ちと同心円」[1]、「「健全な家族」の崩壊が国家の崩壊に直結している」というように[2]、「家族」という言葉を用いて国家や愛国心を論じる言説を、本書では「家族の価値」言説と呼ぶ。本章では、このような「家族の価値」言説が保守運動において、いつ頃から、どのようにしてみられるようになったのかを考察する。

日本では保守運動や保守系メディアにおける「家族の価値」言説を扱った研究は少ないが、米国では歴史学・政治学・社会学等の分野で長年保守運動研究が取り組まれてきたこともあって、「家族の価値（Family Value）」という言葉を扱った研究が行われている。米国では大統領選挙のたびに同性婚合法化が争点となってきたが、その際「保守派」と呼ばれる人びとは「家族の価値」の名の下に同性婚に反対してきた（小泉 2011a, 2011b, 2015）。そうした研究のなかで指摘されているのが、今日の米国保守派は「家族の価値」を訴える際に性差別的な言及は表面上見えないようにしているということである。たとえば、ジョセフソン&バラックは、「家族の価値」の名の下に、性別役割分業をする一組の異性愛カップルとその子どもで構成された家族が普遍的で「自然」であるとみなされていることを指摘し、こうした家族をネオトラディショナル・ファミリーと呼んでいる。この「家族」言説は性別役割分業を想定するという点において「伝統的」な家族観と共通しているものの、性別役割分業を男性の女性に対する管理・支配と表面上結びつけていない点で新しいとしている（Josephson & Burack 1998）。

国内の研究では日本の保守運動が好んで使う「家族の価値」言説に含まれる差別性や抑圧性が度々指摘されてきた。二〇〇〇年代の「バックラッシュ」では、「従来の男女らしさ・性別役割・専業主婦・家族の役割・日本の伝統・文化・制度・慣行」が擁護されていたという（イダ 2005：126）。また、家族形態についても「家族のかたちの基本は、両親がそろっていることであり、それ以外の家族は例外であるととらえられている」と指摘されている（鶴田 2005：158）。

このように保守運動において「家族の価値」ということが強固に持ち出されるのは、新自由主義的政策の推進を補完するためであるともあわせて指摘されている。「家族の価値」言説は「社会を構成する重要な単位」として家族を位置づけており（イダ 2005：136）、家族の扶養義務や地域・国家への奉仕を個人に課す一方で、国家は家族を保護する義務を負うことが想定されているという（イダ 2005）。そのため、男女共同参画反対運動は「新自由主義的路線と強権国家路線（新保守主義）の申し子である」とも考えられている（伊田 2006：181）。

他方で、保守運動において論じられてきた「家族の価値」は、イデオロギー的であるだけでなくむしろ人びとの「普通の」感覚に近い位相で提示されていることを指摘する研究もある。保守系団体「日本を守る会」が発行した、教育勅語の普及を目的とした絵本『たのしくまなぶ十二のちかい〈教育勅語から〉』を分析した中島三千男は、同書が一般の人びとに受け入れられやすい教育論・育児論を用いて教育勅語を解説していたことから、「今日の普通の国民の意識、心理状況からそう離れていない所で問題を提出し得ている」と述べている（中島 1981b：82）。

いずれの研究も、「家族の価値」言説では一組の異性愛カップルとその血縁関係にある子どもから構成され、女性が専業主婦として子に手厚いケアを行う家族が理想とされていることを指摘しているが、こうした家族形態は普遍的でも通歴史的でもないことは家族社会学において明らかにされてきた。落合恵美子は、①「女性の主婦化」、②大半の世帯で子どもの数が二、三人となる「再生産平等主義」、③一九二五～五〇年生まれの「人口学的移行期世代が担い手」となった家族を「家族の戦後体制」とし（落合 2004：101）、日本では一九五五年から七五年にかけてこの体制が構築されたと指摘している。「女は子供を生み、乳を飲ませ、優しく次代の命を育て」「男はこのような家庭の担い手として、あるいは守り手としての使命を担い、そのために心も体も雄々しく作られている」というような保守運動で称賛される「家族」は、[5] 新自由主義的な政策に適合するように「創り出された伝統」(Hobsbawm & Ranger eds. 1983)であるといえる。

しかし、このような近現代における家族形態の変化を踏まえるならば、保守運動団体が「家族の価値」を論じるようになった時期もある程度特定できるのではないだろうか。保守運動や「保守派」の人びとは「(伝統的)家族」を重視すると一般的には考えられてきたが、性別役割分業をする一組の異性愛カップルとその子どもから構成される家族が理想像として語られるようになったのはいつ頃からなのであろうか。保守運動におけるこうした家族言説のあり方は、先にみた中島(1981b)によって八〇年代にはすでに指摘されていることから、「家族の価値」が保守運動で論じられるようになった経緯を検証するためには、それより前の時代の言論も含めて見ていく必要がある。

そこで本章では、日本遺族会の会報分析を通して保守運動における家族言説の変遷を明らかにする。第一章で述べたように、日本遺族会は活動の全盛期は過ぎているものの、敗戦直後から活動している団体である。前身の日本遺族厚生連盟時代も含めれば、一九四九年から継続して会報を発行しているため長期間にわたるデータが収集でき、一九八〇年代以前の家族言説も見ることができる。また、遺族団体であるため家族に関する語りも掲載されていることが推測される。

二　日本遺族会と戦没者妻たち

日本遺族会(以下、遺族会)の設立経緯や活動展開は第一章で述べたが、本章では遺族会に属する軍人・軍属戦没者の妻と子の動きに着目したい。先述のとおり、アジア太平洋戦争における軍人・

軍属戦没者の遺族たちは敗戦後、遺族の経済的・精神的処遇改善を求めて政府に積極的に働きかけてきた。遺族会の要望は一九五〇年代には実現され、一九五二年に「戦傷病者戦没者遺族等援護法」が、一九五三年には恩給法改正が実現し、遺族年金と公務扶助料を再び受給できるようになった。

ここまでの活動は主に戦没者の父や男きょうだいなどの男性遺族が主導権をもって推進してきたものだが、一九六〇年代になると遺族会のうち戦没者妻と遺児らの活動が活発化する。一九六二年一二月には日本遺族会青年部が結成され（一九八二年に青壮年部へと改称）、戦没者遺児による活動が本格化する。他方で、戦没者妻の動きにも特筆すべきものがある。厚生連盟時代の一九四八年には婦人部が結成され、一九五四年には日本遺族会婦人部協議会が設置されているが（日本遺族会婦人部編 1995）、一九五九年には婦人部協議会は廃止され、日本遺族会婦人部が結成された。遺族会の活動において戦没者妻たちが果たした役割は大きく、「老齢化した父母に代わり、妻の世代が遺族会の中核として活躍した時期が、遺族会が最も活動的な時代だった」とも評されている（奥 2009：73）。

この時期に戦没者妻の動きが活発化した理由について奥健太郎は、一九六三年に議員立法で成立した「戦没者等の妻に対する特別給付金支給法」をあげている。この法律は、戦没者妻に対して二〇万円の国債（一〇年の均等償還）の支給を定めたものである。恩給法は扶養家族のいる公務扶助料受給者に加給金の支払いを定めていたが、六〇年代は戦没者遺児の大半が成人し、加給金の打ち切りが予想されていた。子が成人しても進学や就職・結婚といったライフイベントが控えており、収入滅を避けたい戦没者妻は「再三再四の陳情に続き、「最後の願い」をたずさえ、地元選出国会議員に総当りの陳情を行」うといった熱心な活動を展開し（日本遺族会編 1987：46）、遺族会もまた一九六〇～六二年の第一四～一七回全国戦没者遺族大会において特別給付金実現を重点項目として決議している（日本遺族会編 1987）。こうした親としての子に対する責任感や生活不安がこの時期に「妻と遺族会を強く結びつけた」とされている（奥 2009：78）。

遺族会は一九七〇年代になると靖国神社国家護持法案の成立に活動の軸足を置くようになるが、その際には高齢化した戦没者父・きょうだい・妻らに代わって遺児世代が活動を担うようになる。今日ではその遺児世代も高齢となっているが、(6) 遺児世代の会員らによって国外の戦没者遺骨収集事業や慰霊訪問事業などが継続して行われている。

三　分析方法

本章で分析対象としたのは、日本遺族厚生連盟時代の会報『日本遺族厚生連盟会報』（一九四九～五〇年、以下、『会報』）と、日本遺族会時代の会報『日本遺族通信』（一九五〇年～、以下、『通信』）である。両誌ともタブロイド版で、一号につき『会報』は八ページ、『通信』は四ページであり、第五号より毎月発行となった。なお、号数は『通信』に変わった後も『会報』時代からの通し番号が振られている。形式は新聞に類似しており、活動状況や社説のような編集部の論説、法律相談、読者投稿などが掲載されている。国立国会図書館で二〇一三年時に閲覧可能だった一九四九年から二〇

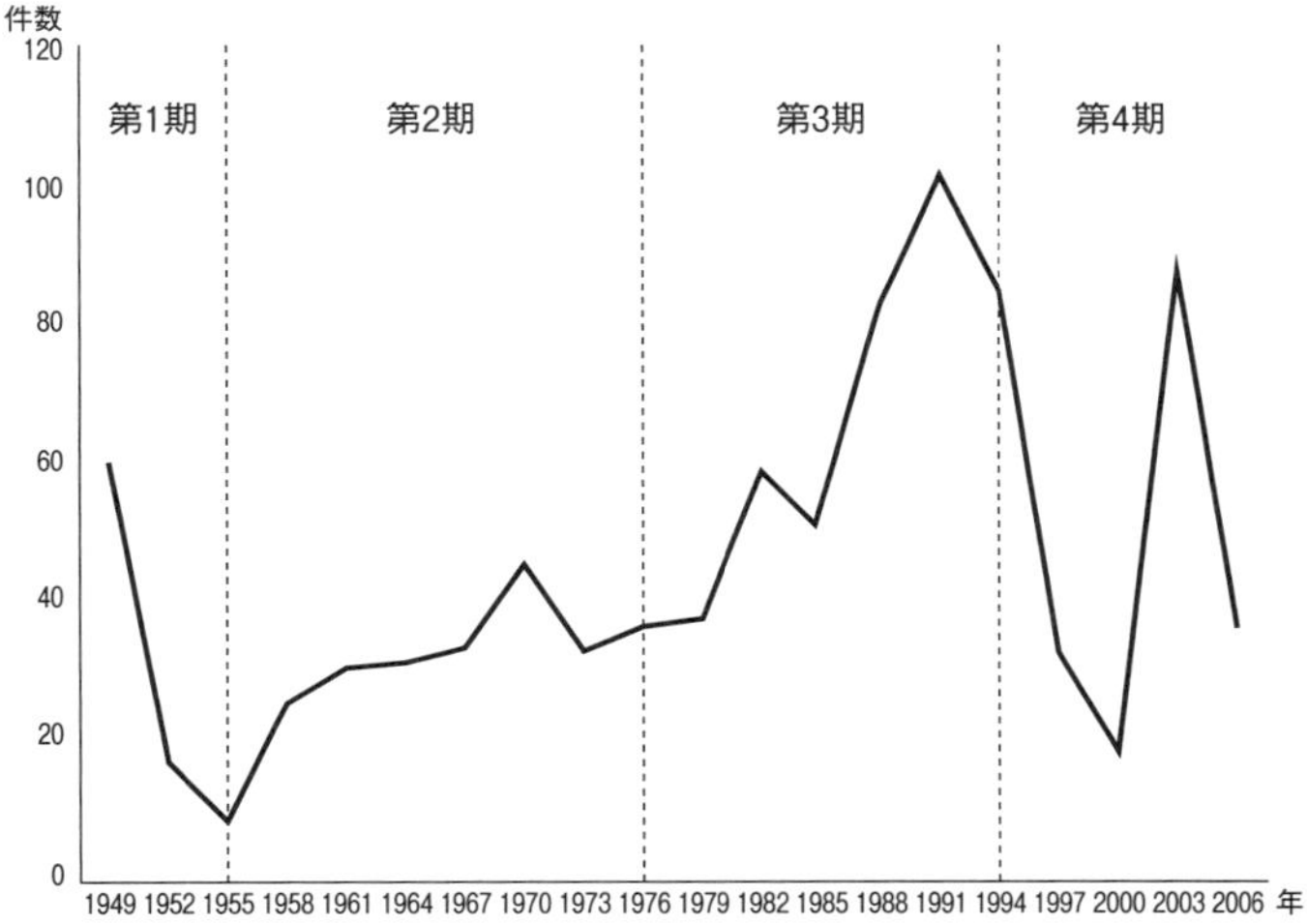

図3-1　分析記事件数の推移

〇七年三月号までの記事のうち、家族に言及している記事を目視で抽出した。該当記事は平均して毎号一～二件あり、合計九一〇件となった。

これらの記事を詳細に分析するため、時期区分を行った。**図3-1**は記事件数の推移を示したものである。推移をより明確に示すために、三年を一単位としている。記事件数の増減と後述する質的変化によって、四つの時期に区分した。第一期（一九四九～五五年、八〇件）、第二期（一九五六～七五年、二〇四件）、第三期（一九七六～九三年、三六六件）、第四期（一九九四～二〇〇七年、二六〇件）である。

分析では次の点に留意した。①遺族団体であることから、家族に関する語りが当事者としての個別的なものか、それとも遺族に限定されない一般的なものかを区別すること、②分析対象期間が長期間にわたるため、記事が掲載された当時の社会背景および会員の年齢との関係性に注意すること、の二点である。

二点めについて補足すると、次節の各期冒頭には戦没者妻と子の推定年齢を記載している。参考にしたのは奥が推計した戦没者遺族の平均年齢と、会報上でみられた会員の年齢への言及である。奥は、「戦没した軍人軍属の遺族調査統計表」(一九五一年)と、(7) 一九五六年以降の公務扶助料受給者統計を用いて戦没者遺族の平均年齢を試算している。五六年の公務扶助料受給者のうち戦没者妻の平均年齢は四二・〇歳である。子の平均年齢は「戦没した軍人軍属の遺族調査統計表」から推計されている。妻の年齢と推計方法が異なるのは、公務扶助料の受給権は未成年・成年の子よりも妻が優先されており、受給者統計から算出した子の平均年齢には妻が受給している場合の子が含まれていないためである。「戦没した軍人軍属の遺族調査統計表」によれば、一九五一年時点で軍人・軍属戦没者の子は一〇一万六千人であり、年齢別内訳で最も多いのは六~一二歳で約五五万八千人、次いで一二~一五歳で約二三万二千人であるという(奥 2009 : 69)。ある程度幅を取り、本章では一九五一年時点での子の年齢を六~一五歳としておく。

次に、これらの試算が遺族会会員の年齢と合致するか、会報記事より確認する。一九八六年二月の記事「原点 これからの青壮年部に対する期待と注文」では、戦没者妻を中心に構成されている婦人部について「平均年齢七〇歳余」、子については「戦没者遺児も、今では四〇代、五〇代の社会人」と書かれている。先程の推計にもとづくと八六年時点での妻の平均年齢は七二歳、子は四一~五〇歳となり、会報記事ともおおよそ合致する。

そこで以下では、遺族会の前身である日本遺族厚生連盟が結成された一九四七年時点で、戦没者妻三三歳、子二〜一一歳というモデルを想定し、会員の年齢とライフコースに留意しながら分析を行う。なお、記事からの引用中、旧字体のものは新字体に直している。また、「未亡人」という表記は差別表現であるため、記事からの引用以外は「戦没者妻」等の表記を用いる。

四　日本遺族会にみる二つの家族言説

四-一　第一期（一九四九〜五五年）——〝苦労する母親〟像の形成

第一期は一九四九年から一九五五年までである。戦没者妻の平均年齢は三五〜四一歳で、四〜一三歳の子が一〇〜一九歳となる期間である。この時期は戦後復興期と呼ばれ、敗戦によって日本はGHQの指導のもと民主化・非軍事化への道を歩み始めた。一九五〇年から始まった朝鮮戦争の特需によって日本経済は持ち直し、さらなる成長をしていくことになるが、この時期はまだ戦争による物資の不足や建物の消失、復員兵の増加による就職困難、戦後インフレなど庶民の生活は困窮を極めた。

遺族会には女性遺族として戦没者の母・女きょうだい・妻・子らが参加しているが、結成当初は誰が婦人部の中心になるかについて議論が交わされていた。第一期のはじめ頃には戦没者母と妻双方への言及がみられる。一九四九年に靖国神社で開催された全国婦人代表懇談会に関する記事では、「この集いには夫を失った妻の立場ばかりではなく子を失って老い先よるべない母の立場からも切実な声があが」り「亡き子、亡き夫と一夜を明かした」として、戦没者の妻だけでなく母への言及もみられる。

しかし、一九四九年九月の会報には「若い未亡人だけでなく、私のような老人のこともよく考えてほしい」という遺族会に対する戦没者母の声が掲載されていることから、徐々に女性遺族のなかでも戦没者妻が運動の中心になっていったことが推測される。事実、その後の会報誌上では戦没者母への言及は徐々に少なくなっていく。一九五二年には「こうして生きた七年　戦争犠牲者の記録」という特集が二ページにわたって組まれているが、「遺児」「老父」「未亡人」の手記が掲載されているのみで、戦没者母の話は全く書かれていない。

次第に、遺族会では婦人部といえば戦没者妻のことを指すようになるが、戦没者妻は妻としてだけでなく子に対する母としても扱われている。一九五二年の東京都遺族厚生会婦人部結成大会では「未亡人、母の立場からそれぞれ代表者の意見発表があ」ったとされるが、このとき採択された決議のうち「母の立場」に該当する項目は「未亡人及び遺児の就職を優先的に斡旋すること」「遺児に対し育英資金の増額拡充を図ること」の二つであり、「未亡人、母」とはこの場合いずれも戦没者妻を想定していることがわかる。

この時期の戦没者妻に関する記事では、夫亡き後の生活苦が強調されている。「未亡人全国で一八八万人　配給品さえ買えない生活補助金　再婚は宝くじより困難」、「未亡人　〝幸福破った地獄の案内〟」といったように、戦没者妻の生活状況の悲惨さを強調する見出しがつけられた記事が多数散見される。

戦没者妻自身が書いたと思われる投稿記事にも、同様の傾向がみられる。「昔「靖国の家」と妙におだてられて浮々とその日をくらして来た」が「敗戦後、手の裏をかえす様に、白いまなこが私のまわりをめぐっているとしか思えない数々の不愉快なことにぶつかる」[14]、「私のように母として義務を持って、どうしても生きなければならない者に、なぜ職があたえられないのでしょうか」[15]、「世の常の母ならおこたにも入れてやりたい、お菓子の一つもと思うものを、これをしては明日の生活がやれぬ、汚いかさかさにあれた手で子供のために働きました」[16]というように、厳しい生活状況が訴えられている。

結成当初の遺族会婦人部は、こうした戦没者遺族女性の困窮問題を解決するために広く母子世帯の貧困問題の解決を目的とした他団体との連携も模索していたようだ。一九四九年七月二〇日には「母子福祉に関係の深い民間団体」で結成された母子福祉中央協議会に正式に参加しており[17]、その後も関連記事が二件掲載されている。しかし、第二期以降はこうした他の女性団体と協働したと報じる記事は掲載されていない。この時期の遺族会婦人部には、母子世帯の貧困問題というより広い連帯へと拓かれていく可能性があった。しかしそうならなかったのは、遺族会のもつ影響力の大きさによって一九五〇年代に救済の道が開けたことや、「母子世帯」ではなくやはり「軍人・軍属戦没者の」母子世帯あるいは遺族としての救済を当事者や遺族会が強く志向していたからではないかと考えられる[18]。

第一期の戦没者妻についての記事には、三つの特徴がみられる。第一に、「靖国の家」から「白いまなこ」へというように、戦没者遺族に対する世間の視線が敗戦後に一八〇度変化したことへの戸惑い、第二に、幼子を抱え経済的自立の必要性に迫られるものの国家や社会から支援がないことへの憤り、そして第三に、たとえ就労しても経済状況は厳しく、子どもの世話が十分にできないことへの後ろめたさ、である。こうした戦没者妻の表象を本章では〝苦労する母親〟像と名づけ、以下ではこの〝苦労する母親〟像の語られ方に着目していきたい。

四-二　第二期（一九五六～七五年）――〝苦労する母親〟像の定着

第二期は一九五六年から一九七五年までで、妻の平均年齢は四二～六一歳、一一～二〇歳の子が三〇～三九歳になる時期に該当する。先述のように、この時期には戦没者妻が遺族会活動の中核を担うようになり、成人した子らによって青年部も作られた。一九五四年から日本は高度経済成長期に突入し、一九五六年には「もはや戦後ではない」と言われるまでに日本経済は回復した。一九五五年には保守合同によって自民党が第一与党となり、五五年体制が始まった。また、「家族の戦後体制」が形成されたのもこの頃であり（落合 2004）、戦後日本社会の基底となった経済・政治・社会制度が整った時期である。

第二期ではまず、わずかだが「靖国の妻」という言葉が登場している。とくに「靖国の妻としての処遇を実現し」というように、[19]「戦没者等の妻に対する特別給付金支給法」の制定時に頻出していた。一九六三年の第七回婦人部研修会では、「婦人部としていよいよ「靖国の妻」としての自覚と誇りを堅持し、婦人部の団結をはかるとともに、新しい前進の方向を確立すること」が掲げられている。[20]ただし、特別給付金実現後は「靖国の妻」という言葉は再びあまり使われなくなっている。

第一期では戦没者妻によって語られてきた〝苦労する母親〟像は、第二期になると今度は遺児によって語られるようになる。一九六〇年前後に地方遺族会では青少年部・青年部が相次いで結成される。一九五九年の会報には岩手県花泉町遺族青少年大会で行われた中学三年生による次のような意見発表が掲載されていた。「母は、父が戦死した時は泣いても泣いてもたまらなく、又なにもわからない子供四人をあずけられ、どのようにして暮らそうかと思ったそうです」「私達が育ってきたその陰には、言葉では言い表せない悲しみがあったのです。父の顔も知らない私はあまり悲しまないが、母にとっては悩みの種だったにちがいありません」「私達は母に感謝しても感謝しきれない程です」（強調引用者）[21]。この文章で端的に示されているように、第一期に妻の立場で語られた母としての苦労話は、第二期では子の立場から伝聞や推測のかたちで言及され、それにつけ加えて母の苦労に対する感謝の意が示されている。一九六〇年以降、このような構図の言論が頻出するようになる。

その背景には、この時期に遺児世代が自分の考えを自分で表明することができる年齢になったということだけではなく、遺児世代を積極的に取り込もうとする遺族会の意図もあったことが推測される。遺族会は一九六〇年頃から組織の世代交代を意識しはじめるが、これまでの運動は「国家に対する働きかけに重点をお」いていたため「遺児諸君と私たちとの間の交流がやや希薄であり」、「若い世代のものの考え方は、私たちのそれとは、大きく隔たっている」[22]として、遺児世代の取り込みに苦戦していたようだ。

こうした世代間の断絶を克服するために導入されたのが、婦人部の女性遺族を「母」として積極的に位置づけることであったと考えられる。この試みは効果をあげ、一九六一年六月の新潟県連合

図3-2　「母の像」
出典：日本遺族会編（1974）

遺族会の青年部結成大会では「母に感謝し明るい家庭を築こう」[23]という文言を含んだ決議が採択されており、以降、同様の決議が各地の青年部で採択されている。このような流れのなかで開催された静岡県遺族会青年部主催の「母と子の集い」（一九六二年）は、「戦没者遺族青年として母親への心からなる感謝を捧げるべく」企画されたもので、「お母さん御代表者の方々へ、それぞれ青年側から感謝の花束（紅いカーネーション等）贈呈を行い「幸せの歌」を合唱する」というものであった。[24] この催しはその後各地でも行われるようになり、青年部主催の恒例行事となったようである。[25]

〝苦労する母親〟像は、一九七五年になると文字通り〝像〟として結実する。七三年から青年部は靖国神社境内に「母の像」を建立するという取り組みを開始し、七三・七四年度の青年部重点事業にもなっている。七五年に奉納された「母の像」は（図3-2参照）、「青年部員の感じる母の像のイメージ」をもとに制作された。[26] 像には「強く、きびしくやさしかった母　おかげで　私がある　お母さん　ありがとう　私たちの悲しみが　くりかえされることの　ないように」という文章が刻まれており、「母の像」完成を伝えた記事では「全国の遺児たちの共通の心「お母さんありがとう」はいま形となっ」たと述べられている。[27]

第二期に〝苦労する母親〟像が子の立場から言及されるようになった背景として、家族をめぐる社会状況の変化も見過ごせない。先述のとおり、この時期は「家族の戦後体制」が形成され（落合 2004）、女性は専業主婦として家庭へと回帰していった。「明るい家庭」や「母に感謝する」といった遺児の語りは、これから自身の家庭を作る遺児たちが当時の理想的な家族像を反映して生み出していったものだと考えられる。

四－三　第三期（一九七六～九三年）――〝苦労する母親〟像の曖昧化

第三期は一九七六年から一九九三年までである。妻の年齢は六二～七九歳で、三一～四〇歳の子が四八～五七歳になる期間である。長らく続いた経済成長はオイルショックを契機に安定成長期に入る。八二年には中国・韓国とのあいだで歴史教科書問題が生じ、八五年には当時の中曽根首相が靖国神社に公式参拝するなど、日本の右傾化が危惧された時期であった。また、離婚率の上昇やいじめ・家庭内暴力などがクローズアップされ、自民党が一九七九年に発表した「家庭基盤の充実に関する対策要綱」では「民族の文化や伝統や経験は、家庭において純化され充実されて次の時代に伝えられる」として家族の意義が説かれるなど(28)、「家族」が広く論じられるようになった時期でもある(29)。

第三期では、〝苦労する母親〟像に関して三つの変化があった。第一に、妻と子とで〝苦労する母親〟像の語り方に違いが見られなくなったことである。その例として、次の二つの文書を見てみたい。「当時四歳の娘をつれて、横須賀から実家に帰り二十六年間、村の郵便局に勤務して、娘を一人前に育てることに専念しました[30]」、「母は生活を支えるために、時には私を背負って、胴に米をまけるだけまき、手には二つの大きな荷物をもって、大阪に商売に行ったり、また、朝早くから夜遅くまで織物工場で働いたり、血のにじむような苦労をしてきました[31]」。前者は戦没者妻が、後者は遺児が書いたものである。違う立場の者が書いているにもかかわらず、この二つの文章は母の苦労の論じ方が類似しており、とくに子の語りは第二期のような伝聞や推測調ではなくあたかも自身が体験したかのごとく断定調で書かれている。

第二に、〝苦労する母親〟像の苦労の内実が変化したことである。一九八二年に青壮年部へと名称を変えた青年部は、よりいっそう会の中心になることをこの時期に求められている。そのさいに「今遺族会の大きな組織戦略として靖国神社問題や、特別給付金継続で頑張っているこの母達に、いつまでも甘えてはなるまい[32]」、「母親の過去及び現在の労苦に感謝し、及ぶ限りその負担を軽減し[33]」と呼びかけられている。遺児世代の取り込みに母が持ち出されている点では第二期と共通しているが、母親の苦労がそれまでは敗戦直後の困窮のなかで子どもを育てたことであったのが、ここでは「現在の労苦」や遺族会の活動に関する苦労にまで拡張されて用いられている。

そして第三に、これまで『会報』『通信』上で語られてきた遺族会固有の「母親」だけでなく、より一般的な「母親」についても言及されるようになったことである。以下の文章にはその傾向が顕著にみられる。

いつだったか、どうしょうもなく母に相談しました。「あなたは私の子です。信じています」一言でした。ほかに何のこたえもくれませんでした。毅然と言い放った母の声が今も聞こえてきます。世界を巡った体験からも思います。日本の母親たちは強いと。昨今の世相を思うとき、「日本の母」の健在を祈らずにはおられません。(34)

この文章を書いたのは自民党所属の国会議員、尾辻秀久である。尾辻自身も戦没者遺族として、遺児の立場から自分の母親とのエピソードを語っている。しかしこの文章では、自分自身の母親についで述べた直後に、「世界を巡った体験」から「日本の母親たちは強い」というように、「日本の母親」へと議論が跳躍している。また、母の苦労についても「女手一つで必死に私たちを守り育ててくれた母」という記述があるのみで、これまで会報上で語られてきた〝苦労する母親〟の苦しさや貧しさへの言及も見られない。

加えて、この記事には「私たちを必死に護り育ててくれた母」と題された挿絵がつけられているのだが(**図3－3参照**)、そこに描かれた「母」は第二期で青年部が制作した「母の像」(**図3－2**)と比べて印象がかなり異なる。「母の像」は彫像であるため単純な比較はできないが、「母の像」では、母親の

図3-3 「私たちを必死に護り育ててくれた母」
出典：尾辻（1988）

視線は子どもに向けられておらず、真っ直ぐに前を見つめて表情も硬い。他方で、この挿絵は母子ともに笑顔で、母親は両腕で子どもをしっかりと抱きかかえている。同じ「母と子」の表象ではあるが両者から受ける印象は全く異なる。第一期・第二期の〝苦労する母親〟像と比べると、第三期の〝苦労する母親〟像は次第にその内容が曖昧になり、「日本の母親」というように戦没者遺族に限らない母親言論へと接続されていくようになる。

四‐四　第四期（一九九四〜二〇〇七年）――「家族の価値」言説の出現

第四期は一九九四年から二〇〇七年までである。妻の平均年齢は八〇〜九三歳で、四九〜五八歳の子が六二〜七一歳になる時期である。遺児世代も含めて高齢化が進んでいる。一九九一年以降の日本は「失われた一〇年」と呼ばれるほど景気が低迷する。九三年の総選挙で自民党は過半数割れとなり、翌年には自社さ連立政権が誕生するなど、長らく続いた五五年体制は崩壊した。この時期はまた、今日に続く保守系団体が相次いで結成された時期でもある。なかでも九七年には草の根レベルの新たな運動を展開した「新しい歴史教科書をつくる会」と、国内最大の保守系組織「日本会議」が結成されている。そして、これまで論じてきたように二〇〇〇年代になるとこれらの団体が中心となって男女共同参画反対運動が展開されるようになった。

第四期では〝苦労する母親〟像に言及する記事は六件にまで減少している。該当する記事をみても、「幼い私を抱え、母は苦労の連続でした。母の苦労は私の苦労でもありました(35)」、「母は戦没者の妻の皆様がたどられたと同じように、大変な苦労をして、兄、姉、私の三人を育ててくれました」

というように、[36]第三期で見られた特徴と同じように語り方が画一化し、「母の苦労」に関する具体的な話もさほど言及されていない。

この時期の〝苦労する母親〟像は、遺族会会員たちの実体験というよりもむしろ歴史になったと言える。そのことを象徴する例として、戦中・戦後の生活を展示している国立博物館昭和館が開催した巡回特別企画展「永遠に伝えたい記憶　戦中・戦後の暮らし」を紹介した記事があげられる。[37]この記事には「焼け跡を歩く母子・東京」と題された写真が掲載されている（図3―4参照）。被写体となっている母子が戦没者遺族であるかどうかは不明だが、戦中もしくは戦後直後の母子の姿を映した写真が『通信』上でこの時期にはじめて掲載されている。前を向いて子どもの手を引く母親の姿は、第二期に建立された「母の像」（図3―2）が発する雰囲気と類似している。しかし、この写真に関する解説は記事中にはなく、戦後の暮らしについても「焼け野原から復興に向けて再出発した人々」という一文があるのみで、第一期に頻出した辛く厳しい体験とはかけ離れた前向きな言葉が用いられている。〝苦労する母親〟像はもはやこの時期の遺族会会員自身の体験談にもとづいた家族の語りというよりも、歴史のいち断片として取り上げられている。

図3-4　「焼け跡を歩く母子・東京」
出典：日本遺族会編（2006）

〝苦労する母親〟像がほとんど語られなくなる一方で、「家族」について語りながらも母親には言及しない記事が第四期には登場するようになる。戦争体験者の証言集会を報じた九六年の記事では、「戦地から家族にあてた手紙が紹介されると多くの若者たちが涙を浮かべており」、その理由として「死を覚悟した父ら肉親が、遠く異郷の地で国を思い、家族の行く末を案じる。この家族に対する大きな愛情のひとことが若者達の胸をうった」のだろうとし、「日本人の家族に対する大きな愛情」を護ろうと主張されている[38]。この記事において「日本人の家族に対する大きな愛情」を持っていたとして言及されているのは、母親ではなく父親である。

さらに、この時期の「家族」の語りは、「家族」に言及しながらそれを直接国家へと接続していく点に特徴がある。「家族を思い近隣の人々を思い、国家を思う「日本人の心」[39]」、「日本の文化や伝統、家族や家庭の大切さを、日本の将来を担う子供たちに教え、日本を愛し自分の国に誇りがもてるような教育をしていかなければ、この国の将来は危うくなる」というように[40]、第四期ではこれまでの『通信』には見られなかった「家族」という言葉を用いて国家や愛国心を語るという「家族の価値」言説が増えていく。

遺族会の会報上で「家族の価値」言説がみられるようになったのは、この時期に遺族会を取り巻く運動団体が、男女共同参画批判のために「家族の価値」を論じるようになったことが影響していると考えられる。ただし、それは遺族会自身が男女共同参画に強く反対していたからというよりも、遺族会に関わりのある政治家や有識者が男女共同参画を批判し、その言論がそのまま『通信』に掲載されたためであると考えられる。そのように考えられるのは、『通信』誌上ではかつて「家族の価値」を訴える言論やそれにもとづいた政策に対して批判的な記事が掲載されていたからだ。例えば、時期は遡るが第三期に掲載された記事では、自民党の「家庭基盤の充実に関する対策要綱」で提唱された「家庭の日」制定に対して、「家族の日などとのんびりしている神経が理解できない」として、[41]遺族会はその制定に反対していたのである。第三期までの会報では「難局に挺して身命を捧げた人びとは」「国の平和と安全をまもるための尊い犠牲であり、その犠牲は、愛国心の発露として、時代の変化を超えて感謝されてもよい」というように、[42]国家と結びついていたのは「家族」ではなく「英霊」であった。

さらにつけ加えると、第四期は「家族の価値」言説が増えていくものの、それとは異なる「家族」言説もわずかながら存在する。少子化問題について触れている一九九七年の記事では、「育児のために自分をいかすことができず、社会とかかわることができず、夫に置き去りにされたのでは女性は子供をつくらなくなるだろう。楽しく子供を産み、子育てをするためには、働く女性への社会全体の支援体制の確立が必要だ」と述べられている。[43]戦没者妻の多くが子どものために働いてきたこと、困窮した生活環境のために子どもと十分に接する余裕がなく、そのことに戦没者妻自身も葛藤してきたこと、そして戦没者遺児もそうした母の姿を見てきたことを考えれば、働く女性への社会的支援を求めるこの主張は遺族会独自の家族言説である〝苦労する母親〟像から導き出されうるものである。

しかしながら、第四期全体でみればこの時期は「家族の価値」言説の方が圧倒的に多い。遺族会の家族言説は、戦没者妻や遺児たちが長い間語ってきた〝苦労する母親〟像から、抽象的で脱文脈的な「家族の価値」言説に取って代わられたのであった。

五 〝苦労する母親〟像と「家族の価値」言説の齟齬

五―一 家族言説はなぜ移行したのか

前節の遺族会の家族言説に関する分析結果を整理すると、次のようになる。第一期では戦没者妻らによって敗戦直後の母としての苦労が語られていた。その苦労とは戦没者遺族へ向けられた世間の冷たいまなざしや経済状況の厳しさ、子の世話が十分にできないことへの後ろめたさであり、こうした語りを本章では〝苦労する母親〟像と呼ぶことにした。第二期では、今度は戦没者遺児によって〝苦労する母親〟像が語られるようになった。第三期になると、〝苦労する母親〟像の語られ方が戦没者妻と子とで画一化していく一方で、母の苦労の内実が拡張されるなど曖昧なものになっていき、さらに〝苦労する母親〟像は母親全般への語りへと接続されていくようになった。そして第四期では、〝苦労する母親〟像は歴史化され、会員自身の体験談としても語られなくなり、それまでの『会報』『通信』上ではみられなかった「家族の価値」言説が登場するようになっていた。

誌面上では〝苦労する母親〟像から「家族の価値」言説への移行は円滑に行われたかのように見える。確かに、〝苦労する母親〟像と「家族の価値」言説はいずれも、国家や愛国心に訴えかける人びとにとって「都合のよい」家族である。前者は、夫亡きあとの家を守り、残された子を立派に育てた母親という言説である。戦中期には、夫を戦場へ送り出し新たな兵士たる子を産む母親は「靖国の妻」として肯定的に評価された。他方で後者は、女性が家事・育児・介護などのケア労働を家庭内で担うことで国家に「依存しない」家族である。

しかし、この二つの家族イメージはそもそも異なる時代背景から出てきたものであり、見過ごすことのできない相違点がある。それは、〝苦労する母親〟像が母子家庭であることだ。〝苦労する母親〟像では父親は戦死しているがゆえに不在である。一家は母親や、祖父などの親類に経済的に頼らざるをえない。とくに母親が厳しい状況のなかで経済的支柱となったとき、「母の像」(図3-2)が硬い表情で子に目線を向けていなかったように、「家族の価値」言説で賛美されるような愛情にあふれた手厚い育児をする余裕は母親にはなかった。そもそも、戦没者遺族に限らずとも高度経済成長以前は、とくに農村部では母親に求められる一義的な役割は育児ではなく農作業などの生産労働であり(渡辺 1999)、父親・母親ともにいたとしても今日のような子どもへの手厚いケアは行われていなかった。他方で、「家族の価値」言説で想定されている家族は高度経済成長を背景としており、父親・母親がいる家族である。父親は経済力や威厳を備え、母親は夫に経済的に依存し専業主婦として子どもへの愛情あふれる育児に専念するという家族像である。詳細に見れば両者はこれほどまでに異なっているのである。

それでは、遺族会の家族言説が〝苦労する母親〟像から「家族の価値」言論へと移行した際にどのような力学が働いていたのだろうか。ここで再度、第三期の家族言説と遺児世代の年齢に着目したい。一九七六年から九三年までの時期、遺児らの年齢は三〇代から五〇代だったと推測される。彼ら/彼女たちのライフコースを考えると、遺児たち自身も家族を築き、期間の後半では遺児たちの子らも独立し、家族を築きはじめていることが予測される。社会的には「家族の戦後体制」がほころび始めた時期でもあった。

こうした背景をふまえると、第三期の挿絵「私たちを必死に護り育ててくれた母」(図3-3)がもつ象徴的意味が浮かび上がってくる。母親が両腕でしっかりと子を抱き、温かい雰囲気で描かれているこの挿絵には、〝苦労する母親〟像と「家族の価値」言説の双方の要素が実は混在している。〝苦労する母親〟像を下地として、そこに遺児たちが築いた、あるいはその当時理想とされた家族イメージが反映されているのである。父親がいないにもかかわらず「家族の価値」言説が滑りこめているのは、〝苦労する母親〟像では夫あるいは父親は靖国神社に祀られている〝英霊〟であり、父親の不在が肯定的に意味づけられていることに加えて、「家族の価値」言説では育児は母親である女性が行うものであり、「女子どもの領域」である「家族」を描くためには母と子がいれば十分で、私的領域における父の不在は疑問に付されなかったためだと考えられる。その意味でこの挿絵は、遺族会の家族言説が〝苦労する母親〟像から「家族の価値」言説へと変わっていく過渡期に位置するものであると言える。

第四期に突如として現れたかにみえる「家族の価値」言説は、実際にはこのように第三期から『通信』誌上に徐々ににじみ出ていた。遺族会会員、とくに遺児世代が築いたであろう家族や当時の理想的な家族イメージに部分的に重ねられていくことによって、〝苦労する母親〟像は次第に変化していったのである。そして、〝苦労する母親〟像が歴史となり、もはや誰も自分の家族経験として語らなくなったときに、「家族の価値」言説が広まっていくのであった。

五－二　保守運動の「家族の価値」言説

本章では、戦後日本社会において自民党最大の支持団体と言われてきた日本遺族会を取り上げ、その会報分析から「家族の価値」言説が保守運動団体においていつ頃から、どのようにして論じられるようになったのかを明らかにしてきた。「家族の価値」言説は日本遺族会のみによって生み出されてきたわけではなく、むしろ論壇雑誌・新聞といったメディアや、複数の運動団体によって相互参照されながら生産・再生産されていったと考えられる。その意味で本章の分析結果をもってして保守運動総体の「家族の価値」言説の変遷を論じることはできない。

しかし、本章の分析結果からは今日の保守運動で盛んに論じられる「家族の価値」について、部分的ではあるが二つの知見を提示することができる。第一に、保守運動では通時的に「家族の価値」が称賛されてきたわけではなく、今日のような家族言説が頻繁に論じられるようになったのは一九九〇年代以降のことだと考えられる。中島（1981b）が指摘していたように、他の団体では八〇年代に「家族の価値」言説が見られたことを鑑みると、遺族会に「家族の価値」言説が導入されるようになったのは比較的遅かったと言える。それは、遺族会には〝苦労する母親〟像という遺族会独自の確固たる家族言論が長い間存在していたためであるが、その遺族会でも九〇年代には「家族の価値」言説が支配的になっている。このことから、「家族の価値」を論じることとの意味が保守運動において共有されるようになったのは一九九〇年代に入ってからのことであると考えられる。

第二に、保守運動における「家族の価値」言説とは、現実として今を生きる個々の家族について論じているわけではないということも指摘できる。遺族会で「家族の価値」言説がみられるようになったのは、遺族会会員の個別具体的な家族の経験が過去のものとなったときであり、さらに、時代的にも稼ぎ手である夫と家事・育児に専念する妻という性別役割にもとづいた異性愛カップルとその子どもで構成される家族形態の自明性が揺らぎはじめた時期であった。「家族の価値」言説では一見すると家族が擁護されているようにも見えるが、そこで言う「家族」とは実際には人びとが今生きている家族とは必ずしも重ならない。このことは、現代社会においてもはや家族だけでは対応することが困難になった諸問題——育児や介護、ＤＶなどの家庭内暴力、子どもの貧困など——に対して、保守運動の側からは何ら現実的な解決策を提示し得ていないということに如実に現れているのではないだろうか。

（1）林道義・山谷えり子「家族崩壊を許すな」『諸君！』三五巻四号、二〇〇三年。
（2）日本政策研究センター「ジェンダーフリー教育の恐るべき「弊害」」『明日への選択』二〇〇三年四月号、二〇〇三年。
（3）米国の保守運動において同性愛反対が焦点となるようになったのは一九七〇年代後半から八〇年代にかけてのことであり（佐々木 1993）、一九九〇年代に入ると大統領選挙において同性婚や人工妊娠中絶といった「ソーシャル・イシュー」が「保守」と「リベラル」を分ける分水嶺となるようになった（中山 2013）。
（4）第二章で扱った米国の保守運動の分類に照らすと、「家族の価値」を訴えているのは社会的保守主義に属する人びとである。
（5）総山孝雄「青少年犯罪の温床は家庭崩壊だ」『日本の息吹』平成一四年三月号、二〇一四年。
（6）毎日新聞社が二〇〇九年および二〇一九年に日本遺族会都道府県支部に実施したアンケート調査によれば、

回答があった二七都道府県支部で二〇〇九年から二〇一九年までの間に会員数は三分の二に減少しており、その理由として高齢会員の死亡、遺児・孫世代の加入の遅れ、高齢化による退会があげられていた（毎日新聞「戦没者遺族会員一〇年で三六％減 高齢化、活動に支障 二七都道府県計」https://mainichi.jp/articles/20190814/k00/00m/040/297000c?_ga =2.187393192.1061293187.1566111197-1145218050.1566111195 二〇一九年八月一八日閲覧）。二〇一九年八月一五日に実施された全国戦没者追悼式においても、参列予定の遺族のうち八割が七〇代以上を占め、戦没者妻の参列者も五人であった。

（7）この調査は『青柳一郎文書』に収録されたものである（奥 2009）。青柳一郎（一九〇〇－一九八三）は、内務省官僚ののち一九四九年に衆議院議員になった。青柳は遺族会会報にも「遺族問題の思い出（二）」（一九五二年八月号）という論稿を寄せており、遺族会ともつながりがあると推測される。

（8）「全国婦人代表懇談会　三十八府県より参集」『会報』第八号、一九四九年八月。

（9）「婦人部懇談会　七月十九日」『会報』第九号、一九四九年九月。

（10）「こうして生きた七年　戦争犠牲者の記録」『通信』第四〇号、一九五二年一〇月。

（11）「東京都遺族厚生会婦人部の結成大会」『通信』第三八号、一九五二年八月。

（12）『会報』第二号、一九四九年四月。

（13）『通信』第四〇号、一九五二年一〇月。

（14）「天の声をきく」『会報』第三号、一九四九年八月。

（15）「幸福なのは眠っている時だけ　追い込まれた未亡人の叫び」『通信』第一二号、一九五〇年。

（16）「決意みなぎり第二回全国大会　幼子の手を引いて土方かせぎ　だが講話後には明るい日を！」『通信』第三〇号、一九五一年六月。

（17）「連盟運動の新段階　理事会と議員対策委員会」『会報』第四号、一九四九年九月。母子福祉中央協議会は同胞援護会・日本社会事業協会・全国民生委員連盟・母子愛育会・日本遺族厚生連盟・全国母子保護連盟・全国授産連盟の七団体で構成され、一九五〇年に全国未亡人団体協議会を結成。一九八二年には全国母子寡

婦福祉団体協議会となった。同団体は母子福祉政策の実現のために活動し、一九六四年の母子福祉法の成立に大きな影響を及ぼした（大友 2006）。

(18) 今井勇によれば、日本遺族会は日本遺族厚生連盟として出発した当初からその「核心」には「一般の生活援護とは異なる戦没者遺族としての援護確立」があり、それゆえに「戦争最大の犠牲者は遺族であるとする序列化された犠牲者意識」があったとされる（今井 2017：69）。

(19)「特別給付金実現へ波状陳情　通常国会で成立期す　全国婦人代表者会議開く」『通信』第一四三号、一九六二年一一月。

(20)「決意新たに第七回婦人部研修会」『通信』第一五〇号、一九六三年六月。

(21)「戦争のない平和な世界を　切々と訴える十五才の少女」『通信』第一〇九号、一九五九年八月。

(22)「若い世代の育成を強化」『通信』第一〇二号、一九五八年一一月。

(23)「青年五百名集めて　綱領・活動方針も決定　新潟」『通信』第一一七号、一九六一年四月。

(24)「母の幸よ!!永遠なれ　静岡県遺族会母と子の集い　バス三十一台の大パレード」『通信』第一三七号、一九六二年五月。

(25)「母と子の集い」に関する記事は「地方だより　終戦五〇周年記念「母と子の集い」」（『通信』第五四四号、一九九六年四月）まで掲載されており、合計で一二件あった。

(26)「「母の像」のイメージを」『通信』第二六七号、一九七三年五月。

(27)「母の像予定通り竣工」『通信』第二八七号、一九七四年一二月。

(28) 早川崇「政策シリーズ　家庭基盤の充実に関する対策要綱」『月刊　自由民主』昭和五四年九月号、一九七九年。

(29) 落合恵美子・城下賢一は一九七〇年代以降の首相が国会で「家族」についてどのような言及をしたのかを分析しており、とくに一九八〇年代の中曽根首相の「家族」言論は稼ぎ手である夫と専業主婦の妻という家族を想定し、こうした家族形態は近代家族であるにもかかわらず日本の伝統的家族であるとする「近代の伝統化」が生じていることを指摘する（落合・城下 2015：218）。
(30) 依田キク「どっこい生きてきた⑪〝もう、泣いてもいいですね〟」『通信』第四四一号、一九八七年九月。
(31) 中岡隆子「どっこい生きてきた① 家族の協力で 三三歳の高校生」『通信』第四三〇号、一九八六年一〇月。
(32) 「原点 頑張る母達のために青壮年部員は奮起を！」『通信』第三八三号、一九八二年一二月。
(33) 「英霊精神に関する報告書〈下〉」『通信』第四二五号、一九八六年五月。
(34) 尾辻秀久「ボッケモン人生④」『通信』第四五六号、一九八六年五月。
(35) 井上千代「意見発表（要旨）」『通信』第五五三号、一九九七年一月。
(36) 水落敏栄「推せんを受けて」『通信』号外、二〇〇三年一月。
(37) 「昭和館 巡回特別企画展 秋田、岐阜県で開催」『通信』第六七〇号、二〇〇六年一〇月。
(38) 古賀誠「「家族への愛」護る政治」『通信』第五四九号、一九九六年九月。
(39) 古賀誠「日本人の心を大切に」『通信』第六六二号、二〇〇六年二月。
(40) 水落敏栄「教育基本法の改正を」『通信』第六六二号、二〇〇六年二月。
(41) 「原点 家庭の平和を願って散った「英霊」の日を」『通信』第三五〇号、一九八〇年二月。
(42) 「英霊精神と戦没者遺族の在り方」『通信』第四二四号、一九八六年四月。
(43) 「声なき声」『通信』第五六三号、一九九七年一一月。

第四章　「家族の価値」をめぐるポリティクス
――保守系雑誌記事の分析から

一　男女共同参画に反対する人びと

前章では戦後日本社会において自民党最大の支持基盤と言われてきた日本遺族会の会報分析から、稼ぎ手である夫と専業主婦の妻という性別役割をする異性愛カップルとその子どもから構成される家族形態が、保守運動団体では一九九〇年代以降になって理想の家族像として広く語られるようになったことを明らかにした。保守運動において家族言説が変化してきたことを確認したうえで、本章では二〇〇〇年代前半に生じた男女共同参画反対運動に焦点を当て、保守系雑誌や保守系運動団体の会報・ミニコミの記事で語られている「家族の価値」言説を、語り手のジェンダーに着目して分析してみたい。「母親」の立場で活動する男女共同参画反対運動の女性参加者たちは、どのような理由から男女共同参画に反対しているのだろうか。そして、そうした状況はジェンダー平等を目指してきたフェミニズムにとってどのような意味を持っているのだろうか。

一―一　男女共同参画に反対する「主婦」

これまでにも述べてきたように、一九九九年に成立した男女共同参画社会基本法（以下、基本法）に対して、二〇〇〇年頃から激しい非難が向けられ反対運動が展開されるようになった。基本法および同法にもとづいて推進されようとしていた男女共同参画関連政策に対して、男女共同参画は「男らしさ・女らしさをなくす」、「家族を破壊する」、「伝統文化を否定する」という批判が保守系メディアや保守系運動団体から噴出し、こうした動きはその後「バックラッシュ」と呼ばれるようになった。

この「バックラッシュ」という現象を担ったのは、『正論』や『諸君！』『産経新聞』といった保守系メディアと、[1]「新しい歴史教科書をつくる会」（以下、「つくる会」）や日本最大の保守系組織である「日本会議」といった運動団体であった。大手メディアをも巻き込んで展開された男女共同参画反対運動は、先に見たように中央・地方行政にも影響を与え、一定の成果を収めることに成功したと言える。

男女共同参画反対運動の原動力となった運動団体には男性だけでなく女性も参加しており、ジェンダー平等政策の推進に反対しているのは男性だけとは限らない。第一章でみたように、とくに男女共同参画反対運動が行われた時期は保守運動における女性の動きが活発化した時期でもあった。例えば、「日本会議」では女性版下位組織である「日本女性の会」が二〇〇一年に結成されており、女性会員によって男女共同参画に焦点をあてた独自の活動が展開されるようになった。[2]また、男女の特性論にもとづいた男女共同参画条例が制定された山口県宇部市では、「男女共同参画を考える宇部女性の会」という草の根の女性グループが作られ、条例制定を後押ししたという報告もなされている（小柴 2007）。

これらの女性たちは、「主婦」であると考えられており、先行研究においてもその存在は度々言及されてきた。例えば、岡野八代は「バックラッシュ」の担い手を「彼女たち・かれらたち」と表現したうえで、「彼女たち」は男女共同参画に対して「専業主婦であるわたしの価値を否定するのか」と主張していることに言及している（岡野 2005a：56）。また、佐藤文香もフェミニズムを非難する「普通の人々」の例として主婦層と若年層をあげ、社会変化によってこれらの人びとは「自らの生の価値が否定されていくような疎外感」や「苛立ち」を抱えているとしており（佐藤 2006：216）、そのような感情を男女共同参画やフェミニズムに向けることは適切ではないと呼びかけている。

一－二　「主婦」たちはなぜ男女共同参画に反対するのか

そもそも男女共同参画への「バックラッシュ」はどのような人によって担われているかについては、これまでにも先行研究において数々の説が論じられてきた。そうした先行研究にもとづいた場合、「主婦」が男女共同参画反対運動に参加することについてどこまで説明できるだろうか。

先行研究によれば、「バックラッシュ」の担い手は主に三つのモデルに大別することができる。まず、伝統的保守主義モデルがあげられる。この層に属する人びとは「戦前の家族主義的国家観につながる」ような、性別役割にもとづいた家父長制型家族を理想とする人びとであるとされる（伊藤 2003b：15）。その典型例と考えられてきたのが「日本会議」をはじめとした保守運動団体であり、伝統的保守主義モデルは「バックラッシュ」の担い手を説明する際に最も頻繁に用いられている。

男女共同参画反対運動に参加する「主婦」についてこのモデルが該当するのかどうかを考えてみると、たしかにこれらの女性たちも何らかの保守運動団体に属しており、「伝統的」な家族を理想としている側面はあると考えられる。しかし、そもそも保守運動団体に属しているから男女共同参画に反対するのか、あるいは他の理由で反対しているために保守運動へと接続していくのか、その因果関係は明らかではない。

二つ目のモデルとして、既得権益損失モデルがある。A・カッド（2002）によると、フェミニズム運動を含めた進歩的（progressive）社会運動への「バックラッシュ」とは、それらの社会運動によって社会制度の変更が試みられたときに、既得権益を失うことを恐れる人びとによって引き起こされる抵抗であるとされる。男女共同参画への「バックラッシュ」に関しても、性別役割分業を基盤とした社会構造のもとで家事・育児・介護といったケア責任を女性に一義的に割り当てることから利益を得ている人びとが、男性も女性も社会進出するとともに地域や家庭にも参画する社会を目指すことを掲げた男女共同参画社会基本法に反対しているのではないかと考える論者もいる（竹信 2005）。

このモデルを「主婦」に当てはめて考えてみると、確かに日本でも二〇〇〇年代前半には小泉政権下で「主婦の構造改革」が叫ばれ、配偶者特別控除の廃止や年金制度の第三号被保険者制度の見直しなどが議論されるようになり、佐藤（2006）も述べているように、こうした動きが男女共同参画反対運動に女性たちが参加するようになったひとつの背景と言えるかもしれない(3)。税制問題に関して言えば、「主婦の構造改革」が進むことは主婦として生きてきた女性たちにとって既得権益を失うという側面があるだろう。しかし、社会保障制度への批判がなぜ男女共同参画への批判に集約されていくのかという点については、やはり不明確である。

そして第三に、「不安」によって「バックラッシュ」へと接続していくというモデルであり、「新しい保守主義」とも呼ばれている（伊藤 2003：15）。このモデルに該当すると考えられてきた人びとの「新しさ」とは、政治的イデオロギーによって思想の左右が決定されるのではなく、個々人が内包している様々な「不安」から保守運動に参加している点にあるとされる。彼ら／彼女たちは長期不況による雇用の不安定化や新自由主義政策の推進による社会保障の切り捨てなどに起因する「不安」から目をそらすために、男女共同参画やフェミニズムを仮想敵にしているのだと考えられてきた（イダ 2005）。

男女共同参画に反対する主婦についても、この第三のモデルで説明されることが多い。江原由美子は「バックラッシュ」の背景として「自らのジェンダー・アイデンティティを傷つけられることに対する人びとの不安感や反感」があるとし（江原 2007：192）、男女共同参画に反発する「主婦」は「既婚女性の多くが働くようになったことによって専業主婦であることに自信を失い不安になる」のではないかと指摘している（江原 2007：190）。このような「不安」によって動員されるという説明は、主婦の立場をとる女性たちの保守運動参加を最も整合的に論じることができているように思われる。しかし、漠然とした「不安」は草の根のグループを立ち上げ、短・中期的に運動を継続させるほどの原動力となり得るのだろうかという疑問が残る。

このように、「バックラッシュ」を支持し男女共同参画反対運動に参加する人びとに言及した研究は、一部の「主婦」たちが男女共同参画に反対する理由について部分的には整合性を有しているものの、説明しきれない部分も残る。そこで以下では、「バックラッシュ」を担った保守系雑誌と反対運動に連なった保守運動団体の機関紙・会報・ミニコミの記事分析を通して、男女共同参画に反対する女性たちが何を論じ、男女共同参画のどのような側面に対して問題意識を有しているのかを明らかにしたい。

二　データの概要

分析を行う前に、まずは用語の定義を確認したい。以下では、運動団体の機関紙・会報・ミニコミだけではなく運動団体以外の保守系雑誌記事も扱うため、「男女共同参画反対運動」ではなく「バックラッシュ」という言葉を使用する。その中でも、執筆者が「主婦」であることを自称している記事を「主婦バックラッシュ」とし、それ以外の記事を「主流派バックラッシュ」と呼ぶことにする。雑誌記事の分析だけでは実際に執筆者が主婦であるかどうかは明らかにできないため、以下では「主婦」と括弧書きで表記する。「主婦」以外の記事を「主流派」と呼ぶのは、以下の理由による。「バックラッシュ」を支持し運動に参加している女性たちは、そもそも運動の傍流に位置している。例えば、後述するいずれの雑誌・機関紙においても、「主婦」による論稿はエッセイや座談会といった形式をとることが多く、「主流派バックラッシュ」と比較すると紙幅の割当が少ない。

こうした「主婦」たちの非‐主流性を反映させるために、「主婦」以外の記事を「主流派バックラッシュ」と呼称することにした。

分析するためのデータは、『正論』『諸君!』『日本の息吹』『日本時事評論』『明日への選択』の五誌から抽出した。これらはいずれも、男女共同参画批判の言論を生産してきたメディアと言われている(伊田 2006:山口 2006:山口・斉藤・荻上 2012)[(4)]。「バックラッシュ」が活発だった二〇〇〇年から「バックラッシュ」収束後の二〇〇八年までの時期にこれらの雑誌・機関紙等に掲載された記事のうち、男女共同参画やジェンダー・フリーに言及している記事を抽出した。また、記事内で男女共同参画やジェンダー・フリーに直接言及していない場合でも、男女共同参画関連特集内で掲載されていた記事も分析対象としている。記事の収集は国立国会図書館で行い、該当記事はすべて目視で確認して収集した。

さらに、これらの五誌に加えて、「主婦」たちが草の根運動で主に活動しているということを考慮して、『なでしこ通信』というミニコミも分析対象とした。『なでしこ通信』とは、愛媛県で男女共同参画反対運動を展開する市民団体A会が隔月で発行しているミニコミである。この会報には、他誌から転載された保守系有識者の論稿や会の活動報告、地方自治体の動き、新聞記事の紹介とそれへの反論といった記事に加えて、「主婦」もエッセイが比較的多く掲載されている。二〇一〇年一一月時点では二〇〇四年の創刊号から第三七号まで発行されており、そのうち先述の通りに設定した分析対象時期に該当したのは創刊号から第二五号までであった(雑誌ごとの記事件数は**表4‐1**を参照)。

表4-1　分析記事件数

雑誌名		2000	2001	2002	2003	2004	2005	2006	2007	2008	合計
正論	主流派	5	0	14	15	6	15	9	5	0	69
	主婦	0	0	1	0	0	0	0	1	2	4
諸君！	主流派	2	1	3	4	0	1	5	0	0	16
	主婦	0	0	0	1	0	0	1	0	0	2
日本の息吹	主流派	0	11	16	16	6	8	7	14	7	85
	主婦	0	0	0	0	2	2	0	0	0	4
日本時事評論	主流派	28	27	45	51	23	24	17	9	9	233
	主婦	3	0	0	0	0	0	0	1	0	4
明日への選択	主流派	0	0	2	13	9	5	6	4	0	39
	主婦	0	0	0	0	0	0	0	0	0	0
なでしこ通信	主流派	—	—	—	—	1	3	2	2	1	9
	主婦	—	—	—	—	6	29	29	27	23	114
合計		38	39	81	100	53	87	76	63	42	579

A会とその会報『なでしこ通信』を「主婦」たちの「バックラッシュ」を分析する素材として選んだ理由は、次の二点による。第一に、男女共同参画に限定して今日まで活動継続している草の根保守グループが少なくはないなかで、同会は発足当初からの活動内容を維持しており、今日でもアクセス可能な運動団体であること、第二に、A会は「女性」という立場性を強く打ち出して活動していることから、草の根の「主婦バックラッシュ」の観察可能性が高いことがあげられる。A会は会長・事務局長を女性が務めており、女性が中心となって活動している。入会は男女問わないというスタンスだが、定期的に開催している学習会は「女性の生き方に関することが多いため、女性の集まりやすい昼間にあえて」設定しているという（『なでしこ通信』第三号、二〇〇五年）[5]。これらの理由から、『なでしこ通信』は草の根レベルで展開されていた男女共同参画反対運動に参加する

女性たちの主張を探るのに適切であると考えた。

三　「家族の価値」に関する比較分析

三－一　「主婦」による投稿記事の非－政治性

まず、「主婦」による投稿記事には、複数の記事にわたってみられる共通点があった。それは、記事中に一見すると男女共同参画批判とは無関係とも思われる「非政治的」な内容が記述されていることである。例えば、「母親への感謝の念を指導してくれそうな教師もなかなか見当たらなくなる」としてジェンダー・フリー教育を批判するエッセイでは、次のようなエピソードも併せて記述されていた。

私の心に残っている「母の日」の思い出がある。毎年、小学校で「母の日」が近くなると、造花のカーネーションのブローチが注文販売された。子供の小遣いで買える数十円のものだったけれど、私は毎年、それを購入し母に渡していた。母はいつも殊の外喜んで、その日は一日中、胸に飾っていた。(6)

このように、「主婦」であることを自称した執筆者によって書かれた記事には、男女共同参画を批判しながらも、それとは無関係に見える自分の家族についての個別具体的なエピソードが挿入されているものが複数見られた。「主婦」による記事では一二八件中六九件で家族について言及されており、雑誌別でみると『正論』では四件中一件、『日本の息吹』では四件中二件、『日本時事評論』では四件すべてにこうした記述があった。さらに、『なでしこ通信』では「主婦バックラッシュ」に該当した一九件の記事のうち、男女共同参画については言及せずに家族のエピソードのみで構成されているエッセイが一一件掲載されていた。

そこで以下では、「主婦」による投稿記事に頻出する家族に関するエピソードに着目し、「家族の価値」という観点から「主流派バックラッシュ」と「主婦バックラッシュ」の比較分析を行いたい。「主流派」の記事においても「家族」は重要なキーワードとなっており、先行研究でも指摘されてきたように、「家族破壊」「家族の否定」「家族解体」といった表現を用いて「主流派」は男女共同参画を批判してきた。「家族」に関する記述に着目することで、両者の主張の類似点や相違点が明らかになるのではないかと考えられる。

三－二　「主流派バックラッシュ」における「家族」言説

「主流派バックラッシュ」の記事では四五一件中三三二件で「家族」への言及が見られた。それらの記事では「家族の危機」が頻繁に説かれているが、なかでもとりわけ重視されているのが「家族の絆」と表現されている家族の共同性である。二〇〇〇年代前半には男女共同参画と関連させて選択的夫婦別姓制度導入への批判がなされているが、そこでは夫婦別姓制度とは「家族解体」であり、「親子関係を脆くさせ、絆が弱くなり」、その結果として個人が「孤立化することを意味する」という論理が用いられている。[7] 同様の批判はこの他にも、『日本時事評論』[8]や『明日への選択』[9]に掲載された複数の記事でも展開されていた。

しかしながら、「主流派バックラッシュ」の記事では「家族の危機」が謳われてはいるものの、「家族」は執筆者自身の個別具体的な経験からというよりは社会秩序や国家体制といったマクロなレベルにおいて重視されている。例として『日本時事評論』に二〇〇〇年に掲載された記事をみてみよう。この記事では「「家庭崩壊」「家族解体」=「社会秩序破壊」」という論理が用いられている。[10] この当時、山口県では男女共同参画条例制定の動きがあり、それに対してこの記事では女性の社会進出を推進すれば家庭内で育児を担う者がいなくなり、条例を制定することは「家族解体を容認する」ものであると主張されている。「家族解体」と「社会秩序破壊」が同義であることに加えて、「家族」の問題は「社会」の問題に直結すると考えられている。このように家族と社会・国家を同心円上に捉える論理は、「主流派」の記事のうち九六件の記事で明記されていた。

このような論理展開の前提になっているのは、家族とは社会や国家が成立するために必要な「基盤」であるという認識である。とくに選択的夫婦別姓制度導入に対する批判ではこの論理が明確に示されており、夫婦別姓は「国家の基礎である家族を掘り崩すイデオロギーを有している[11]」、「家族という、社会の細胞とも言うべき最重要の単位を崩し、破壊しようとしているところに危険性がひそんでいる」といった言説がみられる。[12]

以上のように、「主流派バックラッシュ」の記事においても「家族」は重視されているが、その語られ方は「主婦バックラッシュ」とは大きく異なっていることがわかる。「主流派バックラッシュ」

で「家族の価値」が盛んに論じられているのは、「家族」が社会や国家の基盤として位置づけられているからであり、彼らの主眼はあくまでも社会や国家にあるのである。

三−三 「主婦バックラッシュ」における「家族」言説

他方で、「主婦」による投稿記事における「家族」の記述のされ方は「主流派バックラッシュ」には見られない特徴があり、先に見たように自分の家庭内で生じた具体的な出来事を記述することによって「家族」が語られている。

我が家の三女は障害児である。生後十ヶ月の時には重度と言われたが、両親と主人に励まされて三女の療育を最優先してきた。姉娘達は寂しさをこらえて明るく育ってくれた。今も彼女は障害児であるが軽度にまでなった。（中略）三女が生まれてくれたことで、家族の大切さをことさら感じるようになった。両親のありがたさ、両親に連なる先祖への思い、そして何より、三女の障害に微動だにしなかった主人の頼もしさ。私は感謝を込めてこの家族を守りとおしていきたいと思っている。(13)

このエッセイには「家族とは」というタイトルが付されているが、「家族とは何か」というような定義付けや、社会・国家における家族の役割や機能といった話は出てこず、執筆者が体験した家族のエピソードを軸に文章が綴られている。

さらに、「主婦」によるいずれの記事においても、家族に関する語りは人間関係の記述にとくに焦点が当てられている。あるエッセイでは、「小二の長男と小一の次男は学校から帰ってきて、一時間くらい学校の様子を話し、満足した後、次のことにかか」るとして、子どもの話をじっくりと聞いてあげるなど「子供や主人に対してゆとりを持って接すること」ができることが「専業主婦のメリット」であると述べられており、[14] こちらも自分の経験にもとづいた記述がなされている。姑の死去という出来事を綴ったエッセイでは、姑・大姑と同居していたときの様子を「子供たちは青菜の煮びたしや茄子の煮たのを我慢して食べたし、大姑も両親もハンバーグや焼肉を何も言わずに食べてくれた」というように、食べ物の好みが異なる複数の世代が共に暮らしている様子が描かれている。[15]

「主婦バックラッシュ」の記事において焦点があてられている人間関係の語りには二つの特徴がある。第一に、執筆者の主観的な人間関係が記述されていることである。「主婦」が書いた「家族」に関するエピソードでは、登場人物は「娘」「大姑」「長男」「三女」といったように執筆者から見たときの名称が用いられている。「主流派バックラッシュ」の記事では、家族の外部に位置する第三者的視線で「家族」が論じられているため、「母親」「父親」「子供」といった客観的な関係名称が用いられる。「主婦」たちが語る「家族」は体験談という形式をとっているために、「主流派」とは異なり「母親とはこうあるべきである」といった一般的・規範的な議論には結びつきにくい。

第二に、家庭内の人間関係は家事や育児・介護といったケアを介することによって結ばれ、維持されるものとして描かれている。「主婦」による記事では、自分と他の家族構成員はただ血縁関係にあるとか法的に家族関係があると認められているというだけで繋がっているとはみなされていない。料理を「食べてくれた」、話を「聞いてあげる」という記述からは、記事の執筆者自身が担う／担ってきた家事・育児・介護を介して家族構成員の関係性は築かれるものとして記述されており、先にみた家族の食事風景を綴ったエッセイのように、複数の世代が同居する場合は時に互いに配慮したり譲りあったりすることが必要になるものとして、「家族」の人間関係は描かれている。

「主婦バックラッシュ」にみられた「家族」の語りの特徴をふまえると、彼女たちは「主流派バックラッシュ」の記事とは異なる角度から男女共同参画を批判していることが見えてくる。個別具体的な「家族」の語りが大半を占める一方で、「主婦バックラッシュ」にもわずかではあるが男女共同参画を直接批判する記事がある。例えば、『なでしこ通信』には自治体が発行した男女共同参画ガイドブックへの反論が特集記事として掲載されているが、その中で次のような記述がみられた。夫婦や家族とは「たがいが愛情に結ばれ、それぞれが生活と運命を共にする者として支え合い、助け合う関係」であり、「生活も経済も夫婦が相手に依存していないというのは事実上は夫婦と呼べない」(16)。この記事では、男女共同参画とは女性の社会進出と経済的自立を促すものとして捉えられている。「愛情に結ばれ」「支え合い、助け合う」ことが夫婦や家族であるとされており、女性の社会的・経済的自立を強調することはそうした家族の結びつきを弱め、断ち切ることにつながるという論理が展開されている。

「主婦バックラッシュ」の記事では、男女共同参画は家庭内の人間関係に対する「脅威」として描かれている。これらの記事は同じく「家族」を主題にしていても、「主流派バックラッシュ」とは力点の置き方が異なっている。「主婦」の記事では家事や育児・介護、あるいはお互いに配慮しあうことを通して築かれる家庭内の人間関係を維持することが一義的に重視されており、社会や国家を論じるために「家族」に焦点化して男女共同参画を批判しているわけではないのである。

四　「家族の価値」言説の構造

四―一　潜在化された対立関係

前節では、保守系雑誌と保守運動団体の機関紙・会報・ミニコミに掲載されていた男女共同参画関連記事を「主婦バックラッシュ」と「主流派バックラッシュ」という二つのグループに分け、それぞれの記事にみられる「家族」の語られ方の違いを析出した。あくまで社会や国家に主眼を置き「家族」を規範的に論じる「主流派バックラッシュ」に対して、「主婦バックラッシュ」の記事では家事・育児・介護といったケアを遂行することによって築き維持してきた家庭内の人間関係に重点が置かれており、男女共同参画は「女性の社会・経済的自立を促す」ことでジェンダーや世代の異なる人びとが共に生活してきた家族を壊してしまうのではないかということが危惧されていた。このように両者の記事は「家族」の語られ方に大きな相違が見られたのだが、それではこの「主婦」たちの論理と「主流派」の論理の関係性に着目すると、両者はどのような関係にあると言えるだろうか。

第一に考えられるのは相互補完関係である。すなわち、「主流派」からみれば家族の「美談」を

「主婦」自身が語れば、性別役割分業にもとづく家族を「主婦」もまた肯定していると示すことができ、「主流派」論者が理想とする家族像が男性だけでなく女性によっても支持されていることを裏付ける役割を果たしていると考えられる。「主婦」の側にしても、自分がこれまで行ってきた家事・育児・介護の社会的な意義を、国家を論じる「主流派」の文脈に接続することで広く社会に訴えていくことができると解釈できる。

しかし、このように一見すると相補的にも見える「主流派」と「主婦」の論理関係は、個別の論点を詳細に検証してみれば実は対立や矛盾が内包されている。

そうした緊張がみられる論点が、まさしく「主婦」に関する評価である。「主流派バックラッシュ」では専業主婦は抑圧された存在ではなく、むしろ社会的に「恵まれている」という主張が展開されている。「少なくとも日本のように主婦が財布を握って、家庭内の経済全般を仕切っている国では、「不平等な力関係」は当てはまらない」というような、家計管理を妻が行っていることが多いことから「不平等な力関係はない」とする主張や、[17]「多くの主婦が夫に洋服や宝石を買ってもらったり、食べたり遊んだり、「奴隷」どころか、その逆の生活を満喫している」といったように、[18]主婦は経済的に豊かな状況であることなどが述べられている。「主流派」の記事では、家族は平等でありその内部に支配や抑圧は存在しないと考えられており、主婦をめぐる状況に関しても非常に楽観的な記述がなされている。

これに対して「主婦」の記事では、「主流派」の論調とは異なり「主婦」であることの葛藤や悩みについての言及もしばしば散見される。『なでしこ通信』に掲載されていた「専業主婦万歳！」と題されたエッセイでは、このようなタイトルがつけられているにもかかわらず「専業主婦は輝く存在ではない」と述べられている。休みなく毎日「家事に明け暮れる」様子は、「若い女の子から見たら、夢も希望もない女の姿だと映るかもしれない」というように、専業主婦として生きることの葛藤が吐露されている。また、『日本時事評論』に掲載されていた「主婦」によるエッセイでも、「学校の役員」を担当していた時期が非常に多忙であったために「料理、掃除、整理整頓に手抜きをせざるを得なく」なり、「家族には不満を持たせ」「自分自身も自責の念にかられ、ストレスを溜めがち」になったという記述がみられる。このように「主婦」自身による「主婦」への言及は、たとえ結論としては専業主婦を高く評価するものであったとしても、主婦であることの閉塞感や自責の念といった負の側面も併せて記述しているのである。[19][20]

また、「家族の絆」として両者ともに重視する家族の共同性に関しても、「主流派バックラッシュ」と「主婦バックラッシュ」は相対する記述をしている。「主流派」の記事では、「夫婦の役割には違いがある」「夫婦の役割分担意識が全くなくなれば、結婚の意味はほとんど無くなる」とされ、性別役割分業が夫婦関係の核として位置づけられている。男女共同参画は「共働きが当然の社会にするために、男性にも女性と同じように家事と育児をさせようと思想」と批判されていることから、男性が家事・育児・介護などの家庭内ケア労働を行うことはそもそも想定されていない。このように、「主流派バックラッシュ」によれば家族の共同性とは性別役割分業というジェンダー規範に則ることで成立するものと考えられている。[21][22]

他方で、「主婦バックラッシュ」の記事では、性別役割分業についての直接的な記載はさほど見られない。その理由のひとつに、彼女たちが個別具体的な家族のエピソードを語る傾向にあるため、社会規範とは言説の構造上結びつきにくい、ということも考えられる。しかし、そうした一見すると些末なもののように思われる個別具体的な家族の語りにも、「主流派バックラッシュ」とは異なる特徴を見出すことができる。例えば、夫婦関係が述べられたエッセイでは、執筆者が手術をした際に配偶者が熱心に看病してくれ、「主人のほほが少しずつやせてきて、言葉にはしないがどんなに心配してくれているか気付」いたという、夫が自分に対して行ってくれたケア労働についての記述がみられた。[23] また、幼少時の父親との思い出として、外食中に母親に悪態をついた男性に対して父親が「女、子供に何事だ！」と「一喝した」という、出来事を綴ったエッセイもあった。[24] このエッセイは「父の思い出」というタイトルがつけられているが、父親が性別役割にもとづいて経済的に家族を支えてくれたことではなく、母親と執筆者への父の配慮や思いの方が執筆者にとっては印象に残っていることがうかがわれる。このように「主婦」による記事では、性別役割ではなく心的交流を軸とした家族構成員の相互関係が描かれるという特徴がみられる。

「主流派バックラッシュ」が想定している性別役割分業にもとづく家族像は、「主婦バックラッシュ」がその価値を訴えている「家族」とは大きく異なっており、両者が訴える家族像はむしろ対立するような側面も有している。「主流派」が強調する性別役割分業にもとづいた共同性は、「主婦」たちが論じている家庭内の「思いやり」や配慮などの心的交流を必ずしも重視してはいない。極論を言えば、「主流派バックラッシュ」の家族像では夫婦が性別役割分業をしてさえいればよく、その分業体制のもとで分業するがゆえに誰かが苦しんだり葛藤したりしていることはさほど問題ではないのである。それではなぜこのような差異や対立関係は不可視化され、「主婦バックラッシュ」は「主流派バックラッシュ」を補完しているかのように見えてしまうのだろうか。

四-二　女性知識人の二面性

「主流派バックラッシュ」と「主婦バックラッシュ」の論理の接続を考えるにあたって、ここまでは「主流派バックラッシュ」の中に分類していた女性知識人に着目し、女性知識人が用いる論理の二面性とその役割について考察してみたい(25)。「主流派バックラッシュ」の大半を占めているのは男性有識者であるが、そこには女性も少なからず存在する。山谷えり子・高市早苗・西川京子といった保守系女性政治家や、長谷川三千子や市川ひろみといった保守系女性文化人である。一九九〇年代以降、一般商業誌における保守系女性政治家の露出が顕著になっており（海妻 2017）、分析対象とした『正論』『諸君！』『日本の息吹』『日本時事評論』『明日への選択』の五誌でも彼女たちはオピニオン・リーダーとして五四件の記事が掲載されている。ミニコミである『なでしこ通信』を発行するA会も彼女たちを支持しており、A会がこれまで開催した講演会では九回中六回（二〇一一年時点）が山谷を含む女性知識人を講師として迎えている。A会は高橋史朗といった男性知識人を招聘した講演会も開催しているが、その中でもとりわけ山谷を招聘した回については『なでしこ通信』五号・六号の二号にわたって特集が組まれており、反響が大きかったことが推測される。

女性知識人たちは、保守系知識人でありかつ「主婦」でもあるという二面性を有している。そしてそれゆえに「家族の価値」をめぐる言説構造において重要な役割を果たしている。彼女たちは知識人としてこれまで男女共同参画に反対する記事を執筆しながら、同時に、自分自身を「主婦」であるとも語る[26]。例えば西川京子は、「私はずっと専業主婦をやってきましたので」と講演会で発言しており、山谷えり子も「私の場合、育児休暇がありませんでしたので、仕事を辞めて専業主婦になりました」と述べている[27]。知識人でありながらも、彼女たちは「主婦」である／あったことも同時にアピールしているのである。

そして、知識人でありながらも専業主婦であったと語る女性知識人たちは、二つの論理を使い分けながら男女共同参画を批判する。彼女たちは一方で、知識人という立場で「主流派」の男性知識人と同じように家族を社会・国家の基盤とする論理を用いる。「家族は社会の中の一番小さな単位」[28]、「日本社会の基礎となる単位は家庭であり尊重すべき」[29]という主張は、「主流派」の男性知識人と共通している。夫婦別姓問題についても「私的な面や技術的な問題を超えて、実は各人の国家観までもが問われる」とし[30]、国家にも通じる問題であると主張されている。

他方で、女性知識人たちは「主婦」の立場から自身の家事・育児などの経験や家族との心的交流のエピソードも語っている。山谷えり子の場合、対談・座談会記事のほぼすべてにおいて、夫や子ども、自分の母親・父親とのエピソードに言及しており[31]、長谷川三千子もまた育児ノイローゼになった経験を対談記事において述べている[32]。

このように、二つの立場と論理を併存させている女性知識人特有の言説として、個別具体的な家族のエピソードがそのまま社会・国家というマクロな文脈へと接続されているというものがみられる。

私の家も、母がお雛さまの時期にはちらし寿司を作ってくれたり、端午の節句には菖蒲湯を立ててくれたりしました。(中略)節句のお祝いはすべて、一種の「祈り」です。伝統行事を通じて、わが子の幸せだけでなく、連綿と流れる日本民族の幸せをも祈る。(33)

右記の引用文では、「わが子の幸せ」を祈る家庭内の伝統行事がそのまま「日本民族の幸せ」へと「自然に」接続されている。この発言は山谷えり子によるものだが、山谷は母乳育児に関しても同様の論理を用いている。山谷は「私が新米ママになったころ」の話として「母乳を吸うのに小一時間もかかるわが子にイライラしたりしたこともあ」ったとしながらも、「おっぱいや子守唄は本当に尊いもの」であり「生命尊重の気持ちを日本中が取り戻すために、最も根本的な要素」であると主張する。(34)

女性知識人の論理について付言すると、自身の育児・家事経験だけではなく、自分が幼少時に受けたケアや心的交流を例にあげる者もいる。以下は「日本会議」の女性版組織「日本女性の会」の結成五周年記念シンポジウムにて西川京子が発言した内容である。

小さかった頃は、「お天道様が見ているから悪いことはしてはいけないよ」という一言を祖父母や近所の人、いろんな方から呆れるくらい毎日聞かされました。その時は「うるさいなあ」と思っていましたが、実はちゃんと心に植え込まれていました。何か判断するときに心のなかでその言葉が湧き出てくるんですね。日本人の道徳観、宗教観、生活習慣を集約した言葉だと思います。(35)

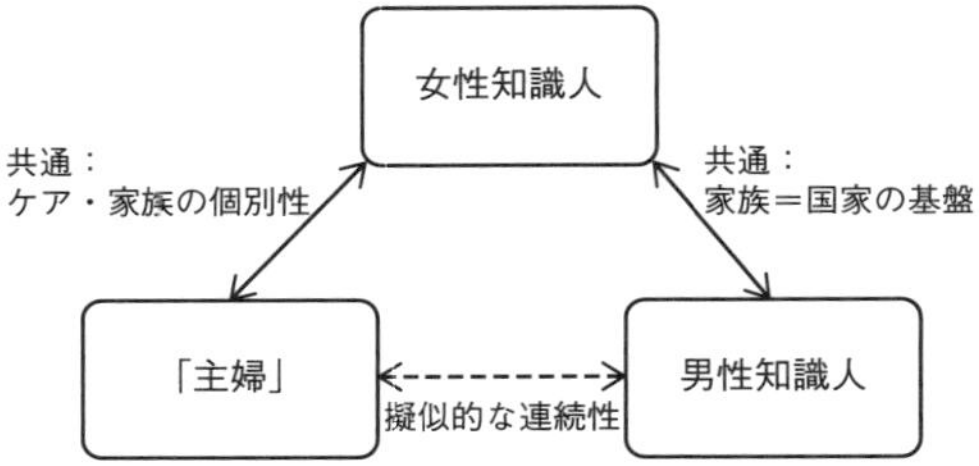

図4-1　「家族」をめぐる保守言論の構造

この発言は「主婦」の立場からのものではないが、自分がかつて受け手として家族から与えられたケアの経験もまた、国家へと接続されていることがわかる。

それでは、知識人でありかつ「主婦」であるという二面性をもった女性知識人の論理は、「主流派バックラッシュ」と「主婦バックラッシュ」という異なる二つの論理との関係において、どのような役割を果たしているのだろうか。

今一度確認しておくと、「主流派」の論理と「主婦」の論理にみられる差異は決定的なものである。「主流派」の最終的な目標が男女共同参画社会基本法の廃止である一方で、「主婦」たちが主張する家事・育児・介護の意義と価値の社会的承認は、「主流派」が意図する目標だけでは達成され得るものではない。両者の見解の相違は、男女共同参画を批判するために持ち出されているはずの「家族の価値」という主張を瓦解させるほどの重要性を内包している。

女性知識人の論理は、この相反する両者を媒介しあたかも両者が連続しているかのように見せる役割を有しているのではないだろうか。女性知識人・「主流派バックラッシュ」・「主婦バックラッシュ」の言説上の関係を示すと**図4-1**のようになる。家事・育児・介護の経験を社会や国家を重視する「主流派」の論理の中に位置づける彼女たちの主張は、個別具体的な家族のエピソードやケア経験について言及する「主婦」たちの論理と類似している。有識者であるがゆえに社会的影響力が大きく、プレゼンスも高い女性知識人たちの言説が存在することによって、「バックラッシュ」を批判する側からも、あるいは「バックラッシュ」を担う側からも「主婦」の論理は「主流派」と同じように社会や国家という観点から「家族」を論じる言論として見えてしまうのである。

五　「主婦バックラッシュ」と「ケアの倫理」

従来、男女共同参画に反対する人びとは一枚岩と捉えられており、男女共同参画に反対する「主婦」たちは「主流派」の論者たちと利害関係が一致しているとみなされてきた。しかし、前節で見たように主婦や家族といった個々の論点の論じられ方を比較すると、「主流派」と「主婦」の間には潜在的な対立関係があることが明らかとなった。この相反する両者を媒介する役割を果たしているのが、知識人と主婦双方の立場および論理の二面性を持ち、個別具体的なケアの経験を直接国家へと接続している女性知識人による言論であった。「バックラッシュ」の中で論じられる「家族の価値」をめぐる言論はこのような構造を持つがゆえに、それ自体ではなんら保守的な要素を持たない「主婦」たちの「家族」言論は、「主流派」の「家族」言論と疑似的な連続性が想定されてしまっている。

「家族の価値」言説をこのような構図にあるものとして捉えると、「主婦バックラッシュ」は家庭内の家事や育児・介護といったケアの営みを重視するがゆえに男女共同参画を批判しているにもかかわらず、そのようなケア労働を女性が担うことを自明視する「主流派」の論理に吸収されてしまい、その結果として「主婦バックラッシュ」が当初有していたはずのケア労働の意義や価値の社会的承認という問題意識はかえって不可視化されてしまっているといえる。

「主流派バックラッシュ」の「家族」言論は、家族国家観と類似している。明治時代、近代国家の建設に向けて「国民」という意識を人びとの間に作り出すために用いられたのが「家族」と「国」の接合により天皇・国家に対する民衆の忠誠を動員・正当化する」ためのイデオロギーとしての家族国家観であり、「一国を一家と観念させることによって、家族への心情を拡大、延長すれば愛国に至るという連続性を確立した」ものであった（牟田 1996：81）。家族国家観は、子の親への「孝行」を臣民の天皇への「忠節」へと従属させようとするものであった。その意味において「主流派バックラッシュ」の「家族」言論は、日本においてナショナリズムを鼓舞する際に用いられてきた典型的な言論とも言える。

他方で、「主婦バックラッシュ」の「家族」言論は実はクリティカルな問題提起をしているとも解釈することができるのではないだろうか。「主流派バックラッシュ」の「家族」言論は「家族」を延長していけばそのまま国家に繋がることが自明視されている。政治思想家の岡野八代によれば、そのように「家族」が「自然」であるように見えるのは、「家族」がその社会で支配的な諸価値と社会構造を内在化し、再生産しているためであるという。しかし、「家族」と「政治」あるいは「家族」

と国家はつねにそのような関係にあるわけではなく、ときに対立することもある。そしてそのような場面が持つ可能性を岡野は次のように述べている。

家族「と」政治が「違う」ということの政治性が露わになるその場でこそ、よりよい政治的価値、規範、社会構造を求める政治的な異議申し立ての声を聞き取ることができる。（岡野 2000：867）

この指摘をふまえて「バックラッシュ」の「家族」言論に再度立ち戻ると、家事・育児・介護などのケアを通して家族の人間関係を構築していくことを強調している「主婦バックラッシュ」は、実は「バックラッシュ」として切り捨てられない側面を持っているのではないだろうか。とくに「政治的」な主張をしているわけではないにもかかわらず、保守系メディア上で男女共同参画批判の特集内にカテゴライズされてきた「主婦」による記事は、私的領域で女性が担うケア労働に対する評価の低さに対する異議申し立てとして読み替えられないだろうか。そして、男女共同参画を批判する「主婦」たちの主張をそのようなものとして読み替えられるのであれば、対立関係にあると考えられてきたフェミニズムの議論にも実は接続可能なものなのではないだろうか。

近年、フェミニズム研究においてケアや依存に着目し、既存の社会制度や社会構造を再検討していくという「ケア・フェミニズム」とも言うべき議論が活発になされている。そもそもケアという営みが学術的に大きく関心を持たれるようになったきっかけは、C・ギリガン（1982＝1986）が「ケアの倫理」を提唱したことであった[36]。ギリガンはその著書『もうひとつの声』において、発達心理学で通説とされてきた人間の道徳発達理論は男性中心主義であるために、その理論において多くの女性は道徳発達が低い段階に位置づけられ続けてきたことを主張した[37]。このときにギリガンが、「女性」の道徳発達として提示したのが「ケアの倫理」である。

「ケアの倫理」は、人間の道徳発達の基準とされてきた法や権利概念を軸とした「権利の倫理」とは異なる。クレメント（1996）は、「ケアの倫理」の特徴を以下の三点に整理している。①人間関係を維持することの重視、②他者とつながりを持つ人間という人間観、そして③文脈依存性、である。「ケアの倫理」は、人間関係を維持することに一義的な価値を置く。ギリガン以降に巻き起こったケア対正義論争では、「ケアの倫理」と「正義の論理」は統合されるべきか否か、統合されるべきならばそれはどのようにして可能かという点が論じられてきた。「正義の論理」が法や権利概念を参照して物事を判断するのに対し、「ケアの倫理」では人間関係を維持することを基軸とする。そのために、「ケアの倫理」は自己とつながりのある他者との関係性を維持するために、他者と他者の、あるいは他者と自己の利害が衝突するような場面では、他者のニーズに対していかに答えられるかという観点から問題に対処しようとする。

「ケアの倫理」のこうした志向性は、「正義の論理」とは異なる人間観を持つがゆえに生じる。「正義の論理」が自由で自立／自律した個人を前提とするのに対し、「ケアの倫理」は人は独立した存在ではなく、他者とのつながりを常に有する存在であると考える。こうした人間観の相違から、「正義の論理」が「個人の自立を侵害することなく、他者への責任はいかにして生じるのか」というアプローチを取る一方で、「ケアの倫理」は「他者に対する道徳的責任を侵害することなく、個人の自由はいかにして達成できるか」というアプローチを取る（Clement 1996: 13）。

それゆえに「ケアの倫理」は文脈依存的である。他者のニーズにいかに応えるか、という問いは時として異なるニーズの間で、また、自己と他者との間で軋轢を生じさせる。ギリガンはそうした軋轢を解消するためには、「形式的で抽象的な考え方よりも、むしろ前後関係を考えた物語的な考え方が必要とされる」とする（Gilligan 1982＝1986: 25）。「ケアの倫理」は自己とつながりのある具体的な他者に困難が生じている場合、具体的な文脈に沿って解決方法を探る。それゆえに、「正義の論理」のような規範性ではなく文脈依存性という特徴を持つのである。

そして「主婦バックラッシュ」は、この「ケアの倫理」とも共通する要素を持っていると言えるのではないだろうか。「ケアの倫理」が他者のニーズにいかに応えるか、という問題を一義的に捉えているように、「主婦バックラッシュ」も他者、とくに子どもや配偶者、親などの家族のニーズに応えること／応えてきたことに力点を置いて「家族」を語る。「主婦」たちの記事には、ケア提供者という役割を担うがゆえの閉塞感や困難を吐露しながらも、ケアによって築かれる家族の人間関係を最も重視している語りが散見され、この点は「主流派バックラッシュ」と異なる点であった。

他者とつながりを持つ存在という人間観も「主婦バックラッシュ」から読み取ることができる。先にみたように『なでしこ通信』では、個人の自立に対する批判がなされていた。「主婦バックラッシュ」においては、そもそも依存関係・ケア関係にある家庭内の人間関係を、個人の自立という観点から捉えることは無意味なものとされ、家族における個人の自立はあり得ないと考えられていた。「主婦バックラッシュ」にみられた「家族」のエピソードも、ケアの文脈依存性を明確に示している。「主婦バックラッシュ」は性別役割分業については疑問に付さず「家族」を論じるという点で「主流派バックラッシュ」と共通してはいるが、両者は家族とは何か、家族として何を想定しているかという点では相違していた。「主流派バックラッシュ」が論じる「家族」が抽象的で規範的な「みながそうあるべき家族」であるのに対して、「主婦バックラッシュ」が論じる「家族」は、それぞれの執筆者が日常的な出来事を具体的に記述するという方法によって語られていた。そして、そうした語りはあくまでもエッセイという形式にとどまっており、社会や国家における「家族の価値」といった抽象的な語りではなかった。

これまで「バックラッシュ」を支持し保守運動に参加する女性たちは、①家父長的家族主義という政治意識を有している、②専業主婦をめぐる法制度が見直されることで既得利益の逸失を危惧している、③「主婦としての生き方を否定される」という「不安」を抱いている、という説明が加えられてきた。先行研究におけるこれらの指摘を、本章で行ってきた分析から再考すると、①に関しては言説レベルに限られるが「主婦」たちは政治的な主張をさほどしていなかったこと、②に関しては既得利益を語ってはいなかったことからそれぞれ該当しないのではないかと考えられる。③に関しては、確かにジェンダー・アイデンティティが揺らぐことへの危機意識は、部分的には「主婦」たちの男女共同参画に対する「反感」を培う土壌となっている可能性はある。しかし、本章で析出してきたように、「主婦」たちの男女共同参画批判は、「自己防衛」といった消極的な動機にもとづいたものではなく、むしろ「ケアの倫理」や「ケア・フェミニズム」とも類似した積極的な理由にもとづいている。つまり、どのような経緯で「主婦」になったにせよ、現にケアを担っている者の立場から自らの「依存労働（dependency work）」（Kittay 1999）の意義を訴えるものとして読むことができるのではないだろうか。

しかしながら、主に私的領域で営まれるケアの社会的価値を訴える「主婦バックラッシュ」のクリティカルな政治性は、「バックラッシュ」総体における「家族の価値」をめぐる言説構造において失われてしまっている。彼女たちの主張は、女性知識人たち[38]の言説を介することによって、女性がケアを担うことを「自然」であるとみなす「主流派バックラッシュ」の論理に接続されてしまっているためである。「主婦バックラッシュ」はこのようなパラドキシカルな状況に置かれているのである。

（1）本章では『正論』『諸君！』などの雑誌記事を主に扱うが、一九九〇年代から二〇〇〇年代までの『産経新聞』に掲載されたジェンダー平等政策に関する記事内容の変遷と保守運動に与えた影響に関しては、和田・井上（2010）を参照。

（2）正式な会員数は不明だが、二〇〇一年の設立大会には一〇〇〇人の参加者があり、その後に開催された講演会でも数百人単位の参加者を集めたと公表されている（日本女性の会編 2007）。

（3）税制度だけでなく二〇〇〇年前後という時期は、これまで女性の主たるライフコースであった主婦という生き方への風当たりが強くなった時期と言えるかもしれない。石原里紗による主婦批判の一連の書籍『ふざけるな専業主婦』（1998）『くたばれ！専業主婦』（1999）『さよなら専業主婦』（2000）が出版されたのもこの頃であった（いずれもぶんか社より刊行）。

（4）『日本の息吹』は日本会議の機関紙である。『日本時事評論』は山口県を拠点にしている「新生佛教教団」系列の出版会社「日本時事評論社」によって発行されている新聞である。『明日への選択』は民間シンクタンク「日本政策研究センター」発行の雑誌である。購買層の違いによる記事の差異も考慮して、分析対象とすることにした。なお、『諸君！』は二〇〇九年六月号を最後に現在は休刊している。

（5）このA会については第五章でも詳述するため参照されたい。

（6）三重の主婦 えみ子「母親受難」『正論』四二五号、二〇〇七年。

（7）林道義「そんなに家族を壊したいのか―またぞろ出てきた「夫婦別姓」推進派の仰天発言」『正論』三五三号、二〇〇二年。

（8）例として、日本時事評論社「国民の良識を信じるのか、フェミニストの過激思想に従うのか 男女共同参画の方向性を見極める時!!」（『日本時事評論』一四六三号、二〇〇二年）など。

（9）例として、日本政策研究センター「ジェンダーフリー教育の恐るべき「弊害」」（『明日への選択』平成一五年五月号、二〇〇三年）など。

（10）日本時事評論社「「男女共同参画」の条例化は疑問！「家族解体」と「国力衰退」を招く危険」『日本時事評論』一三六一号、二〇〇〇年。

（11）八木秀次「夫婦別姓の導入に反対しよう！」『日本の息吹』平成一三年一〇月号、二〇〇一年。

（12）林道義「「男女平等」に隠された革命戦略――家族・道徳解体思想の背後に蠢くもの」『正論』三六〇号、二〇〇二年。

（13）四〇代女性会員「家族とは」『なでしこ通信』第四号、二〇〇五年。

（14）松山市 主婦「結局は主人次第」『日本時事評論』第一三六七号、二〇〇〇年。

（15）梅岡典子「命のリレー」『なでしこ通信』第一四号、二〇〇六年。

（16）「⁇おかしいぞ男女共同参画学習ガイドブック」『なでしこ通信』第七号、二〇〇七年。

（17）日本時事評論社「北京会議と男女共同参画――その正当性を衝く（下）」『日本時事評論』一五三一号、二〇〇三年。

(18) 日本政策研究センター「教育を蝕むジェンダーフリーの「毒」」『明日への選択』平成一五年四月号、二〇〇三年。
(19) 田中直子「専業主婦万歳！」『なでしこ通信』第一三号、二〇〇六年。
(20) 広島市 主婦「専業主婦を評価すべき」『日本時事評論』一三六一号、二〇〇〇年。
(21) 日本政策研究センター「ジェンダーフリー教育の恐るべき「弊害」」『明日への選択』平成一五年五月号、二〇〇三年。
(22) 林道義「ファシズム化するフェミニズム——山口県大泉副知事の恐るべき思想を糺す！」『諸君！』三二巻四号、二〇〇〇年。
(23) 斉藤孝恵「夫婦の絆」『なでしこ通信』第一三号、二〇〇六年。
(24) 三好奈加子「父の思い出」『なでしこ通信』第一二号、二〇〇六年。
(25) 「主婦」たちが日常の経験から発言していることとの対称性と類似性を指摘するために、国会議員・地方議員や大学教員、ジャーナリスト、文化人など専門家の観点から発言している女性を「女性知識人」とする。
(26) 西川京子・山本和敏ほか「教育シンポジウム 子供が壊れる——男女共同参画の問題点〝育児の社会化〟が子供を壊す」『日本の息吹』平成一五年一〇月号、二〇〇三年。
(27) 山谷えり子「私の使命は教育・家族・国なおし」『明日への選択』平成一六年三月号、二〇〇四年。
(28) 市田ひろみ「今、男らしさ、女らしさ」『日本の息吹』平成一五年九月号、二〇〇三年。
(29) 西川京子・櫻井よしこほか「国家と教育の再生は「家族」から始まる——国民の覚悟も問われている」『正論』四二〇号、二〇〇七年。
(30) 山谷えり子・高市早苗・西川京子「クタバレ「夫婦別姓」——ネコ撫で声の「男女平等」に騙されるナ！」『諸君！』三四巻三号、二〇〇二年。
(31) 山谷えり子・八木秀次「フェミニズム批判対談 国家・社会規範・家族の解体に税金を使うな！」『正論』三六六号、二〇〇三年。ほかにも、山谷えり子・猪野すみれ「目指すは男女共同〝家族〟社会です」（『正論』

四〇七号、二〇〇六年）、山谷えり子・中條高徳「男女共同参画の欺瞞と驚愕の性教育」（『正論』四〇二号、二〇〇五年）、山谷えり子・高橋史朗ほか「国自ら国を滅ぼす――子育て支援策の大愚」（『正論』三七〇号、二〇〇三年）など。

(32) 長谷川三千子・山谷えり子「少子化・負け犬時に女の矜持を語る」『正論』三八九号、二〇〇四年。

(33) 山谷えり子・林道義「家族崩壊を許すな」『諸君！』三五巻四号、二〇〇三年。

(34) 山谷えり子・西館好子・小林美智子「特別鼎談 今こそ「母性」の復権を（特集 これでいいのか日本の家族）」『正論』四二五号、二〇〇七年。

(35) 櫻井よしこ・西川京子・山谷えり子・長谷川三千子「シンポジウム抄録 国家と教育の再生は「家族」から始まる 国民の覚悟も問われている」『正論』四二〇号、二〇〇七年。

(36) ギリガン自身は「ケアの倫理」ではなく「責任の倫理」と呼んでいる。ギリガンが発見した「もうひとつの声」はその後、哲学や政治思想といった分野にも大きな影響を与え、「正義の論理」対「ケアの倫理」という構図で議論が展開されるようになった。

(37) ギリガンの議論はフェミニズムの側からも本質主義であるという批判が向けられてきたが、ギリガン自身は『もうひとつの声』において「「異なる声」と女性の声とか密接に関係している」としつつも、「性のちがいによる「異なる声」という意味ではありません」と述べている（Gilligan 1982 = 1986: xii）。また、C・マッキノン（2005 = 2011）のように「女性」の道徳発達が人間関係への配慮を含まざるを得ないような社会的なジェンダー構造をこそ考察するべきであるとする批判もなされている。

(38) 「主婦バックラッシュ」の言説の背後にあるものとして「ケア」が考えられることを本章では指摘したが、女性知識人たちの言説になぜこうした特徴がみられるのかは十分に検証できなかったため課題として残されている。保守系女性政治家について考察する際に、海妻径子による議論は示唆に富んでいる。海妻は一九九〇年代以降の一般商業誌における保守系女性政治家の記事分析から、彼女たちの多様性に触れながら「幅広い層の人々が、何かしらひとつくらいは彼女たちに共鳴し得る点や親しみを感じ得る点を持つ」ために、

「排外主義や軍事強硬主義、歴史修正主義や宗教右翼に対する人々の抵抗感を減じさせる力を持つ」のだと指摘している（海妻 2018：148）。

第五章　女性たちの男女共同参画反対運動
――愛媛県の事例から

一　草の根レベルの男女共同参画反対運動

前章では、保守系雑誌と運動団体の機関紙・会報・ミニコミの分析から「主婦」を名乗って男女共同参画に反対している女性たちが、男女の対等な社会参画の実現を掲げる男女共同参画は家庭内の人間関係に悪影響を及ぼすと捉えており、自身が行ってきた家庭内ケア労働の社会的意義を重視していることを明らかにした。彼女たちの主張は、C・ギリガンによる「ケアの倫理」の提唱以降、ケアや依存といった観点から自立／自律した個人を前提にした近代社会の成り立ちそのものを批判するケア・フェミニズムとも接点を持つものである。しかしながら、なぜ男女共同参画によって家庭内の人間関係が「壊される」と彼女たちは考え、「バックラッシュ」を支持しているのかは、依然として不明確である。そこで本章では、実際に地方で男女共同参画反対運動を展開してきた市民団体A会を取り上げ、A会会員へのインタビュー調査から、草の根レベルの保守運動の実態を示しつつ女性会員たちの男女共同参画に対する見解を考察していきたい。

二〇〇〇年代前半に全国的に展開された男女共同参画運動は、様々な運動団体によって担われていた。これまでにも述べてきたように、中心的な役割を果たした団体としては、日本最大の保守系組織と言われている「日本会議」や、日本会議の女性版組織「日本女性の会」、そして「新しい歴史教科書をつくる会」（以下、「つくる会」）などが先行研究において指摘されてきた（伊田 2006）。この他にも、「日本会議」に所属する地方議員で構成される「日本会議地方議員連盟」や、自民党内の「過激な性教育・ジェンダーフリー教育実態調査プロジェクトチーム」といった議員団体、「神道政治連盟」「統一教会」などの宗教団体も男女共同参画に激しく反対していた。

基本法が制定されたのち、地方自治体でも男女共同参画推進条例が制定されるようになったが[1]、この条例制定をめぐって地方レベルでも各地で反対運動が生じていた（山口・斉藤・荻上 2012）。そうした反対運動を担っていたグループは、条例制定へ向けた動きが地方議会でみられると、それを阻止するためにそれぞれの地域で草の根の市民グループが結成され、条例が成立または廃案となった後は活動が縮小していくといったように活動の継続性が弱かったり、活動を継続したとしても活動目的が男女共同参画反対運動から子どもの教育問題や家族問題といった他の係争課題へ移行していったりするなどの特徴が見られた。

地方議会を舞台とした男女共同参画をめぐる攻防もまた激しく、反対運動が一定の成果をあげた自治体も少なくはない。都道府県で唯一、今日でも男女共同参画条例を持たない千葉県は、二〇〇一年に堂本暁子が千葉県知事に就任した後に男女共同参画施策が積極的に取り組まれようとしていた。二〇〇二年九月には条例案が県議会に提案されたものの、三度の継続審議となり、二〇〇三年四月に廃案になっている（鹿嶋 2018）。また、条例の運用に制限をかけることを目的とした請願を採択した自治体もある。鹿児島県議会は二〇〇三年七月にジェンダー・フリー教育に反対する旨の請願を採択しており、同年一〇月には石川県議会で「ジェンダー・フリーと称する過激な思想運動に利用されてはならない」とした請願が、徳島県議会でも「男女の区別を一切排除しようとする立場は誤りとする真の男女共同参画社会実現を求める決議」が採択されている。さらに、山口県宇部市では「男らしさ、女らしさを否定しない」「専業主婦を否定しない」という文言を含んだ男女共同参画条例が制定されており、これは基本法の趣旨から逸脱しているのではないかという指摘もなされている（伊藤 2003a：金井 2008）。

本章では条例をめぐる攻防が激しかった地域のひとつである愛媛県において、男女共同参画に反対の立場で活動してきた女性中心の草の根グループA会を取り上げる。A会で二〇〇八年五月から二〇一一年三月までに行ったフィールドワークと会員二三名へのインタビュー調査、そしてA会会報記事をもとに、男女共同参画に反対する女性たちの実態とその心性を考察したい。A会は第四章で取り上げた『なでしこ通信』を発行しているグループである。

A会を調査対象とした理由は三点ある。第一に、女性中心のグループであること。第二に、男女共同参画に反対する草の根グループの活動は一般的に一時的なものであるのに対して、A会は二〇〇四年の結成から調査時の二〇一一年まで継続して活動しており、運動団体として安定していること。そして第三に、草の根レベルの保守運動については小熊・上野（2003）によって「つくる会」

の神奈川県支部有志団体「史の会」の調査がなされているが、同会は大都市近郊地域を活動拠点としているため、地方で活動する草の根グループには「史の会」とは異なった特徴や傾向がみられるのではないかと推測したためである。

第三の点について補足すると、小熊・上野（2003）は「つくる会」の神奈川県支部有志団体「史の会」にみられた特徴を次のようにまとめている。同会の活動形態に関しては、①参加者の自発的参加の重視、②固定した役職や参加者間の上下関係のないゆるやかな結びつき、③上部団体（＝「つくる会」）に対する半独立の姿勢、④インターネットなどのコミュニケーション技術の活用、⑤既存政党と距離をとる「普通の市民」による運動の自称、という五つの特徴である。これらの点をふまえて、「史の会」はネットワーク型の市民運動にも共通する特徴を有しており、「ムラ共同体的な「地盤」にもとづく旧来型保守運動とは異なる「共同体から遊離した「個人」が集合した、都市型のポピュリズム」であると小熊・上野は論じている（小熊・上野 2003：3）。「史の会」との比較も念頭におきながら、このような特徴は、地方で活動するグループにもみられるのかについても検証していきたい。

二　愛媛県における男女共同参画をめぐる攻防

二―一　松山市男女共同参画条例一部改正問題

愛媛県は全国的にみても男女共同参画をめぐって激しい攻防が巻き起こった地域である(2)。とくに松山市では、男女共同参画条例をめぐって行政と地方議会、推進派・反対派の両市民入り乱れる形で議論が展開された。松山市では二〇〇二年三月議会で男女共同参画条例の制定方針が決定され、二〇〇三年六月の定例議会で賛成多数で条例が制定された。同年九月一日から松山市男女共同参画条例は施行されたのだが、その直後、一七日から開催予定だった九月定例議会で市側が条例の一部改正案を提出する予定であることが発覚した。松山市ではこの一部改正案問題が浮上したのと同時期に、「松山市子ども健全育成基本条例」案も市によって提案されている。この条例案は、「郷土を愛し、誇りに思う心・思いやりのある温かい心を受け継ぎ、後世に伝える」ことなどを理念として掲げ、保護者には子どもに対して「深い愛情をもって接する」ことを、市民には「社会規範に反する言動を止めるよう声をかけ、熱意をもって補い導く」ことを明文化しており、「子育てを法で縛る」として市民団体から批判の声があがった（『愛媛新聞』二〇〇三年九月一一日朝刊）。女性と家族に関する二つの条例案が同時期に提出されたこともあって、この二つの条例案は市民から注目を集めた。

松山市が提出した男女共同参画条例一部改正案は、次の二点の改正を含むものであった。第一に、「ジェンダー」「セクシュアル・ハラスメント」「ドメスティック・バイオレンス」といったカタカナ用語を日本語表記に修正することが提案されていた。具体的には、「ジェンダー」が「性別による固定的な役割分担意識」へ、「セクシュアル・ハラスメント」が「相手の意に反した性的な性質の言動」へと置き換えることであった。この修正には、いずれの用語もその言葉が本来有している意味の多くが削ぎ落とされるという問題点があった。「ジェンダー」の場合は「役割分担意識」というように意識の問題へと矮小化される可能性があり、また、「セクシュアル・ハラスメント」に関してもセクハラ被害を受けたことによって生じる社会的・経済的被害や不利益が過小評価されてしまうのではないかという疑問の声が、男女共同参画推進派の市民からあがった。

第二に、第一〇条の大幅な改正である。元の条文で第一〇条は「性の尊重と生涯にわたる健康への配慮」に関する条項となっており、「男女が、お互いの性を尊重する」ことや、「妊娠、出産、そのほかの生殖と性に関し、自らの決定が尊重される」ことを定めたリプロダクティブ・ヘルス／ライツに関する内容であった。これが市側が提示した改正案では、「性の尊重」が「男女がそれぞれの身体的特徴について理解を深め合う」へ、性・生殖については「妊娠、出産等に関し、互いの意思が尊重されること」への修正が提案され、女性の性・生殖に関する自己決定権を制限するような内容となっていた。

さらに、この一部改正案が提出されるに至った経緯が不透明であったことも、男女共同参画推進派の市民グループや市議会議員によって問題視された。二〇〇三年六月に策定された元の条例は、公募市民を含む「まつやま男女共同参画会議」で議論され、公聴会も開催されるなどのオープンな形で作成されていったのに対し（『愛媛新聞』二〇〇三年九月三〇日朝刊）、市による一部改正案の提出は突如として生じた出来事であった。その背景には、「全国から「性と生殖の自己決定権は中絶やフリーセックスを容認し、道徳の退廃につながる」という意見がファックス、手紙、メールによって寄せられたため」であるとも言われている（申 2004：52）。

一部改正案の審議は市議会でも紛糾し、改正案に賛成・反対双方の市民参考人の招致と度重なる継続審議ののち、(3)自民党系市議が改正案のさらなる修正案を提出したことで、二〇〇三年一二月に修正可決された。結果として、カタカナ用語は現行のままとなったが、性・生殖については男女が「互いの理解を深め、自らの決定が尊重されること」という表現に変更となった。条例は女性のリプロダクティブ・ヘルス／ライツの観点が希薄化されたものへと改正されたと言える。この一部改正問題をめぐっては、本来男女共同参画を推進する立場の市民が反対し、男女共同参画に批判的な市民が賛成するというねじれた構図が生じたのだった。

二―二　市民団体A会の結成と活動展開

松山市男女共同参画条例が修正可決された後の二〇〇四年、条例一部改正問題で市議会を傍聴した改正賛成派の有志が中心となって、男女共同参画に反対する市民団体A会が結成された。主な活動内容は、講演会（年一回、一五〇人規模）、学習会（月二回、参加者は一〇名前後）、会報『なでしこ通信』の発行（隔月）である。年会費は一〇〇〇円と設定されており、会員数は調査時の二〇一一年時点で七六四名であった。A会は二〇〇四年に結成されてから継続的に活動しており、調査に入った時には会の立ち上げから七年目を迎えていた。先述のように、男女共同参画に反対する草の根グループとしては長期間にわたって精力的に活動していた団体であったため、草の根の女性たちによって担われている団体の事例として調査を実施することにした。

A会は女性中心のグループづくりを志向してきた。会員獲得のためにA会は後述のように様々な団体に働きかけてきたが、会としては上部団体を持たず特定の政党を支援するというようなこともない。その理由として会長のYさん（女性、五〇代）は、「女性がどんな人でも入りやすい会にしたかった」と語り、特定の団体色が出ることを避けているのだとする。また、A会の代表は女性が務めており、「メンバーの大半は女性で、仕事を持っていたり、専業主婦だったりさまざま」であると会報で言及している（『なでしこ通信』創刊号、二〇〇四年）。学習会に関しても、「女性を中心とした身近な相談や学習ができる集い」であると案内されている（『なでしこ通信』第一号、二〇〇四年）。

松山市条例の修正可決後に結成されたA会は、講演会などの意識啓発活動に加えて、行政への働きかけも度々行っている。二〇〇五年八月には愛媛県職員と面会し、県の男女共同参画政策について聞き取りを実施している（『なでしこ通信』第七号、二〇〇五年）。翌二〇〇六年にはジャーナリストの桜井裕子とともに、自民党県議会議員九名を招いて勉強会を開催（『なでしこ通信』第九号、二〇〇六年）、さらに二〇〇七年九月には、A会会員が松山市市民参画まちづくり課職員に申し入れを行っている（『なでしこ通信』第一九号、二〇〇六年）。

そのなかでもA会の活動について特筆すべきは、請願第三五号「松山市男女共同参画推進条例の運用の基本方針を明確にすることを求めることについて」の提出である。この請願は、A会会員七名が紹介議員三名を得て二〇〇七年一二月に松山市に提出したものである。請願には「身体および精神における男女の特性の違いに配慮すること」「専業主婦の社会的貢献を評価し、支持すること」などの項目が含まれている。また、「ジェンダー学あるいは女性学の学習あるいは研究を奨励しないこと」という項目も含まれていたことから、女性学・ジェンダー論研究者から抗議の声があがった(4)。請願はA会会員一名が参考人招致を受けたのち、二〇〇七年一二月一七日に本会議で採択された。

二−三　A会の基本主張

男女共同参画に反対する理由として、A会は六つの基本主張を掲げている。①男らしさ・女らしさの尊重、②家族の絆の重視、③性の自己決定の見直し、④子どもの発達段階に配慮した性教育、⑤表現の自由の遵守、⑥伝統文化の尊重、である（『なでしこ通信』創刊号、二〇〇四年）。これらの主張はいずれも、第四章でみた「主流派バックラッシュ」が保守系オピニオン雑誌や全国規模の運動団体の機関紙などで展開してきた男女共同参画への批判内容に沿ったものである。「ジェンダー・フリーは性差を否定する」「男らしさ・女らしさを否定する」「家族を破壊する」「リプロダクティブ・ヘルス・ライツや性教育はフリーセックスを奨励する」「「主人」「家内」などの言葉が差別語として批判されている」「ひな祭り・鯉のぼりといった伝統文化を破壊する」など、A会が結成された二〇〇四年には既に保守系メディア上で男女共同参画批判が展開されており、A会もまたこれらの主張を取り入れている。

A会は男女共同参画反対運動を行っている団体としては後発団体であり、そのために会が結成された二〇〇四年時にはこのような言説資源が既に大量に生産されていた。A会はそれらの蓄積された資源を活用しながら活動している。例えば、A会が主催する講演会では、八木秀次・高橋史朗・桜井裕子などの保守系知識人や山谷えり子などの政治家を基調講演者として毎年招聘している。また、会報では愛媛県下の情報や会員による投稿に加えて、これらの識者が他誌に投稿した論稿を転載し、会の主張の正当性を内外に示そうとしてきた。

他方で、A会には全国レベルの男女共同参画批判とは異なる主張も同時にみられる。会報創刊号の記事「男も女も幸せであるために（傍点引用者、以下同じ）」では、「「男らしさ・女らしさ」をなくそうとし、ひな祭りや端午の節句、むかし話までも否定しようとする」男女共同参画／ジェンダー・フリーは、「はたして人や社会を幸せにするものなのでしょうか」という「素朴な疑問」から会が出発したことが述べられている。結成当初の会報では会員募集の呼びかけの際、「人の心から多くのものが崩れつつある今の社会にとって、最後のとりでが「家族」であり「子供」である」とし、「ジェンダーフリーの攻勢から家族や子供たちを守るため」入会してほしいと訴えられている（『なでしこ通信』第二号、二〇〇四年）。また、第一三号（二〇〇六年）の記事「二周年を迎えた私たちの足跡」では、男女共同参画を「現実の生活に不調和や抵抗、世代間の対立や価値観の混乱を招くようでは、その値打ちを疑われても仕方ない」と批判している。

こうした主張からは、第四章で扱ったような大手保守系メディア・団体とは異なる方法でA会が男女共同参画について問題提起をしようとしていることがわかる。A会は、「ジェンダーフリーから家族と子供を守る」というように男女共同参画を家族問題として提示しており、さらに、男女共同参画は個人の「幸せ」や「現実の生活」に「調和しない」というように、社会制度や社会構造のレベルではなく、より個々人の生活意識に近い位相で批判している。これらの主張は草の根レベルの運動グループであるA会にみられる特徴と言える。

二―四　調査対象者の概要と分析方法

生活意識レベルで男女共同参画を批判しているA会の主張は、A会会員の運動参加経緯とどのように関連しているのだろうか。[5]二〇一一年二月から三月にかけて行ったA会会員へのインタビュー調査から、まずは会員がどのような経緯で運動に参加したのかを明らかにしたい。

調査対象者は二三名（女性一八名、男性五名）で、いずれも会長Yさん（女性、五〇代）からの紹介を受けた。[6]A会が女性中心のグループづくりをしてきたため、Yさんには女性会員を多く紹介してもらえるよう依頼した。しかし、年代や居住地域・所属団体・信仰など様々な背景を持つ会員たちの声を調査者に聞かせたいというYさんのはからいもあり、結果として女性中心ではあるが多様な層の会員たちにインタビューすることができたと考えられる。

調査対象者の基本属性を確認すると、[7]年齢は五〇代以上が二二人、職業（自由記述での回答）は「主婦」が一〇人と最多であった。ただし、「主婦」と答えた人の場合、定年退職後の現在の状況を「主婦」という言葉で示したものが多く、また、パートタイムなどの非正規労働に就いているが「主婦」と回答した者もいる。最終学歴は四大卒以上が一一人で、とくに男性五名はいずれも四大卒以上であった。また、調査対象者は二人を除いてA会以外の団体にも所属していた。その内訳は、日本会議（八名）、モラロジー研究所（四名）、「つくる会」・日本の歴史を学ぶ会・キリストの幕屋・生長の家・拉致被害者を救う会愛媛（各二名）、新生佛教教団・神社庁・師友協会日の会・ボランティア団体（各一名）である。対象者のうち一一名がA会を除いて二つ以上の団体に所属していた（本文中に引用している対象者の属性は**表5―1**を参照）。年齢・団体所属状況についてはYさんからA会

表5-1　調査対象者の基本属性の例

	性別	年齢	職業	最終学歴	団体所属
B	男	50代	教員	四年制大学	日本会議・「つくる会」
C	男	70代	無職（研究者）	大学院	なし
D	女	60代	自営業	四年制大学	日本会議・新生佛教教団
E	女	50代	主婦	四年制大学	日本会議・「つくる会」・師友協会
F	女	70代	無職（教員）	四年制大学	生長の家
G	女	50代	農業	高校	ボランティア団体
H	女	30代	主婦	四年制大学	日本会議
I	女	50代	福祉職	短期大学	なし
J	女	70代	農業	高校	モラロジー研究所
K	女	50代	自営業	高校	モラロジー研究所
L	女	60代	主婦	高校	生長の家・救う会愛媛
M	女	60代	福祉職	高校	キリストの幕屋
N	女	70代	主婦	専門学校	キリストの幕屋
O	女	50代	主婦	高校	モラロジー研究所
P	女	70代	主婦・民生委員	高校	モラロジー研究所・「日本の歴史に学ぶ会」
Q	女	60代	NA	高校	拉致被害者を救う会愛媛
R	女	60代	主婦	短期大学	モラロジー研究所・「日本の歴史に学ぶ会」
Y	女	50代	自営業	NA	日本会議・「つくる会」・救う会愛媛等

※職業欄のうち括弧内は元職

会員全体の傾向とほぼ一致するとの回答を得ているが、A会会員全体の基本属性に関するデータは本章で提示する以上のものは得られなかった。また、調査対象者は紹介を受けたYさんの個人的ネットワークという側面も強く出ているのではないかと推測される。

調査協力者には活動への関与度合いに大きな差異が見られた。そうした関与度合いと入会経緯との関連も含めて語りを分析するために、調査対象者二三名を長谷川公一（1991）による運動参加者の四分類を用いてグループ分けすることにした。反原発運動を事例として長谷川は、社会運動の参加者を活動参加状況に応じて四つに分類している。すなわち、〈リーダー層〉を中心として、定期的な活動に常時参加する〈常時活動層〉、大規模な集会・署名活動に不定期的にメンバーとして参加する〈周辺的活動層〉、会報を受け取り会費・カンパを定期的に支払うのみの〈積極的支持層〉、そして、署名・カンパ・集会などに不定期的に参加するのみの〈周辺的支持層〉である。A会の調査対象者にあてはめると、〈リーダー層〉一名、〈常時活動層〉二名、〈周辺的活動層〉二名、〈積極的支持層〉一八名、〈周辺的支持層〉該当なしとなった。周辺的支持層に該当者がいなかったことは、①A会がそもそも会費制をとっているため基本的に会員は会費を支払っていること、②調査対象者の選定を会長Yさんに依頼したため、活動関与度の低い会員は除外された可能性があること、の二点が理由として考えられる。

以下では、それぞれの分類ごとにA会会員たちの語りを見ていく。なお、本文中に明記している年齢や肩書は、調査を実施した二〇一一年時点のものである。

三　会員の運動参加経緯

三－一　リーダー層・常時活動層

リーダー層に該当するのは、会長Yさん（女性、五〇代）である。Yさんは A会活動の中心人物であり、講演会の企画から会報の作成・発送作業まですべての活動に携わっている。Yさんは自身の仕事で海外赴任した際、様々な国から来た友人たちが自分の国を誇りに思っていたことに刺激され、帰国後に小林よしのりの著作を読むようになり、その後、保守系団体に顔を出すようになった。これまで、日本会議や生長の家、「つくる会」などの団体に参加してきたという。Yさんは「つくる会」で知り合った後述のBさんとともに、A会を立ち上げている。

常時活動層にはBさん（男性、五〇代）とCさん（男性、七〇代）が該当した。Bさんは A会の立ち上げメンバーであり、調査時には幹事も務めていた。しかしBさんは「つくる会」での活動を主としており、講師として「つくる会」や「日本の歴史に学ぶ会」、モラロジー研究所・神道青年会・「皇室を守ろう岡山県民集会」などの団体で講演活動をしてきた。歴史教育問題に関心があるBさんがA会に参加しているのは、男女共同参画はあらゆる人に直接的に関係する問題であるためだからだとBさんは語る。歴史教科書問題は学校教育という分野の問題であるために関心を持つ人が限られてしまい、大半の人にとっては「敵の飛行機と味方の飛行機が空中戦をやってるのを下から見るようなもの」だという。他方で、男女共同参画は「家族とか、父親とか母親とかそういう問題」

であり、すべての人に関わるため「地上戦のようなもの」とBさんは喩える。

同じく幹事経験のあるCさんは、行政や政治の動向を会員向けに解説する役割を担っている。A会が結成された後、Cさんの職場に会長Yさんが訪ねて来て、Cさんはその場で入会したという。もともと『正論』の購読者だったCさんは、『正論』で男女共同参画やジェンダーという言葉を知り、書店でもジェンダー論の書籍が数多く陳列されている様子に「薄気味悪さ」を感じていたため、入会には抵抗感がなかったとする。

三-二　周辺的活動層

周辺的活動層に該当したのはDさん（女性、六〇代）とEさん（女性、五〇代）の二人である。二人ともかつてA会の会計係を担当していたが、現在は役職を退いて不定期的に活動に参加している。Dさんは新生佛教教団に所属しており、信者を対象にした家庭訪問相談員を長い間担当してきた。その関係で先述の松山市条例一部改正問題が浮上した際に日本会議から改正賛成派参考人の打診があり、新生佛教教団から渡された資料で男女共同参画について勉強したのだそうだ。この過程でDさんは会長Yさんと知り合い、A会の立ち上げにも関わっている。

Eさんは Bさんと同様に、歴史問題に一番関心を持っている。Eさんはもともと国際交流に熱心で、これまでフィリピンやオーストラリア・韓国などからやってきた留学生をホストファミリーとして受け入れてきた。Eさんが歴史問題に取り組むようになったのは、八〇年代の歴史教科書問題のときに[8]、韓国人の知人と口論になったことがきっかけだったという。当時の日韓関係の悪化を憂慮したEさんはせめて「草の根で仲良くできたらいいなと」思い、韓国人の知人から韓国語を習っていた。しかし、八〇年代の歴史教科書問題をきっかけにEさんは「草の根ってね、結構ね、政治的な動きでね、ぺちゃんこになるんですよね」と実感したのだそうだ。歴史教科書の「侵略」という言葉をめぐって韓国の知人と口論になったEさんは全く反論することができなかったという。それからEさんは本を読んだり親や親戚に話を聞くなどして歴史の勉強を始める。勉強を始める前後の、戦前の日本に対する認識の変化をEさんは次のように語っている。

日本は悪いことばっかした人で、なんか、お金持ちは貧乏な人を搾取して、男は女を虐げて、みたいなことを、そんな時代だと思ってたけど、私たちの親を見てると結構のびのびしてるしね。お金を持ってる人確かにいたけれど、そういう人たちって結構寄付をしたりとか、河川の改修工事を私財なげうってしたりとか、結構徳の高い人って多いんですよね。で、だけど、そこのとこのギャップがなんかなぁとか思ってたら、ひょっとしたら前提が違うんじゃないかと。

Eさんは「日本ってそれほど悪い国でもなかったんじゃないかというのが分かって」から、師友協会や「つくる会」などに入会し、日本会議でYさんと知り合ったことで、Yさんに誘われてA会に参加するに至った。

三－三　積極的支持層

調査対象者のうち過半数以上の一八名が積極的支持層に該当した。この層に分類された人びとのA会への入会経緯は、①会長Yさんと以前から知り合いだったこと、②元の所属団体で勧誘を受けたこと、の二つに大別される。そして入会経緯によってA会の活動に対するモチベーションにも大きな差異が見られた。

まず、会長Yさんとの個人的交友関係からA会に入会したのは、生長の家でYさんと交流があったFさん（女性、七〇代）、菩提寺の檀家婦人部でYさんと知り合いだったGさん（女性、五〇代）、Yさんが経営する学習塾に子どもを通わせているHさん（女性、三〇代）とIさん（女性、五〇代）の四人である。

A会以外でもYさんと交流のあるFさん・Gさんは、A会に参加する理由として積極的に反対する理由がないことをあげる。例えばFさんは、「まぁYさん一生懸命一人でしとるけんね、まぁできるところはね、したらいいけん」「やっぱり家族は大事じゃけんな」とし、Gさんも「別にあの、反対する理由もないしね、だからあの、私にできることがあったら協力したいなと」と語る。

HさんとIさんは、YさんからA会会報を渡されて読むうちに入会するに至ったこともあり、A会の会報を希少な情報源として捉えている。Hさんは「新聞、テレビっていうのは中道であろうとするから」「なかなか〝右〟の情報っていうのは得るのが難しい」とし、A会をマスメディアから得られない情報を得るためのひとつの媒体と位置づけている。また、IさんはA会の会報を読み始めたことで「この（新聞）記事はちょっと疑問だなとかいうことがね、自分でもわかる」ようになったという。

他方で、積極的支持層に分類された対象者のうち残りの一四名は、もともと所属していた団体で勧誘されたことを契機としてA会に参加している。倫理修養団体モラロジー研究所に所属するJさん（女性、七〇代）とKさん（女性、六〇代）は、A会の前会長であるZさんからモラロジーの会合中に「みなさん入りませんか、言われたらほな入りましょうか、という感じで」入会したという（Kさん）。また、生長の家では指導者から（Lさん　女性、六〇代）、キリストの幕屋ではA会に所属していた知人から（Mさん　女性、六〇代／Nさん　女性、七〇代）A会への協力依頼があったため入会している。

元の所属団体で勧誘され入会した対象者は、A会の活動に関してはほとんど会費納入のみの状態である。モラロジー会員のKさん（女性、六〇代）はA会の活動拠点である松山市から地理的に離れた地域に住んでいるため、講演会や学習会には参加できないことが多く会報も時間があるときに読む程度だという。また、入会してまだ一年であるというMさん（女性、六〇代）は、「私、正直なとこれ、「なでしこ通信」のこれって、何をどうしているのかわからないのよ、全然」とA会の活動自体をあまり把握できていない様子であった。

このように、会長Yさんと元々知り合いだった対象者たちは、Yさんへの信頼やYさんを応援したいという気持ちからそれぞれが可能な範囲でA会の活動に携わろうとしている。一方で、既存の団体で動員がかかりA会に入会した対象者たちは、活動に積極的に参加しようという意識は低い。(9)

四　会員たちがA会に賛同する理由

A会には様々な団体に所属する人びとが参加しているが、調査対象者の間ではそもそもA会の活動趣旨に関わる男女共同参画についての知識や情報量の格差が大きく、必ずしも男女共同参画に対して疑問や批判的意識を入会前に有していたことがA会へ参加した理由となっているわけではない。それにもかかわらず、A会の取り組みは「私が以前から思っていた価値観とほぼ一緒」と言うEさんや、Yさんから男女共同参画の話を聞くと「やはりこちらにも通ずるところがありまして」というOさん（女性、五〇代）のように、調査対象者たちからはA会に共感を示すような発言が度々見られた。それでは、会員たちはA会の一体どのような主張に賛同しているのだろうか。

四－一　男女共同参画のリアリティ

まずは、A会に入会する以前から男女共同参画のことを知っていた調査対象者たちの語りを見てみたい。これに該当したのは二三名中一一名であり、その中には松山市条例一部改正問題をきっかけに男女共同参画という言葉を知りA会の立ち上げにも関わったメンバーも含まれている。女性運動に携わる人びとの間でも、二〇〇〇年当時は男女共同参画について知っていた人はそう多くはなかった(10)。そのような状況にあって、A会の会員たちは男女共同参画関連行政といかなる接点を持っていたのであろうか。

もともと何らかの団体に所属していた人が大半であるA会の会員は、男女共同参画に関する情報が比較的入りやすい環境にあったと言える。モラロジーに長年携わってきたJさん（女性、七〇代）は、はじめて男女共同参画という言葉を聞いたときは「男性と女性とお互いに助け合って」「いろんな行事に参加できる」「頑張れる社会をつくろうという意味かな」と理解していたそうだが、「情報誌なんかね、読ませていただくと誤った男女共同参画の事柄が書かれていると。で、えーこんなんでいいのって疑問」が生じるようになったという。「拉致被害者を救う会愛媛」に深く関わっているQさん（女性、六〇代）も同様に、男女共同参画とは「男女が協力」することで「なんで反対するのかなって不思議なぐらいに思ってた」が、「送られてくる書類とか新聞記事」や「いろんな本見てたらちょっと違うから、あれれーと思」うようになったと語る。どのような媒体から情報を得ていたかまでは本調査では聞き取れなかったが、所属していた団体やその関連団体の機関紙や会報からこれらの調査対象者たちは男女共同参画に関する情報や知識を見聞きしていたのではないかと推測される。

調査対象者のなかには自治体が主催した男女共同参画関連の講演会に参加したことがある人もいた。Pさん（女性、七〇代）は、民生委員として長年にわたって地域の高齢者や不登校などの問題を抱える若者を支援してきた。Pさんは女性団体から「女性の地位向上のため」の講演会があるから来てほしいと依頼され、その講演会ではじめて男女共同参画という言葉を知ったという。しかしPさんは、講演会で登壇者の話を聞くうちに「だんだんだんだん腹が立ってきた」と語る。Pさんがとくに憤りを覚えたのは、女性の登壇者が話した次のような内容だったという。

その講演の人がね、朝起きたらあの、今日はあなたが食事をしなさいとか、夜は帰ったらあなたが夕食の支度をしなさいとか、今日はあなたがお洗濯当番ですとか言うてね。奥さんは何するかゆうたら、私はテレビを見るとか、お茶をするとかいうのを理想的な男女共同参画として話されたんですよ。私たちはえーっと思ってね。

実際にこの講演で登壇者が何を語ったのか、またどのような文脈で語られたのかは不明だが、Pさんは夫婦間での家事分担に関する話に憤りを覚えたようだった。夫に家事を「やらせる」ことが強調されているように聞こえたPさんは、講演内容に対する違和感を続けて次のように発言している。

私だったらですよ、「あ、お父さんすみませんねぇ、お茶碗出してもらえます?」とか、これ、そんなこと腹立てて怒ってけちらしてするんじゃなくて、あの、ま、料理したら配膳が済んだら「すみません、台に並べてもらえます?」とか「お箸の用意してもらえます?」とか、そう言えばいいじゃないですか。

「私だったら」という前置きをしたうえでPさんは、夫婦間の家事分担について「すみません」というように申し訳なく思っていることを何度も示しながら「夫に頼む」というスタンスを取ればよいと考えている。講演者の話が「夫に一方的に家事をするように命令する」ように聞こえた点にP

さんは違和感を抱いているのだが、そのことはまた「命令」するような口調で夫に家事をさせることが、Pさんの日常生活では現実的な方法ではないという認識も背後にあるのではないだろうか。

また、行政の男女共同参画施策との接点はなかったものの、保守派による男女共同参画批判が説得力のあるものだと認識できる出来事を経験した人もいた。「ジェンダー・フリー」という言葉を梃子にした男女共同参画批判は、国や地方自治体の取り組みに反対するだけでなく、家庭科科目の男女共修や男女混合名簿、性教育といった教育現場における男女平等を目指した取り組みも「男女の性差を無くそうとする動き」だとするキャンペーンを展開した。[11] Hさん（女性、三〇代）は、会長Yさんから話を聞いて男女共同参画を知ったが、その当時、子どもが通っている学校が既に男女混合名簿を採用していたこともあって、教育現場で「まず男女混合名簿が取り入れられ」「その先には男女共同参画の先進的な地域ではこういうこと、こういう事例になってます、っていうのを聞いて、あ、これはよくないな」と思うようになったと語っている。[12]

男女共同参画に関する行政の取り組みに接することで違和感を持つようになったと語る対象者がいる一方で、逆に男女共同参画について一定の理解を示すようになった対象者もいた。Kさん（女性、五〇代）は、A会の活動拠点である松山市から離れた地域に住んでいる。Kさんの住む地域でも男女共同参画に関する施策が取り組まれはじめた時、Kさんは市役所に話を聞きに行ったという知人から、その市の男女共同参画施策について聞いた時の感想を「常識的なこと」だったと肯定的に捉えている。その「常識的なこと」についてKさんは以下のように語った。

この辺（＝Kさんの居住地）はそうでもないと思う。やっぱり夫婦共稼ぎで、旦那さんは奥さんを助けてあげる、そういう風な感じで話してるし、それももちろんよね。子育てすんのもみんな協働でせんかったら、お母さんだけじゃ絶対無理だもんねぇ。そんな話も来たりしてね、あぁいいや間違ってないなと思って聞いたんだけど。

Kさんは夫婦で自営業をしており、働きながら子育てをしている知り合いも多い。そのため、自身の経験もふまえて子育ては「お母さんだけじゃ絶対無理」であるという考えを持っている。このように、行政の男女共同参画施策を何らかのかたちで見聞きしたとしても、自治体による施策の進め方や地域性、その人のこれまでの生き方・暮らし方によって異なる捉え方をした人もいた。しかしKさんは、男女共同参画に関する取り組みのなかでも、「お雛さんはいかん、兜、五月人形はいかんゆうのは聞くけれども、あれは伝統的なもので、絶対、女の子は女の子らしく、男の子は男の子らしくってのはせないかんと思う」とも考えており、「どこからどこまでが男女共同参画のしていくところろって私もようわからん」というように、実際に自分が聞いたことと、メディア上で言われていることとの違いに困惑しているようでもあった。

四－二　性別役割を実践するということ

A会入会以前に男女共同参画を知っていたか否かにかかわらず、調査対象者たちに共通していたのは、男女共同参画は「男女間・夫婦間の対立を煽る」という認識だった。たとえばRさん（女性、六〇代）は、「ジェンダー・フリーに関わっている方は男の人をないがしろにするというか、同権というよりもなんか、抑えるというか、私らにはぴんとこない感じがする」と語っていた。

「男女間や夫婦間の対立を煽る男女共同参画」に対して調査対象者たちが重視していたのは、やはり家族のことであった。調査対象者たちは、自分自身の経験や家族の状況についての具体的なエピソードを交えながら、家族の大切さを語る。なかでも多く聞かれたのが、姑との関係であった。例えばEさんの場合、お姑さんは「一本筋が通ってるというようなところがあってね。あの、とにかくあの、結構厳しい人なんだけれども、自分に対してもすごく厳しい人」だったが、「結構あの、よくしてくれ」たという。Eさんのお姑さんは既に他界しているが、「今でもね、困ったことがあったらね、このお義母さんだったら今どういうふうにしてたかなって、思うときありますよ」とEさんは語っていた。Gさんも、「おばあさんはおばあさんでね、洗濯物竿に干すときにね、南向きにボタンとかズボンも前向きに干さないかんとかね。向こう側にすると。亡くなったときにね、洗濯物干すのも。そういうのも言ってくれましたね」と、姑からかつて教えられた洗濯物の干し方について語っていた。

女性たちがとくに義母とのエピソードを度々口にするのは、純粋に義母との仲が良好だったからだとは限らないだろう。地方に住み、五〇代以上の人が大半である調査対象者は、夫方の両親と同居している／していた人も多かった(13)。嫁ぎ先で家事・育児・介護を担ってきたこれらの女性たちにとって、義母との関係はおそらく一番難しく、それゆえに義母との交流についての思い出が印象に残りやすいのではないかと考えられる。義母に対する不満を直接的に口に出すことはないものの、

「厳しい人だった」という言葉や、「南向きに干す」という洗濯物の干し方に関する細かな指導のエピソードからは、義母との関係の複雑さがにじみ出ている。

家庭内の人間関係を良好なものに維持するうえで必要なこととして、「夫を立てる」ということを強調する人も少なくはなかった。先ほど姑との関係について語っていたGさんも同様で、「やっぱり基本は家庭にあって、男性というか父親だと思います」とし、「家庭の中ではやっぱりお父さんが主であって、父親を家族が尊重することによって秩序が保たれる」と考えている。自営業で家業に従事しているKさんは、「おんなじように仕事してるけれども絶対おんなじようにはいかん。やっぱり主人は上。で、子どももそのとおりに見てますので、男性は男性の仕事、女性は女性の仕事があ」ると語る。ただしKさんは「夫を立てる」ことはしなければいけないが、家庭では「女の人の方が強い。そんなところのほうがね、いっつも円満にいく。子供の前ではね、お父さんが強い、立てたりするんだけれども、でも（子供も）大きくなったらわかりますよ」とも語っていた。

調査対象者の女性たちは、これまで家庭内の家事・育児・介護をにない、「夫を立てる」という性別役割を実践してきた。しかし、女性会員たちが家庭内の人間関係を円満にするための「指針」と考えている性別役割は、必ずしも美談としてのみ語られていたわけではない。対象者の中には性別役割を行うことが重要だと考えるに至った経緯を、家庭の状況や自身の悩みや迷いなども含めて語った人もいた。例えば、先述のDさんは家庭訪問相談員をする前は自身も夫婦関係に悩みを抱えていたという。「向こう意気の強い女」で「もうほんと、男の人みたいにばりばり働い」ていたというDさんは、自分が「ばりばり働いたから主人は働かなくなった」のだと考えている。Dさんはその後、現在の所属団体で信仰を深めていくなかで「主人を立てていかなきゃいかん」と考えるようになったと語る。
Ｊさんの語りもまた同様である。Ｊさんは夫方の家に嫁いでくる際、実母から言われた言葉を次のように述べた。

その家へ嫁いでいくのは、その家のお父さんは鴨居、柱であって、入っていくのはあんただから、（あんたは）例えれば障子、障子というか唐紙、戸なんやと。だからそれ（柱）に合わすようにしないと、柱や鴨居を削ったのでは家は壊れてしまう。障子は、いけないところを削ってはめるんですよね。高さとか。だから削るのは嫁さん、あんた（のこと）じゃから、どんなことがあっても我慢、辛抱してね。

Ｊさんはとくに義両親との関係に苦労したようで、「あぁじゃこうじゃとあんまり口では言えないけどね、心のなかでは葛藤し」たことが多かったという。Ｊさんはモラロジー研究所の勉強会に参加するなかで「家庭の不和になるから、なるべく親には逆らったらいかんということを聞いてね、せないかんと思ってね。まぁ、いろいろそういうて自分に言い聞かせ言い聞かせながらもね、頑張ってきましたけどね」と語った。
このように調査対象者の女性たちは、家庭内の調和を維持し人間関係を良好に保つために、ときに苦労しながらも母親・妻・嫁として性別役割に沿った生き方をしてきた。彼女たちの語りでは、性別役割とは人びとがそれに従うべき規範であるだけではなく、自分が母親・妻・嫁として生きていくための行動指針でもあるものとして示されている。

五　「家族」言説が果たしている役割

五－一　A会にみる草の根レベルの男女共同参画反対運動

ここまで見てきたように、A会には多くの既存団体から様々な人びとが参加している。調査対象者の大半はA会入会以前に既に何らかの団体に属しており、A会結成のきっかけになった松山市条例一部改正問題のときには、「日本会議」や「新生佛教教団」などの全国規模の組織化された保守系団体が迅速に動いていたことも、調査対象者の語りからは推測される。草の根レベルの保守運動を対象にした小熊・上野（2003）の研究では、「つくる会」の神奈川県支部「史の会」には他団体との関係性はとくに言及されていなかったが、A会の場合は多くの団体が周辺に存在していることがわかる。男女共同参画反対運動を担った中心的団体として指摘されてきた「つくる会」と「日本会議」の二団体とA会との間にはどのような関連性があると言えるだろうか。

まず、「つくる会」は運動経験の蓄積という意味でA会に影響を与えていることが指摘できる。会長Yさん、Bさん、Eさんのリーダー層・活動層は「つくる会」にもともと参加していた。また、A会立ち上げについて「ちょうど歴史教科書問題や歴史認識をめぐる議論に目を奪われていた私たちにとって」男女共同参画社会基本法・男女共同参画条例の制定は「まさに『青天の霹靂』」だったと会報では回顧されており（『なでしこ通信』第一三号、二〇〇六年）、A会の立ち上げメンバーが当時は歴史教科書問題に関心を持ち、運動に関わっていたことが推測される。愛媛県では「つくる会」の活動が先行しており、二〇〇二年には当時開校予定だった県立中高一貫校で「つくる会」の歴史教科書が採択されている[14]。A会は結成直後から行政職員や市議会議員への働きかけを行い、保守系知識人を招いた大規模な講演会を実施できており、それは「つくる会」での運動経験が活かされたためではないかと考えられる。

次に、「日本会議」は調査対象者のうち複数人が所属している組織であった。「日本会議」の活動を通してA会の存在を知り入会に至った人や、A会の結成以前に「日本会議」で顔見知りとなっていた人たちもいた[15]。その意味で「日本会議」は、歴史問題や教育問題、家族、ジェンダーといった様々な問題関心を持つ人たちが、信仰の有無や教義の違いを超えて知り合う場となっていることが推測される。

これらの二団体に加えて、A会の事例からは宗教団体の存在も大きいことがわかる。A会には生長の家・神社本庁・新生佛教教団・モラロジー研究所などの宗教系団体からの参加者も少なくはない。これらの団体はA会の活動地域に根づき、広い地域に展開して多数の信者を擁しており、A会はこれらの団体に働きかけることによって会員を獲得してきたといえる。宗教系団体でのリクルートは一度に多数の人びとを動員できるというメリットがある一方で、活動拠点から離れた地域に居住する人も多いためA会の活動に参加することが困難なケースがあることや、活動を積極的に担っていく人材を確保できる可能性が低い[16]というデメリットがあることも、本調査からは浮かび上がった。

五-二 「家族」でつながる保守運動

A会はこのように、「つくる会」と日本会議、そして多数の宗教団体から会員を動員している。A会の活動は会員同士が交流する機会があまりないにもかかわらず、A会には一義的な問題関心が他にある人びとや、教義や信条の異なる人びとが集っている。このように、多くの人びと、とくに女性が、A会の活動や男女共同参画についてさほど知識を有していなくても、感覚としてA会を「支持できる」と判断したのはやはり家族についての考え方であったといえよう。異なる信仰を持つ人や、宗教団体には属さない人、社会運動や政治運動にもこれまでさほどかかわりのなかった人など、多くの人びとを結びつけているのが「家族」であることがうかがわれる。

しかし、A会が結成から七年にわたって活動を継続し、その間にこれらの人びとを動員することができたのは、単に「家族」を主題としてきたからという理由だけでなく、「家族」を主題化するその方法にも特色があったためだと考えられる。本章の第二節でみたように、A会は「家族の価値」を訴えていくにあたって、「幸せ」という言葉に象徴されるように個人の生活意識に寄り添うようにして「家族」の価値や意義を主張していた。

そうした「家族」の主題化が会員たちの意識とマッチしていたことは、A会の女性会員たちによる家族の語りからもうかがわれる。彼女たちの多くが「男女共同参画のことはよく知らないんだけど」と前置きをしながらも一番よく語っていたのは、地域社会で女性として生活してきた経験にもとづいた「家族」の語りであった。彼女たちは家庭内の調和を維持するために、苦悩しながら母・妻・嫁として暮らしてきた。彼女たちは性別役割を実践してきたわけだが、それは規範としてだけではなく「家族円満」を実現するための指針としても捉えられていた。

A会に集う女性たちにとって、A会に参加するということは「別にあの、反対する理由もないしね」というGさんの発言が最も感覚的に近いのではないだろうか。自分が長年、ケアを担うことで作り上げてきた家族は「大切なもの」であり、その「家族」が意義あるものだと説くA会の主張にはとくに「反対する理由」がないのである。多くの人は、自分が生まれ育った「家族」や、自分が親として作った「家族」など、何らかの「家族」の経験を有している。そうした「家族」の経験に訴えかけることで、A会は思想や信条の異なる人びとから支持を獲得してきたのである。

（1）内閣府男女共同参画局によれば、二〇一八年時点で、都道府県では千葉県を除く四六県で、市区町村では六四五（総数に占める割合は三七・一％）の自治体で男女共同参画に関する条例が制定されている。県ごとの市区町村の制定率を見ると、石川県（一〇〇％）・鳥取県（一〇〇％）・大分県（一〇〇％）といったすべての市区町村で条例が制定された県がある一方で、和歌山県（六・七％）・青森県（五・〇％）・山形県（八・六％）・群馬県（八・六％）・千葉県（一三・〇％）・神奈川県（一五・二％）などの制定率の低い県もあり、県によって条例制定率にかなりの格差がみられる（内閣府男女共同参画局「地方公共団体における男女共同参画社会の形成又は女性に関する施策の推進状況（平成三〇年度）」）。

（2）しかし、県レベルでの男女共同参画への取り組みは比較的早くから行われており、二〇〇一年には愛媛県男女共同参画計画「パートナーシップえひめ」が策定され、二〇〇二年三月には愛媛県男女共同参画条例が策定されている。条例内容およびその策定過程については笹沼（2004）に詳しい。

（3）松山市議会での条例案継続審議は「記録が残っている一九四七年以降初めて」のことであり（『愛媛新聞』二〇〇三年一〇月三日朝刊）、参考人招致も一九九一年に制度設置されて以降初のことであったという（『愛媛新聞』二〇〇三年一〇月二一日朝刊）。当時の松山市で条例改正問題がいかに紛糾していたかがうかがわれる。

（4）この請願に対してジェンダー法学会は「男女共同参画社会の発展を阻害する一部地方自治体の動向に憂慮する声明」を発表している（二〇〇八年二月七日）。

（5）A会で行った調査に関してはSuzuki（2019）も参照されたい。

（6）調査実施にあたっては、まず会長Yさんと電話およびメールでやり取りをし、インタビュー協力者に対しては調査の趣旨とデータの取り扱い等について書面にて説明を行った。インタビューの録音に関しても個々の調査協力者に事前に許可を取ったが、許可されなかった協力者についてはその場で発言をノートに書き留めるなどした。

（7）年齢・性別・職業等の基本属性に関しては、インタビュー終了後に質問紙に記入してもらうことでデータを得た。

（8）一九八二年に文科省の教科書検定によって、歴史教科書の「侵略」という表記が認められなかったという報道に端を発し、中国・韓国からの抗議を受けて外交問題に発展した（波多野 2011）。

（9）こうした傾向は会長Yさんも把握しているようで、Yさんにそのことについて訪ねたところ「毎年一〇〇〇円でも払い続けてくれるのはすごいことだと思う」とし、積極的支持層は活動参加度合いは低くとも会の財政維持に寄与していることに理解を示していた。

（10）上野千鶴子は男女共同参画社会基本法の成立直後の女性運動の様子について、「「こんな法律、いつだれが言い出したの?」「何の効果があるの?」というのが、各地の女性の集まりで耳にする疑問」であると述べている（上野 2011a：236)。

（11） 一九九四年以降に男女共修科目となった家庭科科目の取り組み及びバックラッシュが与えた影響については堀内編（2006）を、性教育バッシングについては浅井・北村・橋本・村瀬（2003）を参照。

（12）「その先」にある事柄としてHさんがあげたのは、林間学校での「男女同室宿泊」や「性教育の授業」であった。

（13） 国立社会保障・人口問題研究所が二〇一四年に実施した第七回世帯動態調査によれば、二〇歳以上の有配偶者のうち配偶者の親と同居している割合は男性が三・五％に対し女性は一〇・一％である。配偶者の親との同居割合は二〇〇四年・二〇〇九年の同調査に比べて減少してはいるが、いずれの調査年でも女性の方が配偶者の親との同居割合が高いことは共通している。

（14） 愛媛県で「つくる会」の歴史教科書が採択された経緯については大内（2003）を参照。

（15） Eさんの場合、A会の活動で新たに知り合った人はほとんどおらず、むしろA会以前からの知り合いの方が多いとも語っていた。

（16） キリストの幕屋の信者であるMさん・Nさんの場合、一番大事なことは信仰の道を歩むことであり、信仰に支障がない範囲でA会の活動に協力しているとのことであった。

第三部　保守運動と女性の生／性

第三部では、「母」や「妻」ではなく「女性」という立場を強調する女性たちの保守運動として、「行動する保守」の女性グループを取り上げる。女性運動の中ではこれまで、「母親」と「女性」のいずれのスタンスを取るかということは運動の大きな分岐点になると考えられてきた。日本の第二波フェミニズム運動であるウーマン・リブは、「母」や「妻」といった立場で「婦人」問題に取り組んできた旧来の婦人運動とは異なり、運動主体としての「女」にこだわり、「女」であることそのものを問い直した運動であった（金井 1990）。「母親」という立場を女性が強調することは、家事・育児・介護といったケア労働は女性の「自然な」営みであるという本質主義を強化してしまうのではないかという危惧が抱かれたためだ。加えて、そもそもリブが「女」という立場性を積極的に打ち出していったのは、女性を「母」か「娼婦」かに分類する性の二重基準を乗り越えるための試みでもあった(1)。

第二章でみたように、米国の保守主義には「社会的保守主義」と「自由放任保守主義」の二つの潮流があり、前者に分類される女性は「母」として「家族の価値」を説き、後者の女性は「母」ではなく「女性」という立場で活動しているという。米国の場合、「自由放任保守主義」が発展した要因のひとつとして、女性の社会参加が進み、政治・経済分野でキャリアを積む女性が多いことがあげられる(2)。日本における女性の社会参画の現状を鑑みれば、運動団体を組織できるだけの人数を伴った米国のような「自由放任保守主義」の女性を日本で見出すのは難しいだろう。しかし、日本の事例を考えるにあたって、女性を取り巻く社会環境の違いの他にも、保守運動の女性参加者をまなざす側の認識を再考してみる必要はあると考える。

在特会をはじめとする「行動する保守」の女性参加者を、「母親」の運動として取り上げる論稿は少なくない。「韓流ドラマばかり流している」としてフジテレビに対して行われたデモを取材した安田浩一は、参加者は「圧倒的に」女性が多く、「特に子どもを連れた主婦らが、ベビーカーを押しながらフジテレビにシュプレヒコールを浴びせ」る様子は「彼女らが持ってる日の丸をしゃもじに代えたら、そのまま主婦連のデモ」のようだと喩えている（木村・園・安田 2013：73）。また、雑誌『ＡＥＲＡ』で二〇一二年一二月に組まれた特集「ニッポンが傾く」では、「将来への不安と母性から「国を守れ」　右傾化する女子の〝正義〟」という記事が金城珠代によって書かれており（金城 2012）。タイトルには「母性」という言葉が使われている。

家族と女性参加者を結びつけるこれらの言論は、「行動する保守」の女性たちが有するアイデンティティを適切に捉えきれていないのではないだろうか。二〇一〇年代に入ってから、「行動する保守」に属する女性たちは次々と書籍を出版している。そして、それらの書籍では「母親」ではなく「愛国女子」（佐波 2013）、「国防女子」（川添ほか 2014）あるいは率直に「女性」という言葉を使って（山本 2014）自身の立ち位置が示されている。[3]

昨今では、「行動する保守」の女性団体を「主婦」や「母親」ではなく「女性」という観点から取り上げるフェミニストもいる。「愛国女性のつどい花時計」（以下、「花時計」）が二〇一三年五月に行った街宣を取材した北原みのりは、自身の感想を交えながら街宣の様子を次のように描写している。

ケータイにデコられた旭日旗や、紙の花飾りのついたプラカードなど、彼女たちが持参しているものは、「花時計」というグループ名が印刷された旗以外は、全て手作りだった。お金をかけないように、それぞれ持ち出しで作っているのが分かる。それはとても感じよく、熱意に溢れる女たちの手作りの運動だった（北原・朴 2014：58）。

北原は「花時計」の街宣を見て、「嫌悪感というよりは奇妙な親近感と困惑」を覚え、「これは、〝私が知っている運動〟ではないか」という思いがわきあがってきたという（北原・朴 2014：59）。自身が関わってきたフェミニズムなどの「女たちの市民運動」との類似性を、北原は「行動する保守」の女性団体に見出している。

「花時計」をはじめとして、「行動する保守」に連なる女性団体は実際に複数存在している。「女性であることを打ち出した団体」としては「日本女性の会 そよ風」や「なでしこアクション」などがあり（山口 2019：184）、「日本侵略を許さない国民の会」、「現代撫子倶楽部」、「従軍慰安婦の嘘を許さない女性の会」、「立て直そう日本女性塾」、「凜風やまと・獅子の会」、「戦う女性がけっぷち隊」など、一部の会では広く会員募集は行わずに少数の女性活動家だけで行動するなど、規模の大小はあるが女性もまた「行動する保守」の運動に参入している。

「行動する保守」の諸団体は、在日外国人への蔑視や韓国・中国・北朝鮮といった東アジア諸国への差別感情・敵対心をむき出しにしているが、女性中心に構成された団体の場合は「慰安婦」問題に特化する傾向があることが指摘されている（山口 2013）。実際に、雑誌『Ｗｉ ＬＬ』の二〇一三年九月号には、「花時計」と「なでしこアクション」の女性会員たちの「大座談会」と銘打った記事が掲載されており、この記事の中でも彼女たちは「慰安婦」問題について言及している。

このように、「行動する保守」の女性団体を考察する際には「慰安婦」問題を抜きに論じることは難しいと思われる。そこで、次章に進む前に、日本軍「慰安婦」制度について簡潔に述べておくことにしたい。アジア太平洋戦争時、日本軍の侵略先では兵士の性的「慰安」を目的に数多くの「慰安所」が作られ、日本の統治下にあった朝鮮半島と台湾、沖縄[4]、侵略先の中国をはじめとするアジア諸国、そして日本本土の多くの女性が「慰安婦」にされた／「慰安婦」となった。女性たちが「慰安婦」にされた／「慰安婦」となった過程は多岐にわたっており、公娼として従事していたが転売や甘言などの詐欺によって「慰安婦」となった者もいれば、日本軍によって誘拐・監禁され性暴力を継続的に振るわれた者もいる[5]。

しかし、アジア太平洋戦争時の日本軍「慰安所」制度が国際的に大きくクローズアップされるようになったのは、一九九〇年代になってからのことであった。その直接の契機となったのは一九九一年に韓国人女性である金学順さんが日本軍「慰安婦」であったことをカムアウトしたことであった。金学順さんのカムアウトが実現した背景には、戦時性暴力が戦争犯罪として国際的に認知されるようになり、また、女性に対する暴力を廃止するための運動が「女性の人権」という枠組みのもとで展開されるようになったことがある。金学順さんのカムアウトによって、日本政府は一九九三年にアジア太平洋戦争時の「慰安婦」制度に軍が関与していたことを認めた河野談話（正式名称は「慰安婦関係調査結果発表に関する河野内閣官房長官談話」[6]）を発表し、一九九五年には半官半民の「女性のためのアジア平和国民基金」が創設されるなど、「慰安婦」問題解決に向けた取り組みがこの時期に行われるようになった。
他方で、政府レベルで「慰安婦」問題に活発な動きが見られた一九九〇年代という時期は第一章でみたように「新しい歴史教科書をつくる会」に代表される歴史修正主義が台頭した時期でもある。同会や保守系メディアを中心に、「慰安婦は存在しなかった」という「慰安婦」バッシングがこの時期には既に噴き出している。鈴木裕子は「つくる会」の立ち上げ人でもある藤岡信勝氏の言説を例に、「慰安婦」バッシングでみられた主張を四つに分類している。第一に、「慰安婦」は商行為であったとする「慰安婦公娼」論、第二に、軍の関与は「慰安所」設置に便宜を図っただけであり経営主体は民間業者であったとする論、第三に、「強制連行」が証明されない限り「慰安婦」がいたとは言えないとする論、そして第四に、戦争に性暴力はつきものであるとする性暴力容認論である（鈴木 1997：42）。
このように、日本軍「慰安婦」の存在やその被害を否定する言論は「行動する保守」以前から存在していたものであり、また、女性団体ではなくともそもそも「行動する保守」団体もまた「慰安婦」バッシングを行ってきた（山口 2016）。二〇一一年一月に奈良県の水平社博物館で開催された特別展示「コリアと日本――「日韓併合」から一〇〇年」に対して在特会が行った街宣のなかでは、「慰安婦イコール性奴隷と言ってるんですよ、こいつらはバカタレ。文句があったら出てこい、穢多ども」という言葉が発せられており（安田 2015：135）、九〇年代から保守論壇を中心に生産されてきた「慰安婦」バッシング言説を「行動する保守」の運動団体も利用していることがわかる。[7]
しかし、「行動する保守」の女性参加者たちに着目すると、これらの女性たちが「慰安婦」問題に重点を置く理由は男性中心団体とは異なると考えられるのではないだろうか。なぜならば、「慰安婦」問題に言及する際には直接的であれ間接的であれ、女性のセクシュアリティについても言及せざるを得ないためである。セクシュアリティという発言しにくいトピックが関係してくるにもかかわらず、なぜ彼女たちは「慰安婦」問題に焦点を当てるのだろうか。そして、女性が「慰安婦」という存在を非難することには、どのような力学が働いているのだろうか。第三部の二つの章では、「行動する保守」の女性団体にみられる「慰安婦」言説に着目する。第二部でみたような「家族」以外のジェンダーに深く関わるトピックである「慰安婦」に保守運動の女性参加者がなぜ焦点を当てるのか、そして、彼女たちが「慰安婦」をバッシングすることの意味を考えてみたい。

(1) この点を真正面から論じたものとして、田中美津の「便所からの解放」という論稿がある(田中 2001)。ウーマン・リブ運動の中で培われた様々な思想は、今日においてもなお色褪せていない。

(2) 日本における女性の地位の低さは各種統計からも示されている。世界経済フォーラムが毎年発表しているジェンダー・ギャップ指数(経済・教育・健康・政治の四分野から作成)によれば、二〇一八年の日本の総合スコアは〇・六六二(一四九カ国中一一〇位)であり、分野別でとくにスコアが低いのは経済(〇・五八〇)および政治(〇・〇七八)であった。内閣府『男女共同参画白書 令和元年版』によれば、国会議員の女性割合は衆議院一〇・二%、参議院二〇・七%(二〇一九年一月時点)、地方議員では都道府県議会レベルで一〇・〇%で未だに三割以上の町村議会には女性議員がいない(二〇一八年一二月時点)。就業分野においても、非正規雇用者の割合は女性五六・一%、男性二二・二%となっている(二〇一八年時)。

(3) もっとも、第六章でも触れるが「母親」という立場から「行動する保守」の活動に携わる女性がいないわけではない。北原みのりは「花時計」が推薦している「日本を学ぶ」幼児教室の取材を行っている（北原・朴 2014）。明治神宮で行われるこの教室は、親子で教育勅語や古事記を学ぶ活動をしているという。また、「行動する保守」の女性団体で筆者が行ったフィールドワークでも、大学進学を控えた子どものために教育問題に関心に取り組んでいる女性と出会ったことがある。

（4）本書では「慰安婦」問題について植民地主義という観点から十分に論じきれてはいないが、玉城（2016）は、沖縄に設置された「慰安所」から今日の在沖米軍による性暴力までを含んだ沖縄における性暴力をポストコロニアル・フェミニズムの観点から論じており、性差別だけでなく植民地主義もまた看過すべきでないことを提起している。

（5）今日でこそ「慰安婦」問題＝日韓問題という認識が一般的に持たれているが、本来は女性たちが「慰安婦」となった経緯は非常に多岐に渡っているためすべてを一括に論じることは非常に難しい。とくに、日本軍や官憲によって強制的に連行されたという〝慰安婦〟イメージが浸透することによって、今度は公娼出身だった者が多かったとされる日本人「慰安婦」が不可視化されていくことに警鐘を鳴らす研究者も少なくはない。例えば藤目（2015）、木下（2017）などを参照。

（6）「女性のためのアジア平和国民基金」は二〇〇七年三月に活動を終えており、現在では事業内容をまとめたデジタルミュージアム「慰安婦問題とアジア女性基金」（http://www.awf.or.jp/）が残されているのみである。

（7）一九九〇年代当初は保守派の「慰安婦」否定言説は主に日本国内に向けられたものであったが、近年では国外への発信も精力的に行われている。詳細は山口・能川・モーリス－スズキ・小山（2016）を参照。

第六章　焦点化される「慰安婦」問題
――「行動する保守」活動動画の内容分析

一　「行動する保守」の女性たち

本章からは、二〇〇〇年代後半に登場した「行動する保守」と呼ばれる運動グループのうち女性中心に構成されている団体を取り上げる。二〇一三年、無料動画投稿サイトに投稿されたある一本の動画が広く物議を醸した。その動画には、西日本最大の在日コリアン集住地区に近い大阪鶴橋駅付近で、マイクを持ちながら以下のように演説する女子中学生が映されていた。

鶴橋に住んでいる在日クソチョンコのみなさん、そして今ここにいる日本人のみなさん、こんにちは（こんにちは！：聴衆、以下同じ）。ほんま、みなさんが憎くて憎くてたまらないです（そうだ！）。もう、殺してあげたい！いつまでも調子に乗っとったら、南京大虐殺じゃなくて、鶴橋大虐殺を実行しますよ！（そうだ！）日本人の怒りが爆発したらそれぐらいしますよ！（そうだ！）

ここは日本です（そうだ！）。朝鮮半島じゃありません！（そうだ！）いいかげん帰れー！（帰れー！）(1)

「鶴橋大虐殺を実行する」という物々しい言葉をまだ幼さの残る声で叫ぶこの中学生の周りには、街宣の主催団体と思われる人々だけでなく街宣を監視する警察官など多くの大人がいる。しかし、彼ら／彼女たちは誰ひとりとして彼女を制止する素振りを見せない。それどころか、街宣の参加者たちは手を叩いて彼女を煽り、時に笑い声をあげながら彼女の演説を「楽しんで」いる様子が映されている。

この街宣を主催したのは、「在日特権を許さない市民の会」（以下、在特会と略記）である。第一章でみたように、在特会をはじめ、街宣やデモ行進などの直接行動を好む保守団体は「行動する保守」と呼ばれている。「行動する保守」では様々な仮想敵が設定され、それに対する憎悪が活動において口にされている。その仮想敵とは、大きくわけて三つ存在する。第一に、在日コリアンである。戦前の日本の植民地支配に起因する日本への移住とその後の在留外国人政策という歴史的背景を鑑みず、在特会をはじめ「行動する保守」諸団体は在日コリアンへの制度的・社会的待遇を「特権」であるとし、ニューカマーの在留外国人と同等のレベルにまでとくに制度的待遇を引き下げるべきであると主張してきた。

第二に、南北朝鮮・中国という東北アジア諸国である。日本はこれら三カ国との間に様々な問題を抱えている。韓国に対しては竹島領有権をめぐる領土問題を、北朝鮮に対しては日本人拉致問題・核問題・ミサイル問題を、中国に対しては尖閣諸島領有権をめぐる領土問題が昨今世論の注目を大きく集めている。さらに、これら三カ国に対して日本は過去の侵略戦争や植民地支配の記憶継承・被害保障に関する責任を十分に果たしておらず、歴史教科書検定や首相の靖国神社参拝時にはこれまで外交問題にまで発展してきた。「行動する保守」の諸団体は、「日本の国益を守る」としてこれら三カ国に対して強硬な姿勢を取っている。

そして第三に、日本の「左翼」である。日本の場合、「左翼」と括られる運動団体や人々は、自由・平等・人権を守るよう基本的には政府に批判的なスタンスを取っている。また、国内で生じている諸問題を解決するために、ときには海外のNGOやNPOと協力することもある。「行動する保守」はこのような「左翼」を日本に敵対する「反日」として批判し、「左翼」とされる団体の活動に対して抗議行動をすることもある。(2)

在特会をはじめとする「行動する保守」系団体は、二〇〇九年頃から活動を先鋭化させていき（前田 2013）、次第に社会一般にその存在が問題視されていくようになった。その契機となったのは二〇〇九年二月に生じた「カルデロン事件」であろう。これは、在留期限の過ぎたカルデロン家の両親を日本政府が子どもから引き離して強制退去させようとした問題に対して、政府の対応を支持する人びとが、子どもが通う中学校の周辺でデモを行ったという事件である。このデモによって在特会の存在を知ったという者も多いと言われている（樋口 2014）。同年八月には、東京都三鷹市で開かれた従軍「慰安婦」問題のパネル展の開場前に押しかけて抗議の街宣をし、一一月には東京小平市の朝鮮大学学園祭で妨害行為をしている。そして、同年一二月四日には京都朝鮮学校襲撃事件が起こる。「チーム関西」と呼ばれる在特会に連なるグループが、京都朝鮮第一初級学校前に押しかけ、同行が地域の公園を「不法占拠している」として、児童らがいる中で、校門前で街宣を行ったのである。(3)

一連の事件を起こした後も在特会やその関連団体は、デモや街宣などの活動で、とくに在日コリアンに対する悪意ある過激な言葉を発し続けてきた。「朝鮮人は朝鮮半島に帰れ」「在日朝鮮人を東京湾に叩きこめ」といった彼らの言葉は、ヘイト・スピーチとして知られるようになり、二〇一三年には「ヘイト・スピーチ」が新語・流行語大賞にノミネートされるほどに日本社会でもこの概念が一般的に認知されるようになった。ヘイト・スピーチとは、「人種、民族、性などのマイノリティに対する差別に基づく攻撃」であるヘイト・クライムの一部を成す（師岡 2013：ii）。(4)在特会の結成と活動展開を機に、東京・名古屋・京都・大阪・福岡・北海道などの大都市圏を中心として日本では毎週のようにヘイト・スピーチが繰り広げられるようになった。

しかしその後、こうした事態を危惧した市民らによって、在特会を始めとする「行動する保守」が街宣を行う際には抗議活動が全国で展開されるようになった。「カウンター」と呼ばれる人々によって、(5)とくに在特会は街頭演説が出来ない、あるいは実施しても街宣として成立しないという状況が続いた。二〇一四年に在特会初代会長であった桜井誠が退き、新たに政治団体「日本第一党」を結成してからは在特会の求心力はさらに低下していった。二〇一六年には「ヘイトスピーチ解消法」が国会で制定されたこともあって、在特会の活動は目立たなくなっているものの、在特会以外の「行動する保守」に連なるグループの中には、今日でも精力的に活動を継続しているものもある。

在特会をはじめとする「行動する保守」の参加者の大半は男性だが、多くの女性もまた「行動する保守」の運動に参加している。とくに二〇〇九年以降は女性中心のグループが数多く結成されるようになり、全国に会員がいる「日本女性の会 そよ風」や「愛国女性のつどい花時計」といった大きな団体から、「日本侵略を許さない国民の会」や「現代撫子倶楽部」、「慰安婦」問題のパネル展を全国各地で開催している「凜風やまと・獅子の会」といった小規模グループまで複数の女性団体が存在している。「行動する保守」では「様々な世代の女性たちがリーダーとして、あるいは運営の裏方として活躍して」おり「女性が目立つ役割を果たしていた」ことが指摘されている（山口 2013：88）。

冒頭であげた鶴橋でのヘイト・スピーチが女子中学生によって行われたように、在特会を含め「行動する保守」に参加する女性たちもまた、在日コリアンに対して辛辣な差別的発言を街頭で展開している。安田（2012）のルポルタージュには、ヘイト・スピーチをする在特会女性会員の様子が以下のように描写されている。

そうだあ、そうだあ、とひときわカン高い声で合いの手を入れていたのは、ひざ上丈のスカートに、薄手のカーディガンを羽織った若い女性だった。仕事帰りにそのまま駆けつけたＯＬといった感じの地味な佇まいは、顔立ちが整っているだけに、街宣参加者のなかでもひときわ異彩を放っている。その彼女もまた、マイクを握ると憎悪に満ち満ちた言葉を繰り返した。

「在日朝鮮人は強制連行だなんだと、いまだにわけのわからないことを言ってます。謝罪だ、賠償だと騒いでいる！　日本人は在日にバカにされているんです！　そんなに日本が嫌いならば、在日は祖国に帰ってください！　ウソまでついて、そんなにお金が欲しいのですか、在日は！」

（安田　2012：5）

女性もヘイト・スピーチをする。しかし、女性が公の場でヘイト・スピーチをすることには、ある種のジレンマがつきまとうのではないだろうか。言語学者の中村桃子は、「女ことば」をイデオロギーと捉えることで、女性の話し方や言葉づかいが常に社会的争点とされてきたことを明らかにしている。中村は、「女ことば」とは女性が実際に話している言葉や話し方ではなく、女性が「話すべき」であるとされる規範として捉える。江戸時代から敗戦後占領期までの、教科書や作法書にみられる「女ことば」の分析を通して中村は、「女ことば」は「つねに政治的な役割を担わされてきたイデオロギー」であり（中村　2007：315）、とくに戦後は「「女ことば」が生得的な「女らしさ」に結び付けられ」るようになったと指摘する（中村　2007：314）。

この指摘を踏まえると、街頭という公の場で声を荒げて他者を攻撃するという「行動する保守」の女性たちの活動は、「女らしさ」からの逸脱であると考えられる。「保守」の運動における女性たちのこのようなふるまいは、本来であれば保守運動において受容されうるものではないと考えられるが、そこにはどのような作用が働いているのだろうか。本章では、とくに「女性」であることを積極的に掲げている「行動する保守」の女性団体の活動を取り上げ、動画の内容分析という手法を用いて、女性中心に構成された「行動する保守」の団体の特徴と、男性中心団体との違いについて考察していく。

二　分析方法

二－一　「行動する保守」とインターネット

以下では、インターネット上にアップロードされている活動動画の内容分析を行うことで、「行動する保守」の女性団体の特徴を明らかにしたい。「行動する保守」の女性団体について考察するために活動動画の内容分析という方法を選んだ理由は二点ある。第一に、「行動する保守」に参加する女性たちの主張を明らかにする必要があるものの、「行動する保守」に連なる諸団体は紙媒体のメディアを有していないこと。第二に、紙媒体のメディアを持たない代わりに「行動する保守」の諸団体は、活動を随時動画撮影して動画投稿サイトにアップロードしており、そうした動画は運動の新規メンバーを動員するための重要なルートになっていること、である。この理由についてもう少し詳しく述べたい。

社会運動では、ニュースレターやミニコミなどの紙媒体のメディアを運動団体自身が刊行することには重要な意味がある。紙媒体のメディアを定期的に作ることによって、自分たちの主張や見解を運動団体の外部にいる人々や、支持者になってくれそうな人々に伝えたり、団体内で意識や情報を共有したりすることができる。また、そのメディアに運動メンバーが体験談などの文章を書くことは、自身を内省し、辛さや悲しさなどの自分の経験がいかに社会と繋がりうるものなのかに気づく糸口にもなる。こうした理由から、これまで多くの運動団体やグループが紙媒体のメディアを作ってきた[6]。

他方で、「行動する保守」の諸団体は紙媒体でのメディアを持たないことが多い[7]。彼ら／彼女たちが運動外部の人々にアピールし、新規メンバーを獲得する方法はインターネットである。在特会をはじめとした「行動する保守」という新たな保守運動のスタイルが形成された背景には、インターネット空間におけるナショナリズム言説の台頭がある。

インターネット空間では、「2ちゃんねる」（現在は「5ちゃんねる」）などのネット掲示板などで、「愛国心」を訴えたり中国・南北朝鮮への敵対心や軽蔑心を表す書き込みが次第に増加し、「ネット右翼」と呼ばれるようになった[8]。「行動する保守」には、これまではインターネット上での書き込みにとどまっていた層が参入しており、「ネット右翼なる〝資源〟がなければ在特会も存在しなかったであろう」と言われている（安田 2012：44）。

「行動する保守」運動団体は実際に、インターネットを積極的に活用しており、大半の団体がホームページやブログ、ＳＮＳのアカウントを有している。そこには活動予定や活動報告、あるいは時事問題についての見解、他団体の活動情報などが掲載されている。街頭演説やデモ行進を行う場合は、その様子を動画で撮影し、「ニコニコ動画」や「Ustream」などでリアルタイム配信されることもある。そうした動画は後日「YouTube」に投稿され、その動画がさらに個人や団体のブログで紹介されたり、ＳＮＳで拡散される。今日でこそ、「左派的」な市民団体においてもインターネットを駆使することはもはや定番となっているが、この「行動する保守」の諸団体が登場した二〇〇〇年代後半の時点では彼らの方がインターネットの活用に長けており、「活字媒体や対人ネットワークへの依存度が高い左派市民運動とは大きく異なる」と評されていたほどであった（樋口 2014：124）。

こうしたインターネット技術の活用が新規メンバーの動員につながっていることを実証する研究も存在する。「行動する保守」の活動家らへの聞き取り調査を行った樋口（2014）によれば、調査対象者三四名中二五名がインターネットを介して運動参加に至っていたという。自発的に情報を検索して「行動する保守」関連団体にたどりついたという者が一〇名と最多ではあったが、中には歴史問題・外交問題に関するワードで検索してリンクをたどっていったり、「YouTube」を視聴中に表示された関連動画から在特会にたどりついたと回答した者もおり、こうした経路はインターネット文化の特徴を示しているといえよう。

二‐二　データの概要

分析対象とした「行動する保守」の女性団体は、「日本女性の会 そよ風」「愛国女性のつどい花時計」「なでしこアクション」の三団体である。「日本女性の会 そよ風」（以下、「そよ風」）は、二〇〇九年に結成された団体であり、会員数は五七〇名である（二〇一九年七月九日時点）。分析対象とした女性団体の中では最も早くに結成されている。「愛国女性のつどい花時計」（以下、「花時計」）は、二〇一〇年に結成された団体である。会員数は一〇四〇名とされる（二〇一五年八月時点）。「なでしこアクション」は団体というよりはプロジェクトに近い。二〇一一年に「なでしこアクション

2011」として、元「慰安婦」女性の支援団体が主催した集会への抗議活動が行われた。その後、よびかけ人の山本優美子が中心となって「なでしこアクション」という名前で抗議活動などを一時行っていた。

今日ではこの他にも「行動する保守」の女性団体は存在しており、一～二人という少人数で活動しているものから、規約を作り数百人単位の会員を有するものまで多様である。今回はそれらの中から、動画の投稿件数が多く、動員力という点で影響力のある団体として右記の三団体を対象とした。

分析データは「YouTube」にアップロードされていた三団体の動画である。先述したように「行動する保守」の街宣・抗議活動・デモ行進などの直接行動は「YouTube」だけではなく「ニコニコ動画」や「Ustream」でも配信されている（安田 2012）。今回分析対象とした三団体もこれらの動画投稿サイトに活動動画を投稿しているが、分析データを「YouTube」から抽出したのは次の理由による。第一に、「ニコニコ動画」や「Ustream」からデータを抽出する場合、ライブ配信されている動画を抽出することが困難であり、第二に「YouTube」には「ニコニコ動画」「Ustream」で配信された動画も転載されているためである。

動画の抽出方法は以下の手順で行った。まず、二〇一六年一二月の時点で「YouTube」のサイト上の検索窓に「日本女性の会 そよ風」・「愛国女性の会 花時計」・「なでしこアクション」という単語を入力して検索した。次に、検索結果を関連度順表示にし、三団体の街宣・抗議活動・デモ行進等の活動を撮影している動画を上位から順に抽出した。三団体が単独で行った活動の他にも、他団

表6-1　団体別動画件数

	2009	2010	2011	2012	2013	2014	2015	2016	合計
なでしこアクション	0	0	6	7	0	1	0	0	14
そよ風	45	25	2	34	43	27	7	2	185
花時計	0	1	0	67	82	50	56	13	269
	45	26	8	108	125	78	63	15	468

表6-2　活動種類内訳

	街頭宣伝	抗議活動	デモ行進	その他	合計
なでしこアクション	4(28.6%)	6(42.9%)	0	4(28.6%)	14
そよ風	98(62.0%)	33(17.8%)	47(25.4%)	7(3.79%)	185
花時計	246(91.4%)	18 (6.7%)	1 (0.4%)	4 (1.5%)	269
	348(74.4%)	57(12.2%)	48(10.3%)	15 (3.2%)	468

体と共催で実施した活動動画も含めている。ただし、協賛の場合は三団体のメンバーが映っていない場合が多かったため除外することにした。いずれの団体も活動拠点は東京であるが、地方支部がある場合は支部の活動動画も分析データに含めている。また、この抽出方法では講演会の動画もヒットしたが、今回の分析では女性活動家が対外的に何を発言しているかに焦点を当てるため、除外している。

なお、今回の分析では二〇一六年七月までにアップロードされた動画を対象としている。このように期間を区切ったのは、二〇一五年一二月に日韓合意[9]がなされるなど「慰安婦」問題に関する政治的な動きが再び生じるようになり、それに対する各団体の反応がみられるのではないかと考えたためである。

抽出した動画の概要は次の通りである。件数は「なでしこアクション」が一四件、「そよ風」が一八五件、「花時計」が二六九件で、合計すると四六八件であった（**表6-1**）。動画の平均時間は一〇分〇一秒である。動画内

愛国女性のつどい花時計	2010年５月	子ども手当・夫婦別姓反対パレード
	2012年５月	渋谷街宣
	2012年７月	渋谷街宣
	2012年10月	渋谷街宣
	2012年12月	渋谷街宣
	2013年３月	渋谷街宣
	2013年５月	渋谷街宣
	2013年８月	渋谷街宣
	2013年10月	船橋街宣
	2013年11月	渋谷街宣
	2014年１月	船橋街宣
	2014年４月	大宮街宣
	2014年５月	渋谷街宣
	2014年８月	渋谷街宣
	2014年９月	岩波書店抗議活動
	2014年10月	船橋街宣
	2015年１月	新橋街宣
	2015年４月	神保町街宣
	2015年５月	神保町街宣
	2015年７月	国交省・外務省抗議活動
	2015年８月	渋谷街宣
	2015年10月	中野街宣①
	2015年12月	中野街宣②
	2015年12月	新宿街宣
	2016年２月	音楽祭
	2016年３月	池袋街宣
	2016年５月	都庁前街宣
	2016年６月	新宿街宣①
	2016年６月	渋谷街宣
	2016年６月	新宿街宣②
	2016年７月	数寄屋橋応援演説

表6-3　分析した3団体の活動一覧

なでしこアクション	2011年11月	韓国水曜デモ抗議行動
	2012年5月	人権侵害救済機関設置法反対
	2012年9月	自民党本部前行動
日本女性の会 そよ風	2009年8月	渋谷ハチ公前街宣①
	2009年8月	渋谷ハチ公前街宣②
	2009年9月	ナビオ前関西初街宣
	2009年9月	渋谷ハチ公前街宣
	2009年10月	三ノ宮駅前街宣
	2009年11月	福岡天神前街宣
	2010年2月	外国人参政権反対デモ
	2010年3月	外国人参政権・夫婦別姓反対デモ
	2010年5月	渋谷デモ
	2010年8月	銀座デモ
	2010年11月	大阪デモ
	2011年8月	民主党糾弾デモ
	2012年3月	三ノ宮駅前
	2012年5月	従軍慰安婦街頭アンケート
	2012年7月	新宿街宣
	2012年9月	三ノ宮駅前街宣
	2012年9月	日韓国交断絶行進
	2012年11月	札幌パレード
	2013年1月	オスプレイ配備反対デモへの抗議
	2013年4月	群馬の森追悼碑への抗議
	2013年7月	札幌パレード
	2013年8月	慰安婦記念日への抗議
	2013年9月	札幌街宣
	2013年9月	参議院会館前抗議
	2014年3月	三ノ宮駅前街宣
	2014年3月	河野談話撤廃署名活動
	2014年5月	河野洋平国会招致署名活動
	2014年7月	札幌街宣
	2014年7月	安保法制推進街宣
	2015年9月	北海道街宣
	2016年2月	前橋地裁前街宣
	2016年4月	前橋地裁前街宣

に記録されている活動内容は、①街宣、②抗議活動、③デモ行進、④その他の四種類に分類できた。「その他」に含めたものは、他団体からインタビューを受けている様子を撮影したもの、催しの告知、プロモーションビデオ、音楽会などである。活動種類の内訳を三団体合計でみてみると、街宣が最も多く（三四八件）、次いで抗議活動（五七件）、デモ行進（四八件）、その他（一五件）となった（**表6－2**）。街宣動画の件数が格段に多いのは、街宣を行った回数自体が多いということもあるが編集方法や動画投稿サイトへの投稿のされ方にも起因する。「行動する保守」の街宣では、「弁士」と呼ばれる活動家らが一人あたり一〇分程度の演説を行う。一回の街宣で複数の「弁士」が登壇することもあり、撮影者・編集者によっては「弁士」ごとに一本の動画として投稿していることもあった。そのため、一回の街宣で六人の「弁士」が登壇した場合は動画も六本に分割されることになり、街宣動画の件数は増える傾向にあった。分析データとした活動動画が記録していた活動一覧を、**表6－3**に示した。

三団体の動画には活動種類に傾向が見られた。まず、「なでしこアクション」は動画の件数自体は少ないが抗議活動に関する動画が四割を占めている。「そよ風」は街宣動画が最も多いが（六二％）、三団体の中ではデモ行進に関する動画が多く、二五・四％を占めていた。「花時計」は九割近くが街宣活動を撮影したものであった。

これらの動画を分析するにあたって、二つの方針を立てた。第一に、テキスト分析を主とすることである。「行動する保守」の諸団体においてインターネット上の動画は従来の「左派的」市民運動が行ってきた紙媒体メディアの代替物であると位置づけられる。そのため、ＣＭやテレビ番組等を分析する際に一般的に行われる計量分析ではなく、動画内に撮影されている活動家らが話している言葉を逐次文字に起こし、それらを質的に分析することにした。そして第二に、テキスト分析を主とするものの、動画というデータの性質を踏まえて、動画内に撮影者あるいは編集者の意図や主観がどのような形で現れているのかにも着目することにした。「行動する保守」の女性活動家らが、男性活動家からどのようにまなざされ位置づけられているのかを析出することが狙いである。

なお、次節以降の分析ではいくつかの発言を動画から引用している。学術的な目的であれヘイト・スピーチを活字媒体に掲載することは、かえってヘイト・スピーチを拡散することに寄与してしまうのではないかという恐れもある。本章の分析にそうした側面があることは否めないが、しかし、現代の日本社会で、実際に、公共の場で生じている事態に蓋をするのではなく直視するためにも、必要最低限の範囲で引用することにした。

三　「行動する保守」女性団体活動動画にみられる傾向

抽出した動画のうち一番古い動画は「そよ風」の街宣を撮した動画「日本女性の会そよ風　ハチ公前①08・07」であり、二〇〇九年八月七日にアップロードされたものであった。動画内ではこの街宣が「そよ風」の二回目の街宣であると説明されており、「普通の主婦、普通のOLが集まって」作られた団体で、「どこの政党にも属しているわけでもなく、どこの宗教に属しているわけでもありません」と「そよ風」の「弁士」が道行く人々に向かってアナウンスしている。このように、参加者たちが「普通の主婦」「普通のＯＬ」であることや、会が特定の政党や宗教に属しているわけではないことの提示は、「そよ風」や「花時計」の動画で頻繁にみられる。

動画を分析すると、これらの「行動する保守」女性団体の活動風景には二つの傾向がみられた。第一に、女性活動家らはたとえ自身が主催した行動であっても常に主役ではないこと、第二に、自らを「母親」と提示するものの主張内容と提示された立場性とが必ずしも合致していないことである。それぞれの点について詳しく見ていきたい。

三－一　男性参加者の脇役

「行動する保守」の女性参加者たちが他の男性参加者の背後に隠れてしまうような場面が動画の中では度々見られた。このような傾向は三団体のなかでも男性中心団体と共催での活動が多い「そよ風」にとくに見られた。例えば、「そよ風」が二〇一三年一一月に実施した抗議活動「【そよ風】オスプレイ配備反対パレードにカウンター攻撃 in 銀座」という動画がある。この活動は、沖縄米軍基地へのオスプレイ配備反対を主張するデモ行進に対して、「そよ風」がカウンターを試みたものである。抗議活動自体は約三時間にわたって行われており、それらが九つの動画に分割されて投稿されている。映像は「そよ風」会長の挨拶から始まり、オスプレイ配備反対派のデモ行進が到着するまでの時間に行われた「行動する保守」諸団体の演説、デモ隊が目の前を通り過ぎていく際の抗議、抗議終了後の解散の挨拶までを撮影している。

最初に挨拶した「そよ風」会長によれば、この抗議活動の目的は「とんでもない嘘つき集団のパレードに抗議」することであるとされる。次いで、オスプレイ配備反対派を「嘘つき」とする理由として、①「日本が武力を持たない方が世界平和が訪れる」と彼らが主張していること、②「オスプレイは危険率が低い」こと、③反対派は「偽装沖縄市民」であることが述べられている（「【そよ風】オスプレイ配備反対パレードにカウンター街宣in銀座1【1/27】」）。

ここまでの進行は「そよ風」の会員と思しき女性たちの主導によって行われているが、その後は抗議活動の統制が次第に取れなくなっていく様子が撮影されている。オスプレイ配備反対派のデモ行進が「そよ風」とその他の「行動する保守」諸団体の前に差し掛かると、シュプレヒコールが始まる。コールは「そよ風」の女性参加者のリードによって行われ、「売国奴！（他の参加者：出ーてーけ！）売国奴！出ーてーけ！」と辛辣である（「【そよ風】オスプレイ配備反対パレードにカウンター街宣in銀座3【1/27】」）。しかしその後、コールの主導権が男性活動家の手に渡ってからは男性参加者がリードするようになり、「そよ風」の女性参加者たちが再び抗議活動を仕切れるようになったのはデモ行進がすべて通り過ぎた後のことであった（「【そよ風】オスプレイ配備反対パレードにカウンター街宣in銀座4【1/27】」）。

この抗議活動は三時間にもわたるため、在特会をはじめとした男性中心の「行動する保守」団体は「そよ風」をサポートする役割を担っていたものと考えられる。しかし、「そよ風」が主催していたにもかかわらず、抗議活動の後半では主導権は完全に男性活動家の手に渡っており、オスプレイ配備反対派のデモ行進を前にして「そよ風」側の参加者たちには次第に統制が効かなくなっている様子が動画からはうかがわれる。

活動の主導権を他の男性参加者に取られてしまうという現象は、この他の動画でも見られた。「そよ風デモ第3弾！このままじゃ日本は潰れる！」は、同じく「そよ風」が二〇一〇年五月に実施した民主党政権打倒を目的としたデモ行進の様子を撮影した動画である。「そよ風」が活動を始めた頃は民主党政権時代であり、このような政権批判を趣旨とした活動が度々行われていた。

このデモ行進では、隊列の先頭で女性がコーラーを担当しており、「危機管理のできない、民主党政権、絶対はんたーい！（はんたーい！）」というように、女性コーラーに従って参加者たちはシュプレヒコールをあげている（「そよ風デモ第3弾！このままじゃ日本は潰れる！1」）。しかしデモ隊の後列にいくほど様子が異なり、拡声器を各々持った男性参加者たちが「売国鳩山内閣を焼却炉にぶちこめー！（ぶちこめー！）」というように、デモ隊前列とは異なり攻撃的なシュプレヒコールをあげている（「そよ風デモ第3弾！このままじゃ日本は潰れる！1」）。

また、二〇一〇年二月に行われた「そよ風」主催のデモを記録した動画「外国人参政権&重国籍お断り☆朝敵小沢と反日議員にお仕置きパレード♪」では、男性活動家のリードに対して女性が遠慮している場面もみられた。当時の民主党政権に対する抗議を目的としたこのデモでは、前列に着物姿の女性らが四列になって歩いており、マイクを順番に渡しながら交代でシュプレヒコールをあげている（「⑤2・7 そよ風・外国人参政権反対&重国籍お断りお仕置きパレード♪IN新宿」）。女性Aが「トカゲの尻尾切りで逃げようとする小沢一郎を追及しましょうー！（追及しましょうー！）」と話し終えると、マイクは次の女性Bに渡される。しかしその僅かな間にすぐ後ろにいた男性参加者が「民主党を許さないぞー！（許さないぞー！）」とシュプレヒコールをあげ、他の参加者もそれに続いてしまっている。女性Bは「新宿をご通行中のみなさま、わたくしたちは、日本を愛する普通の女性が立ち上がった、そよ風、デモ隊です。今日、日本が解体されようとしています」と話し始めるまでに、男性参加者たちのシュプレヒコールが止むタイミングを何度も見計らっている様子が撮されている。

「そよ風」の場合は他の男性中心団体と共催で行った活動動画が多かったため、右記のような場面が多々観察されたが、女性のみで行った活動でも女性が主役ではなくなるという傾向が見られた。「花時計」の街宣では、女性「弁士」が演説をしている際に聴衆としてその場にいる「行動する保守」の参加者と思われる人々が頻繁に合いの手を入れる。「花時計」の街宣で見られる合いの手は、「弁士」のある発言に対して賛同の意を示す「そうだ！」という言葉だけではない。以下は、「花時計」が二〇一三年三月に行った「マスコミの嘘にご用心！」というテーマの街宣を記録した動画で見られたやり取りである。女性「弁士」は「NHKがYouTubeに投稿されていた国会中継を削除させた」としてNHKを批判しており、その流れのなかで女性の聴講者との間で次のようなやり取りが見られた（「【花時計街宣】マスコミの嘘にご用心！街宣inハチ公前2【3月26日】」）。

女性弁士：若者が国会中継を見ることを邪魔しようとするのは、なぜなのでしょうか。
会場（女性A）：なぜだ？
会場（女性B）：そうだ、変だ。
会場（女性C）：何でだろう？

女性弁士：ＮＨＫが、YouTube の動画の削除依頼を出したのは……

「なぜなのでしょうか」という「弁士」の呼びかけに対して、会場にいた女性たちが相次いで「なぜだ?」と受け答えをしており、それらに続いて「弁士」が演説を続けている。これらは「弁士」がテンポよく円滑に演説を行うことができるよう、いわばサポートするような機能を有していると考えられる。

他方で、同じ日に行われた別の女性「弁士」の演説では、男性聴衆との間で右記とは異なる意味合いのやり取りが見られた（「【花時計街宣】マスコミの嘘にご用心！街宣inハチ公前1【3月26日】」）。

女性弁士：実は、日本の自殺者数って、一九九八年まで、日本ずーっと二万円代だったんです。
会場（男性）：二万人。
女性弁士：二万人だったんです。デフレに突入してから……

「二万人」を「二万円」と言い間違えた女性「弁士」に対して、会場にいた男性が「二万人」とそれを訂正する発言を行っている。それ受けて女性「弁士」は改めて「二万人」と言い直して演説を再開している。先ほどの女性聴衆が演説をサポートするための合いの手を入れていたのに対し、こちらの男性聴衆が行ったのは演説を中断させているという意味でそれとは対称的である。

こうした男性聴衆から女性「弁士」が演説中に割り込まれてしまうという現象は他の街宣でも

度々見られた。「花時計」が二〇一二年一〇月に行った街宣では、ノーベル賞受賞者を輩出していないとして、ある女性「弁士」が韓国に対する皮肉を言っていた。その最中、以下のようなやり取りが男性聴衆との間で見られた（「【花時計主催】韓国・朝鮮の嘘にご用心！in渋谷2【10月11日】」）。

女性弁士：世界一優秀な民族であるはずの韓国が（ノーベル賞を：引用者補足）取れないわけないじゃないですか。
会場：そうですね。
女性弁士：日本より絶対に優れてると信じてるんですから、あの人たちは。
会場（男性）：そうですね。あと、戦争だって一回も勝ててないですから。
女性弁士：（笑）では、なぜ韓国は……

この場面に至るまで、この女性「弁士」は戦争の話題には触れていなかった。しかし、男性の聴衆が女性「弁士」の演説に割り込むかたちで発言をしている。それを受けて女性「弁士」は調子を合わせるかのようにわずかの間だが男性の発言に対して笑い、その後に演説を再開している。この場面では女性「弁士」の演説は完全に中断されてしまい、男性聴衆が割り込んだためにテンポが悪くなっている。

女性参加者たちは動画の編集過程においても主役の座から降ろされてしまう。「花時計」の活動動画は先ほどみた通り九割が街宣を記録したものであったが、唯一アップロードされていたデモ行

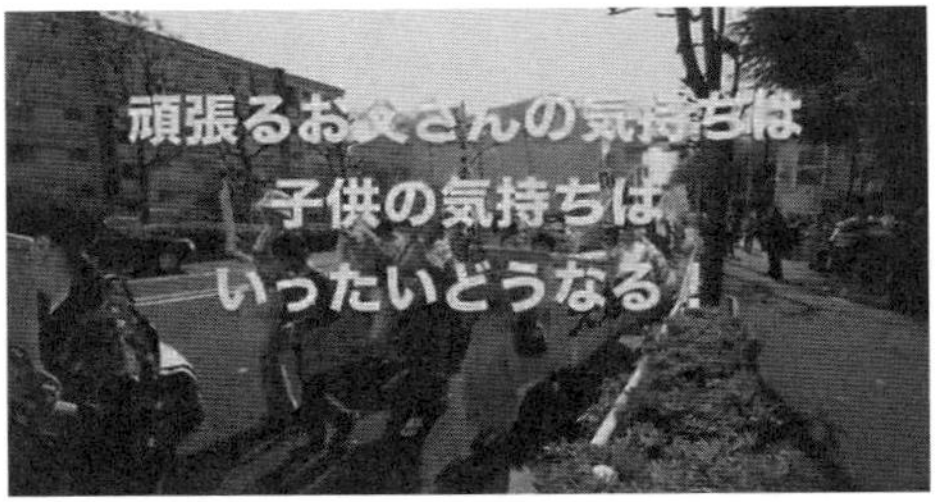

図6-1　「花時計」デモ行進のテロップ

進に関する動画ではそのことが如実に現れている。「「子供《ママ》手当」「夫婦別姓」反対・日本のお母さんパレード」は、「花時計」が他団体と共催で実施したデモ行進であり、タイトルにもある通りこのデモの趣旨は民主党政権時の「子ども手当」「夫婦別姓」といった家族政策に反対することである。彼女たちがなぜ「子ども手当」に反対しているのかは動画中で明示されているわけではないが、パレードの先頭には「なんで外国の子供にまで手当を配るの？」と書かれた幕が掲げられていることから、「子ども手当」を在日外国人にも支給することに反発しているのではないかと考えられる。

　このデモ行進では、「お母さんたちは、子供のことを何があっても、守りまーす！（守りまーす！）」というように、「母親」として「子供を守る」というスタンスでコールが行われている。「夫婦別姓とは親子別姓です。子供の気持ちを考えましょうー（考えましょうー）」という主張からは、夫婦別姓になれば子どもは夫の姓を名乗ることになると考えられており、その場合は母親と子どもの姓が異なるという点において「親子別姓」と述べていることがうかがわれる。このデモ行進における女性参加者の立場はあくまでも「母親」である。

　しかし、編集過程でこの動画に挿入されたテロップを見ると、女性参加者がとっている立場とは異なる立場から編集がなされたことがわかる。図6－1は、このデモ行進を記録した動画のキャプションであるが、デモ行進をする女性参加者たちを背景にして、「頑張るお父さんの気持ちは　子供の気持ちは　いったいどうなる！」と父親の立場から抗議する文言が挿入されている。ちなみに、このデモ行進のシュプレヒコールでは父親のことについてはさほど触れられていなかった。この動画をアップロードしたアカウント名は「やまと新聞社」であり、動画の最後にも「2010.5.3 YAMATOPRESS.COM 国会両院記者会やまと新聞社」というクレジットが入っていたころから、撮影・編集も「やまと新聞社」が行っていたことが推測される。

活動を記録した動画といっても、そこには何を・どのように撮影するかという撮影者の主観が反映されており、また、どの場面を残し、どの場面を省略するか、どのタイミングでどのようなテロップを入れるかという編集者の意図も入り込んでいる。こうしたプロセスによっても、「行動する保守」の女性参加者たちは男性活動家らの「背景」となってしまうのである。

三－二　タテマエとしての「母親」

「行動する保守」女性団体の活動動画に見られた第二の傾向として、彼女たちは「母親」というスタンスを取りながらも実際には必ずしも「母親」の立場で活動しているわけではないということがあげられる。三団体の中で最も「母親」という言葉が活動中に使われていたのは「花時計」であった[10]。先に見た「花時計」のデモ行進においても、「私たち現役のお母さんと未来のお母さんは、政府が推し進める子供手当に反対していまーす」というアナウンスがなされていた（「子ども手当」「夫

図6-2　「花時計」街宣の風景

婦別姓」反対・日本のお母さんパレード」)。この発言からは、現在子どもがいる女性に加えて子どもがいない、あるいは未婚の女性も「未来のお母さん」として、すべての女性参加者が「母親」というカテゴリーに括られていることがわかる。

しかし、最も「母親」というスタンスを強調する「花時計」であっても、実際の演説内容を見てみると必ずしも「母親」というスタンスが一貫して保持されているわけではないことがうかがわれる。「花時計」の街宣「原発よりも危険！子供の未来を守れない日本国憲法」では、演説する「弁士」の後ろに横断幕が掲げられている（図6-2）。この横断幕には街宣のタイトルである「原発よりも危険　子供の未来を守れない　日本国憲法」という文字と、その文字を囲むようにして子どもらしき顔のイラストが描かれている。これらのことから、この横断幕では「子供の未来を守」るという「母親」の立場が示されているといえる。

しかし、実際にこの街宣で話された内容を見てみると、「母親」という立場に立って発言していた女性は七人中一人のみであった。「花時計」の定期街宣では、「弁士」一人ひとりの演説にそれぞれタイトルがつけられている。この時の街宣で各「弁士」が論じたタイトルは、

「憲法九条は論理が矛盾している」「韓国の自殺率・性犯罪率の高さ」「日本人はもう騙されない」「日本国憲法は有効なのか」「憲法改正を望む国・望まない国」「太極旗の起源」「九条ってほんとに守るべきなの?」というものであった。

この各演説において「母親」の立場から子どもについて言及していたのは、「日本人はもう騙されない」というテーマで演説した女性のみであった。その演説では、報道番組に出演している女性大学教員を例に、「最近は女性の大学教授が日本落としをテレビでやって」おり、「反論したら成績下げられるかもしれない、就職もできなくなっちゃうかもしれない」ために「子供たちは被害者」で「日本の子供たちを助けてあげなければいけない」と述べていた(「5・29【花時計】原発よりも危険!日本国憲法~街宣風景3」)。しかし、その他の演説は、憲法改正を支持したり憲法九条を批判したりする内容で、「母親」という立場性に言及するようなものは見られなかった。

女性のみで活動している「花時計」では、オーディエンスに対して「母親」という立場で活動をしていることを強調するものの、実際の街宣で子どもについて言及する機会は少ないという傾向が見られた。形式上は「母親」という立場を取っていてもそこでなされる主張は「母親」であることを敢えて強調する必要性がさほど感じられないのである。「行動する保守」だけでなく保守運動全体についても該当することではあるが、保守運動において「母親」ではない女性の立ち位置は一見すると曖昧なものとなっている。

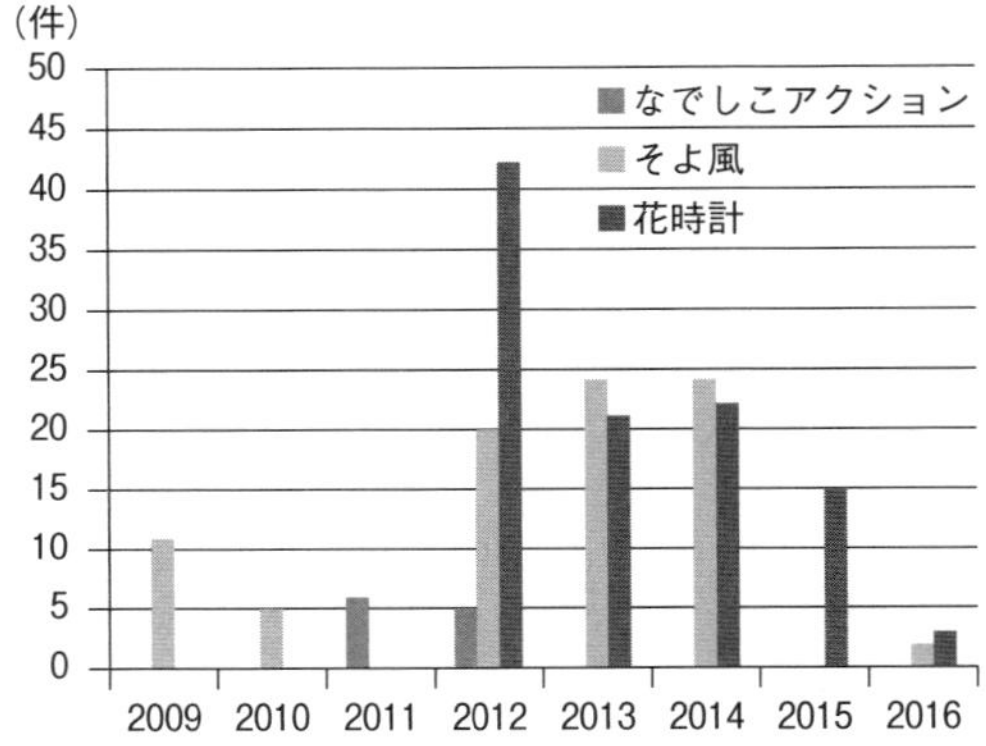

図6-3 「慰安婦」問題に言及した動画件数

四 「慰安婦」問題への焦点化

四‐一 「慰安婦」問題の「発見」

「行動する保守」の女性活動家たちは、自分たちの活動であるにもかかわらず時に男性参加者の背後に埋もれがちであり、「母親」として発言しているわけではないにもかかわらず「母親」であることを強調している。しかし、彼女たちはいずれも「女性」であることを自らの団体の特徴として掲げている。保守運動において「母親」の立場ではなく「女性」という立場を取ることを可能にしている唯一のトピックがある。それは「慰安婦」問題である。

分析対象データにおいて、「慰安婦」問題に言及していた動画の件数を団体別に数えてみたところ、**図6‐3**のようになった。三団体のうち最も早くに結成された「そよ風」は、二〇〇九年の活動開始時から「慰安婦」問題について言及をしていたが、その年の活動動画全体に占める「慰安婦」に言及していた動画の件数は、二〇〇九年が二四・四％、二〇一〇年の時点でも二〇％ほどであった。しかし、二〇一一年に「なでしこアクション」による外務省前抗議活動が行われて以降、「そよ風」の動画において「慰安婦」問題に言及する件数は急激に増えるようになり、その割合も二〇一二年（五八・八％）、二〇一三年（五五・八％）、二〇一四年（八八・九％）と上昇していく。二〇一二年から定期街宣を始めた「花時計」をみても、二〇一二年の活動動画のうち「慰安婦」問題に言及していた動画は六割を占めており、それ以降は減少していくもののいずれの年においても「慰安婦」問題への言及が一定程度なされていた。

「慰安婦」問題が「行動する保守」の女性団体において急速に焦点化されていく契機となったと考えられる活動として、二〇一一年一二月に行われた「なでしこアクション2011」があげられる。この活動は、「慰安婦」問題の解決を日本政府に求めて一九九二年一月から毎週水曜日に韓国の日本大使館前で元「慰安婦」女性とその支援団体によって行われてきた「水曜デモ」に対する抗議活動である。二〇一一年一二月一四日に「水曜デモ」は一〇〇〇回を迎え、この時は韓国国内だけではなく世界同時アクションが行われた。日本国内でも、外務省を「人間の鎖」で包囲するという支援団体による抗議が行われた。「なでしこアクション2011」は、この世界同時アクションに抗議することを企図したもので、外務省前の道をはさんだ向かい側に「行動する保守」の女性たちが集まり、演説やシュプレヒコールをあげるというものだった。

「なでしこアクション2011　慰安婦の嘘を許すな！韓国水曜デモへの抗議行動」は、その様子を記録した動画である。この時の演説では、「こちらはなでしこアクション2011でございます。慰安

図6-4　オスプレイ配備反対デモへの抗議活動

婦の大嘘に怒りを覚える日本女性が、ここに集まって訴えております（強調引用者）」とアナウンスされており、「主婦」や「ＯＬ」、「お母さん」ではなく「日本女性」という言葉が用いられている。「そよ風」や「花時計」の幟が立つなど、他団体からも参加者があったことがうかがわれるが、シュプレヒコールでは「日本にいちゃもんつけてる暇があったら、ベトナムに行って謝ってこーい！（謝れー！）なんでベトナムに謝らないで、こっちで捏造の嘘ふりまいてんだよー！（そうだー！）」というように、[11] 発言が攻撃的で怒りの感情がストレートに表明されている。

この「なでしこアクション2011」以降、「そよ風」や「花時計」でも「慰安婦」問題への言及は増えていき、それに伴って活動の様子にも変化が見られた。「慰安婦記念日なんか作らせないぞ！カウンター攻撃!!」は「そよ風」が主催した抗議活動であるが、動画内に映された参加者たちの様子を観察すると、先に見たオスプレイ配備反対への抗議活動とは異なる点がいくつかあった。この活動は、韓国の元「慰安婦」である金学順が日本軍「慰安婦」であったことを初めてカムアウトした八月一四日を日本軍「慰安婦」のメモリアル・デーにしようと主張するデモ行進に対抗するための活動である。五分割された動画を

図6-5　慰安婦メモリアル・デーへの抗議活動

見ると、デモ隊が到着するまでの時間に男性三人による演説が行われたが、その後のシュプレヒコールは一貫して女性参加者がリードし、抗議活動の参加者も統制がとれている様子が映されている（「【そよ風】慰安婦記念日なんか作らせないぞ！カウンター攻撃!!3【2013/8/14】」）。

抗議活動の様子の変化は視覚的にも確認できる。この抗議活動では、先に見た「そよ風」の「オスプレイ配備反対カウンター攻撃」と比べて参加者の配置が異なっている。オスプレイ配備反対への抗議活動の際は、参加者たちは直線の道路沿いの歩道に集まっており、他方でこの「慰安婦メモリアル・デー」への抗議活動は交差点の角で行われたという立地的な違いはあるものの、前者（**図6-4**）では男性参加者たちが興奮気味ですぐにでも車道に出そうな勢いであり、女性参加者たちはそうした男性参加者に埋もれがちである（「【そよ風】オスプレイ配備反対パレードにカウンター街宣.in銀座4【1/27】」）。他方で、後者（**図6-5**）では女性参加者たちが最前列に立ち、男性参加者は一歩下がった場所で声をあげている。カメラもまた、女性参加者たちにフォーカスしていることがわかる（「【そよ風】慰安婦記念日なんか作らせないぞ！カウンター攻撃!!4【20013《ママ》/8/14】」）。

四－二　アンビバレントな「慰安婦」問題

「行動する保守」の女性団体は「慰安婦」問題を活動において扱うことで活動のイニシアティブを取れるようになっていたが、彼女たちが「慰安婦」問題について何を論じているかに着目すると、「女性」が「慰安婦」問題に批判的な立場を取ることのアンビバレンスが浮かび上がる。そのことを示すために、まずは男性参加者が「慰安婦」問題についてどのように論じているかを見てみたい。

二〇一三年九月にアップロードされた動画「【そよ風】慰安婦院内集会カウンター街宣にご参集を！」では、参議院議員会館で行われた元「慰安婦」女性支援団体による催しに「そよ風」らが抗議している様子が映されている。会館の中にいる支援団体関係者と、この日に来日していた韓国人元「慰安婦」女性に向けて、厳しい口調で演説やシュプレヒコールがあげられている。

この抗議行動の男性参加者たちは、元「慰安婦」女性に対して侮蔑的な言葉を口にしている。「従軍慰安婦と称する」「乞食ども」（「【そよ風】慰安婦院内集会カウンター街宣にご参集を！1【9月24日】」）、「嘘つき売春婦を、東京湾に叩き込めー！（叩き込めー！）お金が好きで好きで大好きで、それしか身を守るものがない、売春婦は日本から出て行けー！（出て行けー！）」（「【そよ風】慰安婦院内集会カウンター街宣にご参集を！2【9月24日】」）、「慰安婦のババア」「頭のボケたババア」というように（「【そよ風】慰安婦院内集会カウンター街宣にご参集を！3【9月24日】」）、憎悪や侮蔑が元「慰安婦」女性へと向けられている。さらに、「汚らわしいんですよ！（そうだ！）ここはね、日本の、日本国民の代表者たる参議院の、この議員会館に、なんで汚らしいいい、売春ババアがやって来んだよ！」（「【そよ風】慰安婦院内集会カウンター街宣にご参集を！3【9月24日】」）、「栄えある日本の国内の日本国の参議院議員で慰安婦集会なる、ふしだらで、けしからん集会をしている人たち」といったように（「【そよ風】慰安婦院内集会カウンター街宣にご参集を！4【9月24日】」）、男性参加者によるこれらの言論は攻撃的であり、在日コリアンに向けられるヘイト・スピーチと酷似している。

それに対して、女性参加者による元「慰安婦」女性の言及は複雑であり、攻撃的な言論と非攻撃的な言論の二種類が存在している(12)。攻撃的な言論に分類されるものとしては、第一に、元「慰安婦」女性を経済的に恵まれていると捉え、そのことを妬む言論がある。「行動する保守」女性団体の活動動画で頻繁に見られたものとしては、「慰安婦」の当時の給料は日本軍将校よりも高い「高給取り」であり（「【そよ風】慰安婦記念日なんか作らせないぞ！カウンター攻撃!!3【20013《ママ》/8/14】」）、敗戦直後には「売春婦をしていた方の通帳に、今の価値で約一億円の貯金があった」という主張があげられる（「【花時計】従軍慰安婦はいなかった！周知街宣 in 渋谷1【5月10日】」）。また、先ほどの参議院議員会館前で行われた抗議活動において、ある女性参加者は「韓国朴大統領から信任を得ている、信任を得ている売春婦のおばあさん。フランス・アメリカへ嘘を付きにファーストクラスで行くんでしょうね」という言葉を発していた（「そよ風「慰安婦院内集会抗議！」参議院会館前2013.9.24」）。「大統領から信任」を得て飛行機の「ファーストクラスで行く」という言葉からは、元「慰安婦」女性は政治的にも経済的にも十分な支援を受けているという認識を「行動する保守」の女性参加者たちは持っており、とくに経済面で「恵まれた」境遇や環境を皮肉交じりで語っている様子が動画から見受けられる。

第二に、「売春婦」差別にもとづいた発言である。「行動する保守」の女性参加者たちは、「慰安婦」問題を語る際に「恥」という言葉を多用する。たとえば、「本当に、韓国人でも当時、売春していた人は、名乗り出ていないんじゃないかと思っています。それは当然、恥ずかしいからです」「日本人売春婦の方が多かったわけです。でもその人たち、今、韓国の売春婦みたいに声あげていますでしょうか。そんなことはしてませんよね（そうだ！）。やっぱり、その職業がいくらその当時、大事な職業だったとしても恥ずかしくて名乗り出ない、それが普通の日本女性の心意気だと、私は思います」という発言である（「【そよ風】慰安婦記念日なんか作らせないぞ！カウンター攻撃!!2【20013《ママ》/8/14】」）。これらの主張からは、「売春をすること」に加えて「売春をしていたことを知られること」もまた「恥ずかしいこと」として捉えられており、それゆえにカムアウトした元「慰安婦」女性たちを「恥を知れ」という言葉で批判している。また、「普通の日本女性」は「慰安婦」であったとしても「恥ずかしい」という認識を持っているため、日本人「慰安婦」は「名乗り出ない」のだと彼女たちは考えていることが読みとれる。

他方で、「行動する保守」の男性参加者には見られなかった言論として、非攻撃的な言論も女性参加者の間には見られた。この非攻撃的な言論もまた二つの主張に大別される。第一に、「行動する保守」の女性参加者たちは時に元「慰安婦」女性に対して部分的にではあれ共感を示すような発言をすることがある。先に見たように、男性参加者たちは元「慰安婦」女性のことを「ババア」と呼ぶが、女性参加者の場合は「ババア」と乱雑に言及することは少なく、「おばあさん」と呼ぶことの方が多い。そして、「花時計」の街宣では、「自称従軍慰安婦の方々は親に売られてしまったということで、同情すべきとこはそこだけなわけですので」という発言がみられた。「同情すべきとこ」

は「親に売られてしまったということ」だけであると述べられているが、そもそも男性参加者からは「同情」を示すような発言はなかった（「【花時計主催】韓国・朝鮮の嘘にご用心！in渋谷2【10月11日】」）。また、「プライドを持って娼婦をやっていた」という「生き方もある」としたうえで、「売春をして、お金を稼いで家族のために頑張っていたのが慰安婦です。まあおつかれさまでした、大変でしたねと、そういう気持ちはありますけれども」という発言を演説中に行った「弁士」もいた（「【花時計街宣】2015.04.02 子供たちに嘘の歴史を教えないで！〜維新政党・新風武田氏〜」）。

そして第二に、「慰安婦」問題では「行動する保守」の女性参加者たちは「人権」という言葉も使い始める。このことはとくに「そよ風」の活動で顕著にみられることだが、先にみた元「慰安婦」女性の支援団体らが参議院議員会館で行った集会での抗議活動では、「日本の、女性たちの未来を閉ざし、そして子供たちの未来を閉ざすあなた方。（略）慰安婦の嘘はばれているんです。ばれているにもかかわらず、それを続けている。それはね、おかしいでしょ」という呼びかけがなされている（「【そよ風】慰安婦院内集会カウンター街宣にご参集を！3【9月24日】」）。この発言では、批判の矛先は元「慰安婦」女性ではなくその支援団体に向いているのだが、「慰安婦」問題とはなによりもまず日本の「女性たちの未来」に関わる問題であるという認識が示されている。さらに、この時の抗議行動では以下のような発言もみられた（「【そよ風】慰安婦院内集会カウンター街宣にご参集を！1【9月24日】」）。

慰安婦を連れてきて恥を撒き散らさせるのも、それこそ慰安婦の人権を無視して踏みにじってることになると思います。私たちは女性として、そういう慰安婦の人権を無視する日本人、そして韓国の人たちを許しません。女性として許せないんです。

そして、この演説に続いて「高齢のおばあさんを引きずり回して、無理やり嘘を言わせる国会議員は、女性の人権を守れー！（守れー！）」というシュプレヒコールもなされていた（「【そよ風】慰安婦院内集会カウンター街宣にご参集を！1【9月24日】」）。

もっとも、ここでは元「慰安婦」女性は支援者・支援団体によって「無理やり嘘を言わされている」という前提にもとづいているため、「女性の人権」という言葉が置かれた文脈や使われ方は、フェミニズム運動が用いてきたものとは異なっている。しかし、そのことを踏まえてもなお、「慰安婦」問題になると「行動する保守」の女性たちが「女性の人権」という概念にすら訴えかけるようになるのは、彼女たちは「慰安婦」問題を扱うことによって初めて「母親」ではなく「女性」という立場から物事を主張できるようになるためであると考えられる。

五　性差別と民族差別が交錯する地点から

在特会をはじめとする「行動する保守」の諸団体は、在日コリアンや韓国・北朝鮮・中国、そして日本の「左翼」への批判を主としてきた。しかし、同じ「行動する保守」であっても、ここまで見てきたように女性団体の場合は、とくに二〇一一年以降、「慰安婦」問題を頻繁に取り上げるようになっている。

二〇一三年九月の雑誌『Ｗｉｌｌ』には、「花時計」と「なでしこアクション」の女性会員たちの「大座談会」と銘打った記事が掲載されており、この記事では彼女たちが「慰安婦」問題を取り上げる二つの理由が述べられている。第一に、「慰安婦」問題を扱うことはフェミニズムに対抗することに繋がると考えられている。「行動する保守」の女性たちは「慰安婦」問題は本質的には「反日問題」「政治問題」であるが、「国際的には「女性人権問題」になってしまってい」るとし（岡・山本ほか 2013：227）、「すでに慰安婦問題は、フェミニズムの一つの手段」で「女性の人権、というキーワードを出せば、事実関係はどうでもよくなってしまう」と語っている（岡・山本ほか 2013：228）。

第二の理由として、「慰安婦」問題は男性が声をあげづらい問題であるために、女性がやることに意味があるのだと認識されている。「慰安婦」問題の解決を求める立場の人々は、「男女の対立を煽って、女性は被害者、男性は加害者という構図にしたい」と捉えられている（岡・山本ほか 2013：228）。「なでしこアクション」の山本優美子は、自身の著書において「慰安婦問題はその特性上、女性こそが取り組む問題だと考えています」と記している（山本 2013：227）。ここでは「その特性」についてそれ以上の詳細な言及はないが、先の「大座談会」の記事に戻ると、「慰安婦」問題は「男性が反対の意見をぶつけると、「女性蔑視」「女いじめ」と受け取られかねない」という発言がみられる（岡・山本ほか 2013：228）。そして、そのような「男女の対立」構図にしないために「私たちが発言することで「そうはいきませんよ」と」いう流れにすることが意図されているのである（岡・山本ほか 2013：228）。

この記事からは、「女性蔑視」「女いじめ」とみなされる可能性があるために保守運動の男性参加者にとって「慰安婦」問題は正面から批判しにくいトピックであり、そのため、「女性」である自分たちが男性の代わりに発言し、活動していくのだというスタンスが取られていることがわかる。本章で行ってきた分析からも、「行動する保守」の女性団体にとって「慰安婦」問題とは、「母親」ではなく「女性」という立場で、他の男性中心団体や男性参加者よりも積極的に発言できるトピックとなっていることが明らかとなった。

「行動する保守」の女性団体が次第に焦点化するようになった「慰安婦」問題は、二つの差別が交錯する地点に位置している。まず、「行動する保守」の女性たちが論じる「慰安婦」問題は、民族差別の文脈に置かれている。彼女たちの言論において、元「慰安婦」女性は民族化されている。アジア太平洋戦争当時、日本軍「慰安婦」とされた／なった女性たちは、日本をはじめ朝鮮半島・台湾・中国・フィリピン・インドネシア・オランダと複数の国にまたがっている。しかし、「行動する保守」の女性たちが一義的に想定しているのは韓国の「慰安婦」であり、他の国々の「慰安婦」女性に対する言及はほとんどみられない[13]。

そして、韓国の元「慰安婦」女性は、日本の「慰安婦」女性と対置され比較されていた。韓国の「慰安婦」は「恥を知らない」ため「売春婦」であった過去を「晒して」日本に謝罪と賠償を要求してくる女性であり、他方で、日本の「慰安婦」は「恥ずかしいという気持ちがある」ため黙り続け、日本政府の責任を追求しない女性として称揚されていた。この論理は、韓国を嘲笑し在日コリアンをバッシングする排外主義と類似した構図となっている。樋口（2014）は、「右派論壇」において九〇年代以降、韓国は「慰安婦」問題に代表される歴史認識問題の文脈で論じられる傾向が高くなっており、「歴史修正主義が韓国に特化したのが排外主義運動の起源となる」とする（樋口 2014：157）。その意味でも「行動する保守」の女性団体が「慰安婦」問題に焦点を当てるのは、歴史修正主義と結びついた排外主義運動において「自然な」成り行きであったともいえる。

他方で、「行動する保守」の女性団体にみられる「慰安婦」言論は、民族差別であることに加えて性差別の文脈にも位置している。前節でみたように、「行動する保守」の女性団体が街宣やデモ行進・抗議活動の場で「慰安婦」問題を論じる際、攻撃的な言論と非攻撃的な言論が混在していた。攻撃的な主張としては、当時の「慰安婦」女性は「高給取り」であり、現在は支援団体や政府から「経済的・社会的支援を得ている」とするものと、「慰安婦」であったことや、その過去を公に発言することは「恥」であるという主張があった。非攻撃的な言論としては、元「慰安婦」女性を「おばあさん」と呼び、支援者らが元「慰安婦」女性に証言させることを「女性の人権」という概念に訴えかけながら批判する、という主張がみられた。

「行動する保守」の女性団体が発する「慰安婦」問題に関する言論をこのように整理してみると、彼女たちの性差別的発言は複雑であることがわかる。「慰安婦」問題の解決に反対し、元「慰安婦」女性とその支援団体を痛烈に批判する一方で、表面的にではあれ同情するような素振りや非攻撃的な主張が「行動する保守」の女性団体によって展開されているのは、どうしてだろうか。

第一に考えられることは、「行動する保守」の女性団体もまた男性中心的な価値観や「女らしさ」といった性規範を強く内面化していることである。元「慰安婦」女性を「売春婦」と罵ることは売春＝醜業観にもとづいており、「行動する保守」だけではなく社会一般にもみられる男性中心的な「性」に対する意識の内面化の発露である。そもそも、売春が「悪」であるとされるのは、①「性」自体が忌まわしく公から隠さなければならないものと考えられてきたことや、②「性」が人格と結びついた「神聖な」ものであると称揚されるようになったために、金銭を介して「性」を売買することが忌避されるべきだとみなされているためである（牟田 2001：179）。また、売買春に限らずとも「性」を語ることや性行為をすることに対する社会のまなざしは男女で非対称であり、男性の「性」が公で語ってもよいものとみなされているのに対して、女性の「性」は私的領域に押し込められてきた。さらに女性の場合、生殖としての「性」を割り当てられ保護されるべき「母」と、男性の性的欲求の対象として客体化された「娼婦」に二分されるという、性の二重基準が存在する。

このような男性中心的価値観・性規範の内面化という観点から、「行動する保守」の女性団体による「慰安婦」問題に関する主張を見てみると、「慰安婦女性は高給取りであったにもかかわらず、今日では経済的・社会的支援を受けている」という主張は、性産業に従事する女性への偏見にもとづいており、「慰安婦」であった過去を公に発言することを「恥」という言葉で非難するのは、女性が「性」を語ることは好ましくないとする性規範に、元「慰安婦」女性を「ババア」ではなく「おばあさん」と呼ぶのは、「ババア」という乱雑な言葉遣いを女性がすることは好ましくなく、「女らしさ」の規範に反すると認識されているためであると解釈することができる。

しかし、「行動する保守」の女性団体による「慰安婦」問題に関する主張すべてを、男性中心的価値観・性規範の内面化という観点で説明することには限界もある。このような解釈だけでは、「女性の人権」という概念に訴えかけていることが説明できないのである。「行動する保守」の女性団体による「慰安婦」バッシングが男性中心的価値観や性規範の内面化の発露として捉えるのであれば、元「慰安婦」女性を「売春婦」と呼び、「女性」である自己から切り離していくという運動戦略が取られなければならない。先に言及した『ＷｉＬＬ』の座談会では、フェミニズムが「慰安婦」問題を女性の人権問題にしているという認識が出されている。それに対抗していくならば、むしろフェミニズムは「女性の人権」に訴えかけるな、という主張を展開していくことも考えられるが、実際には「行動する保守」の女性たちは自分たちも「女性の人権」という概念に異なる方向から訴えかけるという戦略を取っている。

「行動する保守」の女性団体による性差別は、男性中心的価値観・性規範の内面化という観点から説明し切れない理由は他にもある。「慰安婦」問題を活動において取り上げるということ自体が、戦時性暴力というセクシュアリティに言及することであり、彼女たちは「女性」でありながらすでに「性」を語っていることになる。また、元「慰安婦」女性やその支援団体に向けられる攻撃的な主張や、男性団体に追随するのではなく彼らとは異なる係争課題を独自に追求していることは、「女らしさ」からも逸脱している。つまり、男性中心的価値観・性規範に従い、その規範の範囲内で活動をしようとするならば、現状の彼女たちの運動は成立しないのである。

「行動する保守」の女性団体にとって、民族差別の文脈においては「韓国人」としての元「慰安婦」女性は他者化された存在ではあるが、性差別の文脈においては必ずしもそうではない。例えば、「そよ風」の街頭演説では現代の性産業に関して踏み込んだ発言をした「弁士」がいた（「日本女性

の会そよ風　ハチ公前　通りすがりの女性編　08・07」)。

そこに歩いているかわいい女性の方で、いわゆる風俗で働いている女性というのはいらっしゃいますでしょうかね。わたしも一回働いてみたかったんですけれども、賞味期限かなり過ぎてしまったので。

この発言では、「わたしも」「働いてみたかった」というように、性産業に従事することが、自己と地続きで捉えられている。「行動する保守」の女性たちは、セクシュアリティについて実は積極的に語っており、性の二重基準や「伝統的」な「女らしさ」に縛られている訳ではない。フェミニズム運動とは異なる文脈ではあるが、「女性の人権」という概念に訴えかけていることからも、「慰安婦」問題は女性問題であるという認識が持たれている。そして、「行動する保守」の諸団体の中でも、女性を中心とした組織づくりを意識して行っている以上、女性問題として「慰安婦」問題を論じることは、自己言及的にならざるを得ない。

このような点を踏まえると、「行動する保守」の女性団体が他の男性中心団体に埋もれず独自性を発揮でき、女性として発言できる係争課題として「慰安婦」問題を発見し、活動を争点化していったことに対して、性規範の内面化とは異なる解釈ができるのではないだろうか。彼女たちが「慰安婦」問題を論じる際に、元「慰安婦」女性とその支援団体を最も強く批判している点として、元「慰安婦」女性は、「慰安婦」であった頃は「高級取り」であり、現在は多くの支援者や政府によって経済的にも精神的にもサポートされているとみなされており、そしてそのことが「恥」という言葉を多用して批判されていた。「恥」という言葉には「慰安婦」であったこと自体を指し示す意味と、「慰安婦」であった過去を公にすることへの二重の意味が込められている。彼女たちがこれらのことを「恥」とする背景には、性的に虐待された女性は社会からスティグマを押されるという認識を彼女たち自身も「女性」として有しており、さらに、元「慰安婦」女性だけが諸外国の政府や政治家、活動家などの支援者によって守られサポートされているという認識と、そのことへの反感や異議があるのではないだろうか。

彼女たちのこのような反感は、「一部の極端な」人びとによる逸脱的な反応ではなく、むしろ女性と女性の性を取り巻く社会状況を反映したものと解釈できる。「慰安婦」問題に限らず、そもそも日本社会で性暴力の被害に遭うことは、女性にとって身体的にも精神的にも大きなダメージを負うことであり、またその被害の深刻さは社会において軽く見積もられている。たとえば、強姦罪を定めた旧刑法一七七条は、一九〇七年（明治四〇年）に定められてから文言・量刑の多少の変更はあったものの、二〇一七年六月に改正されるまで基本的な法理は一一〇年間も変わらなかった。強姦罪は「暴行又は脅迫」を構成要件とするが、強姦されそうになった女性は「大声で叫ぶ」「助けを求めて逃げる」「激しく抵抗する」といった必死の抵抗をしなければ司法の場では性交に関する合意がなかったことが認められにくい（角田 2013）。しかし、強姦の加害者は実際は見知らぬ人ではなく被害者の知り合いであることの方が多く（牟田 2001）、被害者は加害者と生活圏を同じにするため、そのような抵抗が常にできるわけではない。旧刑法の強姦罪は改正によって「強制性交罪」

となり、対象となる行為も拡大したが、この「暴行又は脅迫」という構成要件は未だに残り続けている。

性暴力被害を訴えることは、被害者自身が「セカンド・レイプ」としてさらなる被害に遭う可能性も現状では高い。「露出度の高い服を着ていた方が悪い」「男性を部屋に入れたのだから性行為をする心づもりがあったのではないか」など、被害者が性暴力被害を訴え出た時、知り合いや社会から向けられるまなざしや言葉には、被害者の落ち度を詮索し、被害を軽視するものが溢れている。そして、強姦とは見知らぬ人から突然なされるものであるとか、被害者にも落ち度があるといった「強姦神話」が存在するために、そもそも性暴力被害に遭っても告訴まで辿りつけない女性も数多くいる。

女性の性をめぐるこのような状況と、性産業に携わる女性への蔑視の存在を踏まえるならば、「行動する保守」の女性たちによる元「慰安婦」女性に向けられたアンビバレントな言説をつないでいるのは、性産業に従事しているか否かにかかわらず、女性は性暴力被害に遭えば社会からスティグマを押され、救済されることはほとんどないにもかかわらず、「なぜ売春婦だった慰安婦女性だけが政府や組織からサポートされるのか」という論理である。「行動する保守」の女性たちが、女性の立場から元「慰安婦」女性を非難するという現象は、女性に対する性暴力の存在や、性暴力被害に遭った後の法制度上の不備など、女性の人権が日本社会では十分に保障されていないという現状の上に成り立っているのである。そしてこのような女性の性に関する日本国内の社会制度・社会構造に「行動する保守」の女性参加者たち自身も埋め込まれているために、「女性の人権」という概念に訴えかけ、元「慰安婦」女性に対する部分的な同情を見せるといったように、彼女たちは元「慰安婦」女性を男性参加者のようには非難しきれないのである。

(1)「大阪最大のコリアンタウン鶴橋で大虐殺予告(女子中学生)」(https://www.youtube.com/watch?v = GoTBRpcaZS0 二〇一五年五月三日閲覧)

(2)「行動する保守」の仮想敵に「左翼」「左派」が含まれるのは、そもそも「行動する保守」が生み出されたインターネット空間におけるコミュニケーション様式が「反左翼的なもの」との親和性が高いことが一因になっているのではないかと考えられる(北田 2005)。

(3) 朝鮮学校側から見た同事件の詳細は中村(2014)に詳しい。

(4) ヘイト・スピーチに関する法理論と国外の動向に関してはBleich(2011＝2014)、Waldron(2012＝2015)、前田朗編(2013)を、ヘイトクライムについては前田(2013)を参照。

(5) 在特会をはじめとする「行動する保守」へのカウンター運動については、カウンター運動の持つ新規性を参加者らへのインタビュー調査にもとづいて社会運動論の観点から考察した富永(2015)や、神原(2014)によるルポルタージュを参照されたい。

(6) 今日では社会運動が展開されるなかで収集・作成された資料を「市民活動資料」としてアーカイブ化する試みが精力的に行われている(荒井 2014)。例えば女性運動の場合では、一九七〇年代のウーマン・リブ・グループが作成したビラは『資料 ウーマンリブ史』として三巻にまとめられ出版されており、また、NNWEC(国立女性教育会館)には各地のグループが出版したミニコミを集めた「女性アーカイブ」が設置されている。日本のフェミニズムのポータルサイトWomen's Action Networkでは、オンライン上でそうしたニュースレターやミニコミの閲覧が可能である。

（7）例外として「チャンネル桜」があげられる。「チャンネル桜」は保守系ケーブルテレビ番組の制作・配信組織であるが、『論旨』というデジタルブックを発行している。

（8）いわゆる「ネット右翼」がインターネット空間においてどの程度の厚みを持った層であるかについては、現在進行形で調査が行われている。辻大介が二〇〇七年・二〇一四年に行ったウェブ質問紙調査によれば（辻 2017、辻・藤田 2011）、「ネット右翼」を①「中国・韓国への否定的態度」、②「保守的政治志向」、③政治・社会問題についてネット上で意見発信や議論をしたことの有無、という三条件をすべて満たす者と定義した場合、その割合は一・三％（二〇〇七年）、一・八％（二〇一四年）であったという。二〇一四年の調査では「ネット右翼」は男性の方が多い（七九％）という傾向が見られたものの、年齢・学歴・就労状況・世帯収入・未既婚などの属性に関しては有意ではなかったという。また、永吉が東京都市圏に居住する男女を対象に行った二〇一七年の調査でも同様の結果が出ている（永吉 2019）。

（9）「慰安婦」問題を「最終的かつ不可逆的に解決されることを確認する」とした日本政府と韓国政府の合意。これを受けて二〇一六年七月二八日に韓国政府は「和解・癒やし財団」を設立し、日本政府はそれに対して一〇億円を拠出した。しかし、日韓合意に対しては批判が多く、「和解・癒やし財団」も二〇一八年一一月二一日に解散されている。日韓合意の問題点については前田朗編（2016）、中野・板垣・金・岡本・金（2017）、岡野八代（2016, 2018）を参照されたい。

（10）「そよ風」では「普通の主婦」や「普通のＯＬ」、「なでしこアクション」の場合は「日本女性」という言葉が頻出していた。

（11）「行動する保守」の活動では、韓国政府が日本政府に「慰安婦」問題の解決を求めていることへの批判として、「ベトナム戦争時に韓国軍も現地の女性を強姦している」という主張がしばしば見受けられる。このシュプレヒコールもこうした「行動する保守」の参加者たちが用いる論理構成にもとづいていると考えられる。

（12）もっとも、「行動する保守」の女性たちが活動中に話していた内容のすべてが彼女たちのオリジナルなものとは限らない。「慰安婦」は「家が何軒も建てられるほど高給取りだった」とする主張や、元「慰安婦」女性は日本軍によって「強制的」に連れ去られたのではなく「親に売られた」、日本軍の関与とは「定期検診を行うことで慰安婦女性を守るための善意の関与だった」などとする主張も活動動画内では見られたが、これらは例えば西岡力『よくわかる慰安婦問題』（二〇一二年、草思社）などでも展開されていた。しかし、そのように様々な主張を組み合わせたものであっても、どのような主張に賛同し、どのような文脈でそれらを使っているのかを分析することで、言説の背後にある彼女たちの考えを知ることができると考える。

(13) 分析対象動画のうち、わずかではあるが韓国の他に言及されていたのは、インドネシア・フィリピンの「慰安婦」であった。

第七章　「慰安婦」問題を嗤えない女性たち

――「行動する保守」運動における参加者の相互行為とジェンダー

一　活動の場における相互行為への着目

前章では、インターネット上の動画分析を通して、「行動する保守」の女性団体が「慰安婦」問題に関する取り組みへと活動をシフトさせていったことを明らかにした。在日外国人や韓国・中国・北朝鮮、あるいは国内の「左翼」を攻撃対象とする「行動する保守」の諸団体の中でも、女性中心の団体ではとくに「慰安婦」問題に焦点があてられている。元「慰安婦」女性をバッシングする言論を詳細に見ると、これらの女性団体にとって「慰安婦」問題とは日韓の歴史認識問題であると同時に、日本国内の女性の性をめぐる抑圧的な状況が彼女たちの主張を「正当化」することに繋がっていることが分かった。本章では、今度は「行動する保守」の女性団体B会で行ったフィールドワークをもとに、会員同士のミクロな相互行為分析から、彼女たちが「慰安婦」問題に取り組む際に直面する複雑性を浮かび上がらせたい。

保守運動研究における中心的な問いというのは、人びとはなぜ保守運動に参加するのか、というものである。樋口（2014）は人びとが保守運動に参加する要因を①運動への参加局面と②継続局面の二つに分けることを提唱しているが、②の継続局面を扱った研究は手薄である。近時では、久木山一進が保守系ソーシャル・ネットワーキング・サービスの「ｍｙ日本」のオフ会参加者に対して調査を行っており、「癒し」や「孤立からの救済」といった感覚を参加者たちが得ていると指摘している（久木山 2015：262－5)。しかし、個々の参加者が何らかの「不安」を抱いているとして、その「不安」は保守運動に参加することによってどのようなプロセスで解消されるのか／されないのかまでは検討されていない。

運動の継続局面を考察するうえでは、ジェンダーの視点は欠かすことができない。とくに女性参加者らにとって、保守運動に参加することはかえって攻撃にさらされる契機ともなり得る。保守運動の女性参加者に焦点を当てたルポでは、デモの女性参加者がつきまとい被害に遭ったという事例や（佐波 2013)、同じグループの男性から「性の対象と見られていたことがガマンならなかった」という女性参加者の語りが紹介されている（北原・朴 2014：146)。男性と「同じように」運動に参加しているとはいっても、そこで経験することにはジェンダーという要因が大きく絡んでいることが推測される。

保守運動の女性参加者の場合、こうした運動内での性差別だけではなく、保守運動自体に内包されている価値観との整合性という点も看過できない。長年、米国極右運動の女性活動家らを調査してきたＫ・ブリーは、「人種主義運動団体は人種的・宗教的優位性を信奉することに加えて、個人主義・反平等主義・ナショナリズム・伝統的道徳心といった考えも推進しているが、これらは女性にとって有害であるか、少なくとも問題含みのものである」とし（Blee 2002: 31）、男性参加者との関係だけなく運動が掲げる理念と女性参加者との間には緊張関係があることを指摘している。

このことに加えて、いかなる調査方法を用いるかという点も重要になってくる。ブリーは、人種主義にもとづく極右運動を調査研究することの難しさを、次のように指摘している。運動団体が発行するミニコミやリーフレットのみを分析対象とすることは、その団体が公式に掲げている主張を明らかにすることはできても、活動家個人の意見や背景を説明することはできない。さらに、活動家へのインタビュー調査では、活動家は運動団体の公式な主張を繰り返し論じるだけで終わってしまいがちであり、彼ら／彼女たちの内面に迫ることは難しい。第二章で見たように、ブリーはこの問題を克服するためにライフヒストリーの聞き取り調査という方法を選択した。活動家に運動参加以前の話から順に語ってもらうことによって、運動団体の主張が入り込んでしまう可能性を低くすることができるとブリーは考えたためである。

国内の保守運動研究を見ると、先行研究において主として用いられてきた調査方法はインタビュー調査であった。第二部で見たような男女共同参画に反対している保守系団体のリーダーらに聞き取り調査を行った山口・斉藤・荻上（2012）や、ブリーの研究を踏まえて在特会や「行動する保守」の活動家からライフヒストリーの聞き取り調査を行った樋口（2014）の研究がその例としてあげられる。

しかし、こうしたインタビュー調査は活動家の生い立ちや運動参加経緯・動機についてのデータは得られる一方で、調査手法自体に内在された限界がある。それは、調査者に対する活動家の語りは、運動の場での語りとは異なるという点である。樋口（2012）は、在特会と「行動する保守」の活動家に対して実施したインタビュー・データの書き起こしを研究ノートとして公開している。その中で注目されるのが、「在日朝鮮人を東京湾に叩き込め」「売春婦（＝「慰安婦」）は嘘八百で日本を貶めようとしている」といった直接行動の場で発せられる暴力的な言葉と、調査者に対して発せられる活動家の言葉のギャップである。例えば、「彼ら（＝在日外国人：引用者）なりにも日本に溶け込みたいし、やっぱり在日というのもあるし。まあ彼らは彼らなりに悩んでいるんだなあと思いますけども」というような調査者に向けられた語りは（樋口 2012：102）、彼らが活動において敵視している在日コリアンあるいは調査者への「配慮」や「留意」が含まれている[1]。こうした語りがみられるのは、やはり調査者との関係性が活動家の語りに何らかの影響を与えているためではないかと考えられる。

本章ではこれまであまり焦点が当てられてこなかった、運動内の参加者同士の相互行為に着目する。街宣やデモ行進などの活動の場で発せられる言葉も、活動家が調査者に対して語る言葉も、いわば外向けの言葉である。社会運動団体が運動外部の人々に対して何らかの主張をする際は、自分たちの主張が正当であることを訴えるための分かりやすさや正しさに力点が置かれる。排外主義運動の場合は、在日外国人などの抗議対象へ対する「怒り」を表明するがゆえに過激さといったものも重視されるだろう。

しかし、運動内部を考えてみた場合、運動参加者たちのコミュニケーションは対外的に発せられるメッセージとは異なることが推察される。正しさや過激さといったものだけで参加者たちはコミュニケーションを取っているわけではないだろう。信頼関係を築き、新規メンバーを運動内に繋ぎとめておくためには、時に「楽しさ」や「面白さ」といった要素も必要になる。

以下では、A・ファインの「独自の文化（idioculture）」という概念を参考にしながら（Fine 1987＝2009）、「行動する保守」の女性団体における参加者たちの相互行為を記述・分析していく。この「独自の文化」とは、「知識、信念、振る舞い、習慣のシステムから構成されており、メンバーが論じたり、それ以外の相互作用の基盤として役に立つようなもので、集団のメンバーによって共有されている」ものである（Fine 1987＝2009: 153）。「行動する保守」の参加者たちはどのような相互行為をし、その相互行為は何を基盤として成り立っているのかを、ジェンダーの視点を導入しながら析出していきたい。

二　調査対象団体および調査概要

二‐一　調査対象団体B会の概要

調査対象としたのは、「行動する保守」に連なる女性団体B会である。B会は二〇〇九年に結成された女性中心のグループである。役職として会長と顧問を置いており、それぞれ六〇代くらいの女性が務めている(2)。会員数は約八〇〇名と公表しているが、B会で正会員になれるのは女性のみであり、男性は準会員扱いとなる。それぞれの内訳は、正会員が約五〇〇名、準会員は約三〇〇名である。[3]会員の年齢層は、会のホームページでは「一〇代から八〇代まで」と記載されているものの、調査を通しての印象では参加頻度の高い会員は五〇代以上であった。B会は主に東京都内で活動しているが、他にも大阪と北海道に支部がある。

B会が取り組んでいる係争課題は多岐にわたっている。在日韓国・朝鮮人、中国・韓国・北朝鮮、左翼への批判の他に、「慰安婦」問題や靖国神社問題、安保法制推進などである。活動形態は街宣・デモ行進・抗議活動・署名活動などの直接行動が多いが、その他にも行政や国会・地方議員への働きかけや皇居参賀、靖国神社「みたままつり」への献灯も行っている。

二―二 調査概要

本章で扱うデータは、B会の非‐示威的活動である「東北復興支援料理教室」と講演会および講演会後の懇親会において、二〇一四年四月から二〇一五年一月にかけて行った参与観察調査と、B会会長（女性、六〇代、以下、会長）と料理教室の常連参加者Jさん（男性、七〇代）への聞き取り調査で得られたものである。[4]B会は二〇一一年に発生した東日本大震災以降、一カ月から二カ月に一度のペースで「東北復興支援料理教室」を開催している。この催しは、もともとは会員同士の交流を目的に餅つき大会を行った際に、料理を作ったことから始まっている。料理教室では被災地支援のために東北産の食材が使用される。当初は牡蠣や野菜などを東北から取り寄せ、復興支援のために教室内で販売もしていたそうだが、調査を実施した時点では既に行われていなかった。[5]この料理教室は会員以外の人も参加することができ、会員同士や他の「行動する保守」団体に所属する人たちとの交流の場として、また、はじめてB会にアクセスする人を受け入れる場として機能している。(6)参加人数は毎回平均して二〇名ほどである。

先述のように、B会の主な活動は街宣・デモ行進・抗議活動といった直接行動であるため、料理教室はそれらの活動と参加者層にズレがあると考えられる。この点について、インターネット上にアップロードされているB会の活動を記録した動画を確認したところ、正会員と思われる料理教室の常連参加者はB会の他の活動にも参加していることがわかった。他方で、料理教室の常連参加者の中でも男性については、直接行動でその姿を確認することはできなかった。そのため、料理教室はB会の主たる活動よりも男性の比率が高く、そのことが参加者同士の相互行為に与える影響にも留意したい。以下、フィールドノートからの引用は（Fn 年月日）、インタビューからの引用は（In 年月日）と表記する。

三　B会をめぐる二つの集合的アイデンティティ

三－一　女　性

「行動する保守」の運動において、B会はどのような位置づけにあるのかについて、まずは確認したい。B会は結成時から「女性」の団体を作ることを意識してきた。B会の会長は、もともと「新しい歴史教科書をつくる会」に参加していた。その当時は女性が少なく、「つくる会」で活動していくなかで「女性がもっと声出していこうと思った」と会長は語る（In 2014.4.19）。加えて、ともに活動していた仲間はサラリーマンか定年退職後の男性が大半であったため、活動に費やせる時間帯がそれらの参加者とは異なり、主婦のように「日頃動ける人がいたらいい」という考えもあったそうだ（In 2014.4.19）。

会長たちが最初に取り組んだことは、女性参加者たちの間で連絡網を作るというものだった。その連絡網は、講演会などのイベント情報を互いに知らせ合うものだったという。一度連絡網を作ると次第に人が増えていき、B会の結成へとつながった。結成後まもなく、B会は他の「行動する保守」系団体と同じように、街宣やデモ行進などの活動を展開していく。街宣を始めたばかりの頃は、どこで練習したらよいかわからず、会員たちはカラオケボックスで演説の練習をし、都内の主要駅の前で行った初めての街宣は「緊張して足も震えていた」という（In 2014.10.17）。「行動する保守」の活動は基本的にすべて動画で撮影され、その場でインターネット上に配信され、動画はYouTubeなどに投稿されている。B会もまた、最初からこれらの手順を踏むことを念頭に置いていたそうだが、最初は機材なども持っていないため人づてに撮影できる人を探し、撮影してもらったのだそうだ（In 2014.10.17）。その後、自分たちで拡声器などの機材を揃えるようになったと会長はいう。

B会のホームページには、会の趣旨が以下のように記載されている。

マスコミの偏向報道、教育の場での自虐史観授業等に日本の危機を感じています。
もう男性達だけには任せておけない！

日本を護る為に私たち女性は立ち上がります。

「もう男性達だけには任せておけない」、「私たち女性は立ち上がります」というように、この趣旨では、女性であることを強調することによって、男性が大半を占める他の「行動する保守」系団体との差異化が図られている。

三－二 「左」と「右」

「つくる会」の地方支部にて調査を行った上野陽子は、「つくる会」地方支部の参加者たちは、中国・韓国・左翼などのように自分たちの運動の「敵」に関する言葉は数多く持っているが、それに対して自分たち自身を語る言葉は極端に少ないことを指摘している（小熊・上野 2003）。この点に関して、B会のメンバーにも同様の傾向がみられる。B会は以前、「日本の女性の右傾化」というテーマで新聞記事を書かれたことがある。そのことについて会長は違和感を表明し、「自分たちは真ん中だと思っている」と話していた（Fn 2014.6.22）。もっとも、B会の料理教室に集う参加者の中には「保守」であることを自称し、「保守運動」の行く末を案じるような声も聞かれた。しかし、全員が「保守」というアイデンティティを持っているわけではなく、会長のように「右傾化」「右」と呼ばれることに拒否感を持つ人びとも少なくはない。

しかし、B会は誰もが参加する／できる会ではなく、ある特定の主義主張をもつ人びとが参加する会である。会員たちの主観的な政治意識とは必ずしも合致するものではないが、やはり他の人びと自分たちとを区分けする言葉として「左」／「右」という言葉が用いられている。以下は、B会の講演会会場へと向かうエレベーターの中でのCさん・Dさん（ともに女性、五〇代くらい）のやり取りの様子である。

会場へ向かう途中、掲示物が壁にたくさん貼られたフロアでエレベーターが止まった。正面奥には高齢の男性二、三人がベンチに座り、囲碁をしている。それまで談笑していたCさんとDさんは急に黙りこみ、緊張感が走った。結局誰も乗らずにエレベーターの扉が閉まると、Cさんは「左巻きの人だと思った」とDさんと笑いあった。囲碁教室の人たちを「左」の活動家だと思ったようだ。Dさんは「よくないねー、なんでもそういう目で見てしまって」と笑った。(Fn 2014.7.19)

会場は都内の勤労会館であった。建物の中には至るところに労働問題に関するポスターやチラシなどの掲示物が貼られており、さらに高齢の男性であったことから、CさんとDさんは瞬時に、エレベーターのドアが開いたフロアにいた人びとを労働運動などに携わる「左巻きの人」だと認識したのであろう。B会の会員は自分たち自身のことを「右」として言及する機会はほとんどないが、運動に敵対する人びとを「左」と呼び、それと対極にある自分たちを自ずと「右」と位置づけている。

四　料理教室における参加者たちの相互行為

四－一　料理教室の風景

Ｂ会の料理教室は、週末に東京都内の公共施設を利用して開催されている。毎回、一五時半から始まり、一八時頃までその日の献立を作る。料理が完成したら、同じ部屋で作った料理とともに懇親会が開かれ、二〇時過ぎに解散という流れとなる。調査期間中の料理教室で作った献立は、**表7－1**の通りである。この料理教室は、参加者たちが「先生」と呼ぶ五〇代くらいの女性が進行役を務めている。参加者がだいたい揃うと、「先生」からその日に作る献立のレシピが配られ、調理手順の説明を全員で受ける。その後、三～四人のグループに分かれ、それぞれのグループで参加者同士が相談し、分担しながら調理を進めていく。参加者たちは互いに協力し合って調理をし、片栗粉でエプロンが汚れてしまった女性を他の参加者たちが「大活躍した証拠ですよ」と労う場面も見られた（Fn 2014.10.17）。

夕方頃になると、懇親会から参加する人びとや、仕事帰りと思われる人びとが続々と到着する。遅れてき

表7-1　料理教室の献立一覧

調査日	メニュー
4/18	つくねのねぎ焼き・こんにゃくの炒めもの・根三つ葉のきんぴら・筍御飯・わかめのすまし汁・いちごのゼリー
6/22	ビーフンの台湾風炒め・夏野菜のサラダ・夏のさっぱりちらし寿司・夏野菜の煮物・バナナケーキ
10/17	豚ひき肉の甘酢あんかけ・グルテン入り俵煮・きのこのかぼす和え・かやくご飯・とろろ昆布と三つ葉のすまし汁・デザート

た参加者が合流し、料理が完成すると、四つある調理台に五～六人ずつに分かれ、作った料理を食べ、持ち込んだアルコール類を飲みながら料理の感想を言い合い談笑する。そして、料理教室・懇親会の最後に全体で自己紹介をする時間が設けられている。参加者たちは単に自己紹介をするだけでなく、最近関心を持っていることや疑問に思っていることなどを話題として提供し、それがディスカッションに発展することもある。

先述のとおり、この料理教室はオープンな場となっており、B会の会員以外の参加者も来ている。参加者は女性が七割程度と多いが、男性も毎回五、六人が参加している。会員ではないが料理教室の常連となっている人も数人おり、初めてB会の活動に参加したという人も毎回一人はいる。また、地方議員が挨拶するために訪れることや、支援者が料理教室の参加者に紹介するために地方議員を連れてくるということもある。

料理教室で使う食材は、当日に「先生」や顧問が購入する。買い出し組が会場である施設に到着すると、食材は男性参加者を中心に調理室まで運ばれる。ある日、買い出し組の到着が少し遅れたときがあった。買い出し組を待っている間、参加者たちはそれぞれ談笑をしているのだが、この日に話題になっていたのは二〇一四年六月一八日に東京都議会で起きた「セクハラやじ問題」だった。「あの方（注：セクハラ被害を受けた女性議員）もあんなこと言い出したから共産とか社民のフェミ婆に担がれちゃったんじゃないかしら」と（Fn 2014.6.22）、ある女性参加者は言っていた。料理教室の参加者たちは基本的にはセクハラやじの対象となった女性議員には批判的な立場をとっているが、それは女性議員に対する批判というよりも、「共産」「社民」「フェミ婆」というように、セクハラやじを批判した人びとへの反感にもとづいているといえる。

B会の料理教室ではこのように、参加者たちはその時々のニュースや出来事などを頻繁に話題にする。「『永遠の0』見ました?」というように映画の話題や(Fn 2014.4.18)、サッカーワールドカップが開催されていた頃には、NHKサッカー放送のテーマ音楽となった椎名林檎の『NIPPON』についてどう思うか、「日本のサッカーはなんで弱いのか」、「旭日旗のマークは外国でも見られるから人気があるんじゃないですか?」というようにサッカーが参加者の間で話題になっていた(Fn 2014.6.22)。また、プライベートな旅行で特攻隊関連の資料館に行ってきたことを会長と話していた顧問は、そのときに購入した緑茶をお土産として持参し、料理教室の参加者にふるまっていた(Fn 2014.10.17)。

参加者たちは基本的に、料理教室が始まる前、調理中、懇親会、そして二次会まで、右記のような「ジョーク」を交えて談笑を楽しんでいる。こうしたやり取りは一見すると瑣末なことのように思えるが、参加者たちのジョークはこの料理教室が「行動する保守」であるB会の料理教室であることを示す「独自の文化」とも言える。社会運動において、ジョークはグループのアイデンティティや結束の強化を促す重要な機能を持つことが指摘されているため(Crawford 2003)、以下では料理教室で話されるジョークに着目し、これらのジョークが参加者たちにどのような影響を与えているのかを見ていきたい。

四－二　嫌韓・嫌中・愛国心

樋口は、排外主義運動が台頭した要因のひとつとして言説の機会構造に着目している。『正論』『諸君！』『WiLL』などの「右派論壇」の分析から樋口は、二〇〇〇年代から「東アジア諸国が最大の敵手とみなされるように」なったと指摘している（樋口 2014：153－4）。「東アジア諸国」とは具体的に中国と韓国・北朝鮮のことである。とくに、韓国や中国に対する過剰な敵意を示す言論は、今日では「嫌韓」「嫌中」と呼ばれる。ただし、中国に関しては留意が必要である。「戦前の台湾は、植民地としての影の部分も確かにあったが「多くの日本人が、台湾のために献身的に働いてくれた」と、今もお年寄りは評価する」というように（平野 2009：275）、「行動する保守」であるか否かにかかわらず現代の保守運動は、中国のなかでも台湾に関しては「親日」として肯定的に取り上げる言論が存在する。

B会もまた東アジア諸国に対してこのような姿勢を有しているが、料理教室ではひとつのまとまった言論とは異なる形式でその姿勢が参加者の相互行為の節々にみられる。会長・会員Eさん（女性、五〇代くらい）・他団体からの参加者Fさん（女性、七〇代くらい）・調査者の四人で同じグループになったときのことである。Eさんは顔なじみの会長と会話をするが、初対面と思われるFさんとはほとんど話をする機会はなかった。この日のメニューは「つくねのねぎ焼き」で、以下は添え物の野菜ソテーを作るためにパプリカの下準備をしているときのEさんとFさんの会話である。

Eさん：「パプリカも最近は韓国産ばっかり」

Fさん：「日本で作れないんですかねぇ」（Fn 2014.4.18）

Eさんはスーパーマーケットで売られているパプリカの産地が韓国であることが多いことに疑問を持っており、そのことを口にするとそれまであまり話をしていなかったFさんも共感する発言をしている。この時に使用したパプリカの産地については、「先生」からとくに補足がなく、韓国産のものを使用しているのではないかとEさんは推測したようだ。

韓国産パプリカの話は次の料理教室でも続いていた。以下は「先生」が調理手順を説明しているときの「先生」と会長のやりとりである。

先生：「カラーピーマンはだいたい韓国産のものが多いんですけど」
会長：「ほんとそうなのよね」
先生：「そうなんです、でも今日はちゃんと日本産を探して買ってきました。嫌なので、韓国が。」
（Fn 2014.6.22）

EさんとFさんの会話が見られた回では、二人のほかに野菜の産地に関して言及される場面はなかった。しかし、その次の回では「先生」自らが野菜の産地について言及するようになり、日本産の「カラーピーマン」であること、それを「探して」きたことが参加者全員に対してアナウンスされている。

B会の料理教室のメニューは和食が多いが、中華料理を作った回もあった。その回で作ったのは「ビーフンの台湾風炒め」であり、「中華炒め」ではなく「台湾風炒め」という調理方法が採用されていた。また、このときも「先生」から台湾産のビーフンを探してきたという説明があった。嫌韓・嫌中という共有された知識が、食材の産地や調理方法という形で現れていることがわかる。

他方で、愛国心もまた、料理教室という文脈に埋め込まれた形で見られた。料理教室の参加者には毎回、その日に作る料理の材料と手順が記されたレシピが配られる。レシピはA４サイズで、二〜三枚のものである。「東北復興支援料理教室」というタイトルの下には日の丸の絵が描かれており、さらにその下には「私の好きな国、日本」という文字が印刷されている。

料理教室で着るものや身に付けるものにも、参加者のこだわりがみられる。参加者はエプロンに三角巾というスタイルで調理をするのだが、以下は三角巾に関するCさんとDさんのやり取りである。

「先生」が調理手順を説明している途中、CさんとDさんが入室してきた。二人は椅子に座ると、Dさんが黒地にピンクの桜の花の模様がついた三角巾をかぶり始めた。それを見たCさんは「それいいですね」と小声で話しかけ、Dさんも「一〇〇均で購入したの。秋だけどね」と笑顔で答えた。（Fn 2014.10.17）

Dさんが桜柄の三角巾をかぶったことにCさんはすぐに気がついている。しかし、Cさんは単に、

Dさんが三角巾をかぶったという行動だけでなく、Dさんが桜柄の三角巾をあえて選んできた意図にも気づいている。桜の花が、日本や「愛国心」を表象するモチーフであるという知識がCさんとDさんの間に共有されており、このやり取りはその知識によって成り立っている。

これらはすべて女性同士の会話であるが、男性が混じった場合でも、「嫌韓」「嫌中」といった話題は参加者同士で共有された認識にもとづいて、ジョークとして語られる。会長と先述のEさん、Oさん（男性、六〇代）、調査者の四人で同じグループになった時のことだ。Oさんは、「先生」がB会とは別に開催していた料理教室C会の参加者で、そこで「先生」と知り合った。「先生」によればその料理教室は「右とか左とかそういうところではない」が、Oさんは「そう（右）なんだろうなとわかった」のだそうだ。「先生」が元々やっていた料理教室も同じ会場で開かれていたため、Oさんは料理も手慣れていて調理室の勝手も分かっており、男性・女性ともに他の参加者から頼りにされる存在である。

「先生」やOさんがC会の話を会長としており、C会の参加者は「普通の人」であると語られたとき、Eさんが「極左はいますか」と冗談で尋ねた。Oさんは笑いながら「さすがにいないんじゃないかなあ」と答えた。「先生」によれば、C会には以前、韓国の人が参加していた時期があったという。夫の仕事の関係で来日していた女性だったそうだが、しばらくすると来なくなり、「先生」はそのことについて「良かった」と言っていた。その話を聞いていた顧問の女性は、「キムチが作れると思って来たんじゃない？」と冗談を言っていた（Fn 2014.6.22）。

C会をめぐってなされたこの会話は、男性も混じっているものの、会話の主導権は女性が持っている。「右とか左」「極左」というように参加者のイデオロギーに関するジョークから始まったこの会話は、韓国の人が参加していたがしばらくすると来なくなったことが「先生」の口から語られると、同じグループではないが近くにいた顧問の女性も参加して「嫌韓」のジョークが語られるようになる。男性が混じっていても、B会の料理教室では「嫌韓」の話題は参加者が共通して「楽しむ」ことができるものとなっている。

四－三　料理教室におけるジョークの機能

このように、「嫌韓」や「嫌中」「愛国心」についてのジョークを参加者同士でやり取りすることにはどのような意味があるのだろうか。A・ファイン&M・ソーシー（2005）によれば、小集団におけるジョークには、①相互行為をスムーズにする、②集合的アイデンティティを共有させる、③集団の内と外の境界を作り出し維持する、④その集団にとって適切な行為を固定化する、という四つの機能があるという。この知見を踏まえると、B会の料理教室で見られたジョークは、以下の三つの機能を有するものとして解釈することができる。

第一に、参加者たちはジョークを交えることによって相互行為をスムーズにしている。日常生活では他者が自分と同じ政治意識を持っているのか否かを判断することは難しい。そのため、「嫌韓」「嫌中」「愛国心」といった一定の指向性をもつ話題を口にすることは、日常的に接しなければいけない他者との間に軋轢を生じさせる可能性がある。(7) B会は「嫌韓」「嫌中」「愛国心」といった普段は口に出せない話題を「楽しむ」ことができる場であり、そして先に見たパプリカに関するEさんとFさんのやり取りのように、参加者たちはこれらのトピックをジョークにして話すことによって、交流を円滑にしていると考えられる。

第二に、こうしたジョークは他の参加者が自分と同じ価値観を有しているか否かを判断する機能も有している。B会の料理教室は会員以外の人も参加できる。少数ではあるがB会に初めてアクセスする人もいるにもかかわらず、自己紹介の時間は料理教室の最後に設けられている。それゆえに、「行動する保守」のコミュニティにおいてその時々で関心を集めている時事問題などをジョークとして話すことで、そうした話題を相手も知っているか否かを場の雰囲気を乱さずに知ることができ、そのジョークに対して相手が笑ったならば、その人は自分と同じ価値観を持っていると判断することができる。これは、ファイン&ソーシーが提示した機能のうち、②集合的アイデンティティの形成に大きく関与していると言えるだろう。

そして第三に、「嫌韓」「嫌中」「愛国心」のジョークは参加者がB会や「行動する保守」運動に参加するにあたって必要な知識やふるまいを生産／再生産する機能も有している。先にみた韓国産パプリカの例では、韓国への敵対心が食材の産地という料理教室に固有の文脈でみられた。最初はEさんとFさん二人でしていた会話であったが、次回では「先生」と会長が参加者全員の前で国産のパプリカを使うことを示すに至っており、料理教室の運営の仕方にも影響を与えている。このように、料理教室の参加者たちはジョークを通してその集団における適切な行為を作り出し固定化していると考えられる。

B会の料理教室でみられた「嫌韓」「嫌中」「愛国心」に関するジョークや会話は、このように集団内の人びとにとってはポジティブな意味を有している。しかし、ファイン&ソーシーが提示したジョークの四つの機能には、集団の内と外の境界を作り出し維持するという排他的な性質を持つものもある。この点について、以下では普段は和やかに実施されているB会の料理教室の雰囲気が一変した場面を見てみたい。

五　「慰安婦」問題に関するジョークをめぐって

五-一　「慰安婦」を嗤う高齢男性

「嫌韓」「嫌中国」「愛国心」に関するジョークは参加者全員が「楽しめる」一方で、B会の料理教室では「慰安婦」問題についてのジョークは参加者によって異なる反応が見られた。B会は「慰安婦」問題についても精力的に取り組みを行っている。調査時にB会が最も力を入れていたのは、ある地方自治体所有の公園内に設置されていた戦時中の朝鮮人強制連行の犠牲者を偲ぶ追悼碑の撤去であった。B会がこの活動を始めた背景には「嫌韓」だけでなく、「慰安婦」問題も存在している。例えば、追悼碑撤去の活動報告がなされたB会の講演会では、日本国内で朝鮮人追悼碑が撤去されない限り、米国に建設された「慰安婦」少女像の撤去は到底無理だという発言があった（Fn 2014.7.19）。

B会は街宣や署名活動などの直接行動では「慰安婦」問題に積極的に取り組んでいるが、非-示威行動の場で「慰安婦」問題が話題となることは少ない。調査期間中、料理教室で「慰安婦」問題について参加者たちが話をしていたのは一度だけであり、(8)次のようなやり取りが見られた。料理教室の最後に設けられた自己紹介の時間で、Hさん（男性、二〇代）が元「慰安婦」女性の証言集会に参加したことがあると発言したことから始まる場面である。少し長いが、フィールドノートから引用する。

Hさんが元慰安婦のハルモニの証言集会に行ったと発言した。すると、会長はすぐさま「ハルモニ？　慰安婦の？　嘘ばっかだったでしょう？」と質問した。ところがHさんは「全部が嘘というよりかは基本は本当で、それを少し脚色した感じでした」と答えた。Hさんは当初、「慰安婦」に否定的な感情を持って集会に参加したようだが、証言を聞くうちに一部共感したような印象を受けた。他の参加者はHさんの話を黙って聞き、しばらく誰もしゃべらなかった。すると突然、Iさん（男性、六〇代）が「慰安婦いい女だった？」と大きな声で質問した。Hさんはそれには答えずただ苦笑いを浮かべるだけで、結局Hさんの自己紹介はうやむやになって終わった。次はJさん（男性、七〇代）の番になった。Jさんがイスから立ち上がり、話し始めようとすると、再びIさんが「慰安婦好きな人〜？」と呼びかけ、Jさんは「はーい！」と手を挙げながら無邪気に答えた。他の参加者は二人のこのやり取りを笑いながら見ていたが、IさんとJさんのやり取りに加わったり、何かを発言したりする人はいなかった。（Fn 2014.6.22）

若年男性のHさんは料理教室に初めて参加した人で、高齢男性IさんとJさんは料理教室の常連である。右記の場面では、IさんとJさんが「慰安婦」にされたという過去をもつ高齢の女性を、再び性的客体に位置づける性差別的なジョークを展開している。「慰安婦＝売春婦」とする主張を「行動する保守」の人びとが直接行動で訴えていることを踏まえると、このやり取りは買春をも肯定すると同時に、自分たち男性は女性の性を「買う」側であることを暗に示してもいる。

先に見たような「嫌韓」「嫌中」「愛国心」のジョークが参加者同士のつながりを深め、運動内部に人びとを留めようとするものであるならば、この「慰安婦」問題をめぐってなされた相互行為は、運動にとって相応しくないとみなされた人を外部へと追いやろうとする機能を有している。すなわち、高齢男性IさんとJさんのやり取りは、若年男性Hさんを「からかう」ことによってHさんの発言を無効化しているのである。

「からかい」という行為には、①遊びであること、②「からかう」側の発話者と発話内容に匿名性・普遍性を帯びさせること、③「からかわれた」側の発話者の発話内容をその意図から切り離して別の文脈に置き換える、といった特徴がある（江原 1985）。「慰安婦いい女だった？」という発話は「遊び」であるためにその言葉に対する責任は問われず、元「慰安婦」女性に対して示されたHさんの共感は、その女性が性的に魅力的であったか否かという個人の性的指向の文脈に置き換えられている。IさんとJさんのジョークは、元「慰安婦」女性に共感を示したHさんの言動がB会の料理教室という場には「ふさわしくない」ということを、Hさんに対して暗に示しているのである。

実際に、このやり取りがあった後、調査期間中にHさんの姿を見ることはなかったが、IさんとJさんはその後も料理教室に参加し続けていた。

五－二　排除される「他者」と排除できない「他者」

他方で、この場面はB会の女性参加者たちの反応に注目すると別の様相を呈する。Hさんの発言を発端とする一連のやり取りの中で、唯一発言した女性は会長だけである。それも、「ハルモニ？慰安婦の？　嘘ばっかだったでしょう？」というように、元「慰安婦」女性に対する「敵意」や「怒り」[9]を含む発言であった。しかし、会長はその後、他の女性参加者と同様に「沈黙」してしまっている。

こうした参加者間の意見の相違が露呈するような場面はA会の料理教室では珍しく、「気まずい」雰囲気はその後もしばらく続いた。自己紹介の時間では、話し手が話し終わるとそれに対して他の参加者からも発言があることが多い。しかし、先のやり取りの後は参加者全員を巻き込むようなディスカッションはしばらく見られなくなった（Fn 2014.6.22）。ようやく他の参加者からも発言がなされるようになったのは、常連の女性参加者Dさんの番になってからである。Dさんが提供した話題は、最近になって近所に中国人が増え、外での会話がうるさくゴミ出しのルールも守られなくなった、というものであった。それに対して男性参加者から「ゴミのルールが守られていないなら現場の写真を撮っておくといいよ」という現実的なアドバイスが出された（Fn 2014.6.22）。

料理教室の女性参加者たちが元「慰安婦」女性を揶揄するジョークに対して「沈黙」してしまった理由として、次の二点が考えられる。第一に、「慰安婦」問題に対するスタンスの違いである。聞き取り調査において会長は「慰安婦」問題についても言及していたが、その見解は女性という自身の立場性に密接に結びついたものだった。会長は、韓国は「慰安婦問題」に関して「日本を責める」

のではなく、まず韓国国内の「女性の性を守るべき」であり、「今の売春婦の人権は守らなくていいのか」、「女性としてそう思います」と語る（In 2014.4.19）。この発言において「慰安婦」問題は、歴史認識や外交問題であるだけでなく、今日まで連続する女性問題として位置づけられており、その「慰安婦」問題に会長は「女性として」取り組んでいるということが示されている。

さらに、「慰安婦」問題に関する会長の見解は、男性の買春批判をも含むものであった。会長は「売春はなくならない」と断言したが、この発言の直後、「絶対自分は（売春婦に：引用者）ならないと思って高みから物を言っているけれど」とし、「一番は男性が買春しなければいい」とも述べていた（In 2014.4.19）。「高みから物を言っている」という言葉とは対称的に、売春しなくても生きていける状況にある女性であるという自己の立場性に自覚的な発言である。

他方で、若年男性Hさんから始まる「慰安婦」問題に関するやり取りの中で、元「慰安婦」女性についてのからかいに乗ったJさんに対して後日に行ったインタビューでは、Jさんは「慰安婦」問題は「あれはもうお笑いにするしかないですよね」と述べていた（In 2014.11.15）。Jさんがこのように表現するのは、戦時性暴力は日本に限らずどの国でも生じるものであるにもかかわらず、「慰安婦」問題が取り沙汰されているのは「プロパガンダで、日本の足を引くためにやっている」という認識からである（In 2014.11.15）。Jさんにとって「慰安婦」問題は自身の性とはかけ離れた問題として捉えられているのである。

第二に、男性参加者に対して女性参加者が反論や異論を唱えることがそもそも困難であるという理由がある。調査期間中、B会の料理教室では「慰安婦」問題に関するやり取りのような「気まずさ」が漂った場面が他にもあった。B会が熱心に取り組んでいた朝鮮人追悼碑の撤去問題について、自己紹介の時にKさん（男性、六〇代）が「追悼碑の撤去は絶対になされない」と断言し、「もし撤去されたら一〇〇万円あげますよ」と挑発的な発言をしたことがあった（Fn 2014.4.18）。その場では面と向かって反論する人はいなかった。しかし、Kさんがいなかった次の回で、Kさんへの反論を書いた女性会員のブログを会長が参加者に読んで聞かせ、それに対して女性参加者から拍手が起きるという出来事があった（Fn 2014.6.22）。Kさんに反論するために極めて間接的な手法が用いられていることがわかる。B会の活動では場を管理する権限を持つ会長ですら、このような手法を取らなければ男性参加者に反論することは難しいのである。

ファイン&ソーシーによる小集団内のジョークが持つ四つの機能のうち、B会の料理教室で見られた「慰安婦」問題に関するジョークは、集団の内と外の境界を作り出し維持する機能に該当する。若年男性Hさんへの「からかい」は、元「慰安婦」女性に共感を示すことがB会の活動では適切なふるまいではないことを伝えるものである。しかし、IさんとJさんによる元「慰安婦」女性への揶揄に対する女性参加者たちの「沈黙」や、「慰安婦」問題に対する会長とJさんの語りの差異を踏まえると、元「慰安婦」女性を性的対象とするジョークを話すことも、B会においては適切なふるまいとはみなされていない。しかし、女性参加者たちがそのことを高齢男性に対して積極的に提示することはない。

若年男性Hさんを集団の境界の外へ「排除」することはできても、女性参加者たちはHさんを追いやったIさんとJさんを「排除」することはできない。それは、そもそも男性参加者に対して女性参加者が反論や異論を呈することが難しいことにも加えて、常連であるIさんとKさんは少なくとも「嫌韓」「嫌中」「愛国心」に関しては同じような志向性を有しているからである。元「慰安婦」女性に対してどのような立場性を取るかというジェンダーに関連した考え方よりも、「慰安婦」問題の解決に反対することや「嫌韓」「嫌中」「愛国心」といった政治的イデオロギーの方がB会の料理教室では優先されており、ジェンダーに関する見解が異なっている「他者」はB会の完全な「内」ではないものの、「外」に追いやることも女性参加者たちはできないのである。

（1）在特会および「行動する保守」グループのルポを書いた安田も、在特会会員について「実際に会ってみれば「フツー」としか形容する以外にない者がほとんど」であったため「在特会やその関係者を取材するようになってから、拍子抜けばかりしている」という感想を書いている（安田 2012：315）。安田にとって会員らが「フツー」に見えるのは、会員らが外部者である安田に対してはそのように振る舞っているからであるという可能性も拭いきれない。

（2）この調査では参加者らの基本属性に関する情報を得ることが出来なかったため、以下で言及する参加者の年齢はすべて調査者が目算したものである。

（3）在特会の会員数について言われてきたことと同様に、B会の場合も実際に活動しているメンバーはさほど多くはなく、公表されている会員数は登録者数と捉えた方が適切であると言える。

（4）調査を実施するにあたっては、B会会長から許諾を得た。なお、その他の会員および参加者に対しては、料理教室や懇親会の場で自己紹介をする際に、学術調査のために参加しており、会長からも許可を得ていることをアナウンスすることで周知した。

(5) ただし東北復興支援という当初の趣旨は常連参加者たちにも共有されており、東北に復興支援のボランティアに行ってきた参加者が、東北の地酒を差し入れすることもあった。

(6) 調査を始めるにあたってB会会長と相談をした際、日程上、直近のイベントだった料理教室への参加を打診したところ、「話し好き」「世話好き」の「保守のおじいさん、おばあさんが料理作りや政治談義で賑やかに盛り上が」るため、料理教室から調査を始めることは「大正解」であると伝えられた。

(7) B会の料理教室の参加者たちは、自分たちは社会的には少数派であるという意識を持っている。自己紹介をする際に、他者からの理解が得られずに悩んでいることを打ち明ける人も少なくない(Fn 2014.4.18)。

(8) 料理教室以外では、講演会で「慰安婦」問題についてのジョークが見られた。B会主催の講演会と同日同時刻に、近くの会場で「慰安婦」問題の可決を求める講演会が行われていた。司会を務めていた会長は冒頭の挨拶のときに「今日は同じ時間帯、○○大学で「漫談」があるので」と言及し、会場からは笑いが起こった(Fn 2014.7.19)。

(9) この場面で女性参加者たちが実際にどのように思っていたのかを確かめるデータを得ることはできなかった。インタビュー調査の承諾を取ることができた女性もいたが、調査の前日に急遽キャンセルになったことがあった。その際、その女性はインタビューのことを考えると緊張し、体調を崩してしまったと話していた。一般の女性会員にとって、インタビュー調査は精神的に負担をかけることになると判断したため、中止したという経緯がある。

終章　日本社会で生きる女性たちの保守運動
——その困難と展望

一　これまでの議論のまとめ

本書では、男女共同参画反対運動と「行動する保守」という一九九〇年以降の日本社会において登場した二つの女性による保守運動を取り上げ、その実態と女性たちの保守運動を取り巻く構造を析出してきた。以下、各章での議論を簡潔にふり返っておきたい。

第一部「女性たちの保守運動を捉える視点」では、保守運動への女性の参入という事象が保守運動史においてどのように位置づけられるのかを検討するために、戦後日本社会における保守運動の系譜を、日本遺族会を始点とすることで描いた（第一章）。日本会議をはじめとする今日の組織化された保守運動団体の源流は、靖国神社公式参拝運動と元号法制化運動という、一九八〇年代に展開された二つの運動に携わった団体にあった。これらの運動は東京に中央組織を結成したのち、既存の運動団体の人的資源を活用しながらキャラバン隊を地方に派遣し、地方支部を次々に作っていった。このように「上から」の組織化を進めた保守運動団体は一九九七年に日本会議の結成へと至った。それに対して、一九九〇年代は草の根の市民による自発的な保守運動団体・グループが結成されていくことになった。保守運動において女性参加者の存在感が増したのは二〇〇〇年以降のことであり、男女共同参画社会基本法に反対するため、二〇〇〇年代には「女性」の名を冠した団体やグループが結成されるようになった。以上のことから、保守運動において女性たちが積極的に運動を担うようになったのは、保守運動史において新しい現象であることを明らかにした。

次に、女性の保守運動を考察していくうえで必要となる視点を、米国の右派女性研究を概観することで析出した（第二章）。一九八〇年代から本格化する米国の右派女性研究は、早くからジェンダーの視点を取り入れた議論が展開されていた。それらの研究を整理しながら本書では、①女性たちの保守運動を取り巻く社会構造、②女性たちの保守運動と男性中心の運動団体および男性参加者との関係性、③女性たちの保守運動の担い手を「女性」として捉えるという視点、という三つのポイントを導いた。

第二部では、男女共同参画反対運動を事例とし、「母親」や「主婦」という立場で活動する女性たちの保守運動の実態と、彼女たちを取り巻く保守運動の構造を「家族」に着目しながら考察した。まず、今日の保守運動における「家族」言説を検討する前に、保守運動においてそもそも「家族」イメージがどのように変遷してきたのかを、日本遺族会の会報分析から検証した（第三章）。アジア太平洋戦争時の軍人・軍属戦没者遺族団体である日本遺族会では、設立当初から「家族」が語られていた。しかし、その「家族」とは夫亡きあと一家の稼ぎ手として貧困ながらも経済的に家族を支え子を育ててきた母親を中心とした語りであり、本書ではこうした「家族」のイメージを〝苦労する母親〟像と名づけた。この家族イメージはその後、遺児らによって語られていくことになったが、一九八〇年代以降になると次第に「家族の価値」言説がみられるようになり、遺族会独自の家族イメージである〝苦労する母親〟像が次第に変質していったことを明らかにした。

次に現代の保守運動に立ち返り、保守系雑誌や運動団体の機関紙・会報・ミニコミにみられる現代の「家族の価値」言説を、語り手のジェンダーに着目しながら分析した（第四章）。「主婦」を自称する記事（「主婦バックラッシュ」）では、家事や育児・介護といった家庭内ケア労働を通じて構築されていく家族の人間関係が重視されていたのに対し、「家族の価値」を積極的に論じる有識者たちの記事（「主流派バックラッシュ」）では、「家族」はあくまで国家や社会秩序を維持するための基盤に過ぎず、家庭内で主婦として女性たちが行ってきたケア労働に対する評価も低かった。こうした異なる「家族」の語りが、あたかも一枚岩のように見えてしまう構造として、本書では主婦でありかつ知識人でもあるという二つの側面をもつ女性知識人に着目し、彼女たちの「家族」語りが「主婦バックラッシュ」を「主流派バックラッシュ」へと接続する機能を有していることを指摘した。加えて、「主婦バックラッシュ」によるケアの重視は、ケアや依存といった観点から近代的主体を前提として構築されてきた社会構造を批判する「ケア・フェミニズム」とも接点を有するのではないかという点を示唆した。

「ケア・フェミニズム」とも接点を持ちうるにもかかわらず、「主婦バックラッシュ」はどの点において乖離していくのだろうか。愛媛県で活動する草の根女性団体A会で実施したフィールドワークからは（第五章）、思想信条が異なる人びとを束ねるトピックとして「家族」が持ち出されていること、そして、地方で生きてきた女性たちは苦悩や葛藤を抱えながらも、性別役割規範を内面化し実践していくことによって家庭内の人間関係が円滑なものになるよう努めていたことが明らかとなった。「ケア・フェミニズム」と「主婦バックラッシュ」とでは、性別役割規範の見解に大きな隔たりがあることが浮かび上がった。

第三部では、「女性」という立場にたつ保守運動として、「行動する保守」の女性団体を取り上げた。「行動する保守」に参加する女性たちは、どのようなジェンダー・アイデンティティにもとづいて活動しているのかを、インターネット上にアップロードされていた活動動画の内容分析を通して考察した（第六章）。分析からは、「行動する保守」の女性参加者たちは、「母親」や「主婦」ではなく「女性」という立場を取っていること、そして、そのようなポジショナリティを可能にしているのが、「慰安婦」問題という係争課題であることが明らかとなった。「行動する保守」の女性たちによる「慰安婦」問題の語りを詳細に見ていくと、彼女たちが「慰安婦」問題を熱心に取り上げるのは日韓の外交問題や歴史認識問題である以前に、女性の性に関する問題であると認識されているためであった。彼女たちの「慰安婦」バッシングの背景には、「女性」が性的客体化される日本社会において、「女性」として生きることの困難や、性暴力被害の司法・社会的救済のされなさといった現状があり、そして、そうした性差別的な社会構造が「慰安婦」問題を梃子にして韓国を批判するという、「女性」として保守運動を担うことを可能にしていることを指摘した。

次に、「行動する保守」の女性たちにとって「慰安婦」問題はどのような位置づけなのかをさらに探るために、「行動する保守」に連なる女性団体B会でフィールドワークを行い、街頭演説やデモ行進のような示威行動以外の場所での、参加者同士の相互行為を分析した（第七章）。B会が主催する料理教室では、調理方法や参加者が身につける衣服といった形で、嫌韓・嫌中・愛国心が具象化されていた。料理教室では嫌韓・嫌中・愛国心に関する「ジョーク」が頻繁に話されていることに着目し、これらの「ジョーク」が参加者たちに相応しいふるまいを示し、学習させる機能を有していることを指摘した。ただし、「慰安婦」問題の「ジョーク」は参加者たちの反応が分かれ、「ジョーク」として嗤える高齢男性と、嗤えない女性たちという構図が見られた。こうした相互行為の場面からは、「行動する保守」の女性たちにとって「慰安婦」問題あるいは元「慰安婦」女性とは、街頭で声をあげて批判することはできても、性の客体としてからかう対象ではないこと。そしてその背景には、自分たち自身も性の客体になりうる存在であり、「高齢の女性」になるという事実を、彼女たちが認識しているためであるということを示した。

本書ではこれまで、女性たちの保守運動を「母親」としての保守運動と、「女性」としての保守運動に分けて分析してきた。終章では両者を再度統合し、第二章で析出した三つの視点——①女性たちの保守運動を取り巻く社会構造、②女性たちの保守運動と男性中心の運動団体あるいは男性参加者との関係性、③女性たちの保守運動の担い手を「母親」ではなく「女性」として捉えるという視点——をふまえながら、女性たちの保守運動が現代日本社会において現れたことの理由とその意味について考察したい。そのために以下では、女性たちの保守運動を取り巻く社会構造と、男性中心団体・男性参加者との関係性という観点から、女性たちの保守運動を成立させている要因について考察し（第二節）、女性たちの保守運動が総体としての保守運動にとって両義的な存在であることを論じたうえで（第三節）、女性たちの保守運動を「女性運動」として読み替えるという試みを行う（第四節）。そして、本書を閉じるにあたって、女性たちの保守運動に着目することが保守運動研究に対していかなる示唆を有するのかを示したい（第五節）。

二　女性たちの保守運動を成立させる要因

戦後日本社会における保守運動の系譜に、女性たちの保守運動を位置づけると、次のように言うことができる。保守運動の全国的な組織化は一九七〇年代から八〇年代にかけて行われ、一九九七年にその帰結として日本会議が誕生した。他方で、同年には「新しい歴史教科書をつくる会」（以下、「つくる会」）も結成されており、これまで保守運動には関わりのなかった新たな層が運動に流入するとともに、従来の左派市民運動と類似した運動形態をとる草の根レベルの保守運動が展開されるようになった。そして、二〇〇〇年代以降に女性たちの保守運動が登場する。女性が保守運動を担う主体として立ち現れるようになった要因は何であろうか。

「母」という立場をとるか、「女性」という立場をとるかの違いはあるとして、男女共同参画反対運動と「行動する保守」の女性団体には、組織形態や活動戦略において三つの共通点がある。第一に、女性のみで構成され活発に活動している団体は、草の根レベルの小規模な運動団体である。男女共同参画反対運動でも「行動する保守」でも、有識者を除いて保守運動に参加する女性たちは傍流である。運動の主導権を握ってリードしているのは「日本会議」や「つくる会」、「在日特権を許さない市民の会」など、全国に支部や会員をもつ規模の大きい団体である。第七章でみたB会参加者の相互行為からも推測できるように、保守運動内ではジェンダー規範が強く働いており、女性参加者が男性参加者に遠慮して意見が自由に言えないこともある。「つくる会」の神奈川県支部有志団体「史の会」のように、草の根の人びとによって自発的に行われる比較的小規模の保守運動という運動形態が九〇年代に生み出されたことは、女性同士が集い、顔と名前が一致する範囲で気軽に意見を言い合って活動できるという意味で、女性の保守運動への参入を容易にしたと考えられる。

第二に、女性中心に構成されている保守運動団体は、「女性性」を強調することである。彼女たちが「女性性」を強調するのは、他の男性中心団体との兼ね合いや、保守運動外部のオーディエンスを意識しているためだと考えられる。第五章で取り上げたA会のように男性が役職についているグループもあったが、彼らはあえて運動の前面には出ないようにすることを心がけていた。また、A会は「女性がどんな人でも入りやすい」会にするために、上部団体を持たないという方針がとられており、リクルートも女性を主なターゲットにしていた。他方で、第六章で取り上げた「行動する保守」の女性団体は、街宣やデモ行進など運動外部の人の目に触れるような活動では、「普通の主婦、普通のOL」であることや、「日本女性」であることをアピールしていた。第七章でみたB会も、「女性がもっと声出していこう」という動機から、女性を中心とした団体を結成している。このように、男女共同参画反対運動と「行動する保守」いずれの場合でも、組織づくりや対外的なアナウンスでは「女性性」が強調されている。そして、「女性」であることを強調する保守運動団体が成立しているのは、それに呼応して運動に参入する女性が一定数存在していたためであると考えられる。

第三に、女性中心の保守運動団体が結成され、彼女たちの存在が保守運動内で可視的になるのは、家族や性に関するトピックが扱われているときである。家族や性といったジェンダーに関連する係争課題に特化する形で、女性による保守運動団体が結成されやすいのは、今日の日本社会におけるジェンダーのあり方や他の男性中心団体・男性活動家の存在が影響している。男女共同参画反対運動で焦点となった女性の社会進出も、「行動する保守」で言及されてきた「慰安婦」問題も、いずれも男性活動家にとっては正面から批判しにくい。男女共同参画反対運動の場合、男女共同参画社会基本法に反対するということは、女性の社会進出に反対し、女性のみに家庭内のケア責任を負わせることを意味する。夫婦共働き世帯が過半数を越えた現状において、こうした主張を真っ向から展開しても新たな支持の獲得は難しい。そのため、第五章でみたように、男性知識人たちは「女性は家庭にいるべきだ」とは直接的には言及せず、国や社会秩序のために「伝統的」な家族制度やジェンダー規範は維持されるべきだと論じていた。

男性活動家が論じにくいのは「慰安婦」問題も同様である。第六章で見たように、元「慰安婦」女性を「ババア」と罵る男性活動家は存在した。しかし、彼らはその発言を女性が主催した活動の中で発していた。在特会をはじめとした男性中心の「行動する保守」グループが主として扱うテーマはやはり、在日コリアンや東北アジア諸国との外交問題が中心となっている。男性のみの活動で「慰安婦」問題が単独で扱われることがさほどないのは、性産業が圧倒的に男性を「購買層」として想定している社会では、男性は女性を「買う」性と認識されており、男性だけで元「慰安婦」女性を罵倒することは、あまりにも男性の加害性が前面に出過ぎてしまう。

男女共同参画反対運動も「行動する保守」も、女性活動家が声をあげて運動の最前線に立つことによって、「男性」対「女性」という対立構図を薄めることができる。男性だけでなく、女性もまた男女共同参画あるいは「慰安婦」問題に反対しているというポーズをとることができるのである。保守運動の男性参加者たちは、女性参加者が男女共同参画や「慰安婦」問題に反対の声をあげることによって、これらのトピックについて遠慮なく発信することができる。保守運動において女性たちが女性のためのグループを作るということは、男性参加者たちにとっても歓迎される出来事なのである。

以上のことから、女性による保守運動が活発化した要因は四点にまとめられる。①一九九〇年代に草の根レベルの保守運動という運動スタイルが作り出されたこと、②「女性性」を強調することで女性中心の新しい団体を立ち上げられるほどに保守運動に女性が参入していたこと、③男性参加者が扱いづらい家族や性に関する係争課題が浮上したことによって女性が保守運動の前面に立つ需要が生まれたこと、そして、④ケアの社会的分配や「慰安婦」問題という女性の性をめぐる社会意識の変化が国内外で生じ、保守運動においてもそれらのトピックが争点となるようになったこと。女性たちの保守運動は、こうした力学の上に成り立っているのである。

三　女性たちの保守運動が抱える両義性

保守運動は日本社会の「右傾化」を牽引する存在として一括に語られるが、本書の各章で析出してきたように、女性参加者たちに着目すると、保守運動はとくにジェンダーに関連したトピックに関しては必ずしも一枚岩ではないことがわかる。女性たちの保守運動は、他の男性中心団体や男性参加者と比べると、極めて両義的な存在である。「愛国心」を称揚する点では彼らとの間に共通性を有しているものの、女性中心の保守運動団体には保守運動のメインストリームとは一致しない、それどころか時としてそれらと対立さえし得る側面がある。

男女共同参画反対運動の場合、たしかに女性参加者たちも性別役割にもとづいた家族を理想としているという点では保守運動総体と意見は一致している。しかし、第二部でみてきたように、彼女たちの「家族」の語り方は男性参加者たちと大きく異なっていた。「母の日」に贈った造花のカーネーションを母が喜んでくれたこと、子どもから高齢者まで世代の異なる人びとが一緒に食卓を囲めるように、各々の食事の好みや食べられるものを把握し、それらに配慮しながら食事を用意することなど、彼女たちは自分の体験を軸にして「家族」を語る。そして、語りの大半を占めていたのはケアによって結びついた人間関係の情緒的な記述であった。「母」「妻」「嫁」「主婦」として生きることの閉塞感や困難をも綴りながら「家族」の重要性を訴える「主婦バックラッシュ」の言論は、女性というジェンダーに一律にケア責任を負わせるという規範だけで「家族」が成り立っているわけではないことを暗に示している。彼女たちの男女共同参画批判は、家庭内でケア責任を一手に担うことは確かに苦しさや辛さを伴うが、そうしたケアがあってはじめて「家族」は成立するのだと論じている点で、ケアの社会的評価の低さに対する異議申し立てとしても読み解くことができる。

女性たちの男女共同参画反対運動を、家庭内で女性が担ってきた家事・育児・介護といったケア労働の価値が社会的にも政治的にも低く見積もられていることへの異議申し立てであるとすると、彼女たちの主張は実はフェミニズムにも接続しうるものである。依存という人間にとって避けることのできない状態と、ケアという営みが私的領域に閉じられ、忘却されていくことの政治性を暴く「ケア・フェミニズム」は、「母」や「妻」の立場で活動する保守運動の女性たちと、必ずしも対立するものではない。

第四章でもふれたように、ギリガンが「ケアの倫理」を提起して以降、今日ではケアや依存といった観点から、自立／自律した近代的主体と、そうした主体の想定のうえに築かれてきた社会構造を再検討する試みが、フェミニズム研究を中心に盛んに行われている。例えば、米国のフェミニズム法理論家であるM・ファインマンは、ケアの担い手と受け手を「母子関係」と概念化したうえで[1]、国家による保護の単位を従来の「家族」から「母子関係」へと移行するという議論を展開している（Fineman 1995＝2003）。また、E・キテイは依存批判をフェミニズムによる平等批判の文脈に位置づけながら、依存やケアに着目しながらフェミニズム理論をも再検討している。キテイが「依存」に着目するのは、「女性が培ってきたニーズと価値観を組み込むことは、平等を真に包括的にする変容を必要とする」ためである（Kittay 1990: 19）[2]。いずれの議論においても、依存関係は生涯において経験する関係であるにもかかわらず、自立／自律した個人を念頭において自由や平等を論じるリベラルな政治理論は、こうした依存関係を全く省みてこなかったことが批判されている。(3)

日本においても、「ケア・フェミニズム」の議論が紹介されるようになったこともあり、政治思想だけでなく哲学・倫理学・社会学などの多岐にわたる分野でケアへの関心が高まっている。(4) 近代的な自由で平等な主体像が男性中心主義であることを告発してきたフェミニズム理論にもとづいて岡野八代（2005b）は、そのような主体が私的領域におけるケアを経ることによって可能になっているにもかかわらず、ケアはこれまで取り上げる価値のない問題だとされてきたことを指摘している。そして、「繕《つくろ》いのフェミニズム」という概念を用いてケアの視点から考えることにより、公私二元論自体を揺るがそうと試みている。また、金井淑子は「フェミニズムの現在地点を「ケア」という主題から省みる」という問題意識にもとづき、「フェミニズムに「ケアへのまなざし」を立てるとき、そこでは、社会参加や参画、自己実現や自立・自己決定といった言葉で語ってきたフェミニズムが取りこぼしてきた主題を省みる、フェミニズムへの自己言及的なまなざしが問われざるをえない」（金井 2008：120）とし、ケアという観点からフェミニズム理論を再考することの意義に言及している。(5)

ケア・フェミニズムが扱う「ケア」のなかでも、最も広く「ケア」を定義しているのがJ・トロントである。トロントは「ケア」を、「世界を維持し、継続し、修復するためのすべての物事を含めた活動の一種」と定義する（Tronto 2013: 19）。「ケア」をこのように定義すると、おおよその活動が包含されてしまうようにも思われる。公的領域であれ私的領域であれ、家事・育児・介護・介助といった「ケア」はもちろんのこと、「世界の維持・継続・修復」という意味では道路工事や植林、清掃活動なども世界を「ケア」していることになる。この定義は広すぎるとして批判されていることは、トロント自身も言及している。しかし、このように広範に「ケア」を定義することによってトロントは、効率性や生産性が社会的・経済的に高く評価されている世界の価値観そのものを「ケア」という営みから捉え返し、民主主義制度を鍛えなおそうとしている。(6)

保守運動において「ケア」の価値を訴える女性たちの主張は、こうした「ケア・フェミニズム」にも接続しうる可能性を有しているが、両者を分かつ分水嶺となっていたのが性別役割の扱いであった。ギリガンが「正義の論理」とは異なる道徳発達として「ケアの倫理」あるいは「責任の倫理」を提唱して以降、「ケアの倫理」はフェミニズム研究においても論争的なものであり続けてきた。女性の経験のなかから発見された「ケアの倫理」は、男女の特性論や本質主義に還元されてしまうのではないかという批判は常になされている。とくに日本のようにいまだ女性のケア責任・負担が重い状況では、「ケアの倫理」をどのような立場・文脈から論じる場合でもそうした指摘には十分に留意する必要がある。

性別役割に対する「ケア・フェミニズム」と保守運動の女性参加者たちの考え方は次の点で異なる。「ケア・フェミニズム」は性別・年齢・障害の有無・階級・人種といった属性の違いを超えて、すべての人に「ケアされる権利」と「ケアする権利」が保障された社会を理想とする。他方で、第五章でも述べたように、男女共同参画反対運動に参加する女性たちはケアの社会的意義を訴えてはいるものの、そこで想定されている「ケア」とは家庭内で妻や母として自身が行ってきたケアであり、性別役割は疑問に付さない。ケアという営みを評価する点では「ケア・フェミニズム」と接点を持つものの、「母親」の立場で保守運動に参加している女性たちは、性別役割をめぐって「ケア・フェミニズム」から乖離していく。

ただし、男女共同参画に反対する女性たちが性別役割を支持する理由は、保守派の有識者たちによる「家族」の擁護とは異なるものであった。第五章で取り上げた、地方で活動する女性たちへのインタビュー調査からは、嫁ぎ先の義両親や配偶者との関係がうまくいかなかった過去を持つ女性が、「妻」や「嫁」としての役割を内面化していくことによって、家庭内の人間関係を円滑にしていこうと努めていたことが浮かび上がった。彼女たちにとって性別役割とは、人びとが「従うべき」規範である以上に、家庭内の人間関係に関する辛い経験を消化し、自分自身を納得させていくための規範でもあった。

しかしながら、このような家庭内におけるケアの社会的価値の低さに対する問題意識を広く社会一般に訴えかけようとするならば、彼女たちの主張は保守運動に接近せざるを得ない。国際的にみれば遅々とした動きではあるが、日本でも女性の社会進出の必要性が叫ばれるようになり、少子高齢社会の到来によって育児や介護といったケアを広く社会全体で担うことの必要性が高まっている。ケアが家庭の外で担われる必要性が高まるにつれてケアへの学術的関心も高まり、ケアという行為の特徴やその意味も積極的に評価されるようになってきた。しかし、家庭内で女性が行うケアを肯定することには、女性の自立／自律を妨げてきた性別役割規範を補強することに繋がるという危惧が常につきまとう。ケア・フェミニズムは男女を問わずすべての人がケアを受ける権利とケアをする権利を享受することを目指しているが、「母親」の立場で活動する保守運動の女性参加者たちが、彼女たち自身が妻として、母として、あるいは嫁として家族に対して行ってきたケアの価値が社会的に貶められていることを問題視する声は、性別役割を疑問に付さないために容易に「保守」の言説へと接続されてしまう。

他方で、女性の生／性をめぐる社会状況を背景とした「行動する保守」の女性たちの場合は、在日外国人に対する排斥感情や、東北アジア諸国に対する敵対感情を、彼女たちもまた在特会をはじめとする「行動する保守」の団体と共有している。樋口直人（2014）が指摘するように、その背景にはかつての植民地支配や戦争責任・戦後責任の「精算」や反省が十分に日本社会に根づかないまま、中国・韓国が政治経済的に台頭するようになり、中国・韓国に対する警戒心とそれらの国に出自を持つ在日外国人への攻撃となって現れていることがある。

しかしながら、「慰安婦」問題に関しては「行動する保守」の女性たちは男性参加者とは異なる複雑な反応を示していた。男性参加者たちは、元「慰安婦」女性を「売春婦」「ババア」と容易に罵る一方で、「行動する保守」の女性たちはときに「おばあさん」という言葉を使う。加えて、彼女たちは「慰安婦」問題の解決に反対し、元「慰安婦」女性を非難する一方で、元「慰安婦」女性を男性参加者のようにジョークとして語ることができない。彼女たちはなぜ「慰安婦」問題に関して、男性参加者よりも様々なことを論じるのか。なぜ、「ババア」ではなく「おばあさん」という言葉を使うのか。なぜ、売春を「恥ずかしい」こととしながらも、売春をせずに済んでいるという自分の状況に言及するのか。なぜ、元「慰安婦」女性が現在、社会的・経済的に「恵まれている」とみなしているのか。そしてなぜ、「女性の人権」という概念を積極的に使っているのか。

元「慰安婦」女性やその支援者団体に向けられた「行動する保守」の女性たちの発言は、現代の日本社会で女性が女性として生きることの困難を示すものとして読み替えることができるのではないだろうか。「行動する保守」の女性たちが、売春を「恥」や「恥ずかしいこと」と主張するのは、性産業に従事するということは「人には言えない」ことであり、また、従事していたことを人に知られれば社会的なスティグマを負わされることを彼女たち自身が知っているからである。元「慰安婦」女性が「社会的・経済的に手厚い支援を受けている」と思い、そのことに反発するのは、日本社会では一度性的存在として烙印を押されたならば、元「慰安婦」女性が「享受している」と彼女たちが考えているような支援を受け取ることは全く不可能であることを認識しており、その「待遇の差」が「不平等」であると彼女たちの目には映っているのではないだろうか。そして、元「慰安婦」女性に対して「ババア」と罵ったり、現在では高齢になった元「慰安婦」女性を性的文脈に位置づけて嗤うことができない（第七章参照）のは、「行動する保守」の女性参加者たちもゆくゆくは「ババア」と侮蔑される可能性のある存在になるからである。

「行動する保守」の女性たちが男性参加者以上に「慰安婦」問題について多くのことを語り、攻撃的な言論を発するかと思えば部分的に同情するような発言もしたりするのは、日本社会で生きる女性として、性的虐待を受けると社会からどのような扱いを受けるのかについて彼女たち自身が身を持って理解しているからである。日本社会における依然として変わらない女性の生と性をめぐる不平等や抑圧的状況があり、このような現状を土台としてそこに民族差別が加えられることによって、

「外国人の」「売春していた／させられていた」女性を非難するという彼女たちの活動が成立しているのである。

保守運動内において、女性参加者たちの独自の主張は必ずしもつねに認知されているわけではなく、他の男性参加者の声が優先され女性たちの声は埋もれてしまいがちである。しかし、これまで論じてきたように、保守運動の参加者のジェンダーに着目するならば保守運動は一枚岩ではないことがわかる。女性たちの保守運動は両義的な存在であり、他の男性中心団体や男性参加者と同じ主張を掲げる一方で、彼らと対立する側面も併せ持っているのである。

四　「女性運動」として読み替える

四 - 一　ドメスティックな「女性運動」

女性たちの保守運動は、「母親」「女性」というように運動における立場性や扱う論点、問題意識の違いはあるものの、「母親」「女性」いずれの立場で活動するにしても、他の男性中心団体や男性参加者との関係をみると、両義的な存在であった。これまで本書では、女性たちの保守運動を保守運動に連なる社会運動として位置づけてきたが、彼女たちの運動に内在する両義性に着目し、保守運動のメインストリームとは異なる部分に焦点を当てるならば、「女性運動」の一種として読み替えてみることもできるのではないだろうか。

様々な国で時代を超えて、女性たちは社会運動を展開してきた。女性が主たる担い手となった社会運動として、消費者運動や母親運動、そしてフェミニズム運動などがあげられるだろう。矢澤澄子は、「女性運動」を「女たちを主体とする市民運動」と定義づけ（矢澤 1999：249）、国内で女性たちが担ってきた市民運動をふり返りながら、女性運動がこれまで取り組んできたテーマとして、「平等、開発、平和、環境、福祉、人権、労働、参画、暴力、貧困、抑圧等」をあげている（矢澤 1999：252）。「女性運動」を「女たちを主体とする市民運動」と定義づけるならば、本書で取り上げてきた女性による保守運動もまた、「女性運動」の範疇に分類され得るものである。しかし彼女たちの運動は、従来の「女性運動」が取り組んできたテーマとは一線を画す。女性たちの保守運動は、平等や平和・人権といった概念には必ずしも訴えかけないもうひとつの「女性運動」として見ることもできるのではないだろうか。

女性たちの保守運動が「女性運動」でもあるならば、それではどのような特徴をもった「女性運動」といえるだろうか。ここで参考になるのが、竹村和子（2000）による「ドメスティック・イデオロギー」という概念である。竹村は米国の第一波フェミニズム運動が抱えていた限界点として、それが「ドメスティック・イデオロギー」にもとづいた運動であったことを指摘している。竹村によれば、「ドメスティック・イデオロギー」とは近代国家の成立にともなって出現した、人間を男性と女性に二分していく仕組みである。そして男性と女性に分けられた人間をそれぞれ、男性を公的領域に、女性を私的領域へと割り当てていく。同時に、「ドメスティック・イデオロギー」は国家の内外に分割線を引くものとして竹村は以下のように述べている。

それ（＝近代国家：引用者）は、人をはっきりと男か女かに分別し、そして男には公的領域、女には私的領域（ドメスティックな領域）を振りあて、さらには女を、家庭のなか《ドメスティック》のまともな女と、家庭のそとで働くいかがわしい女、また敬意を払うべき国内《ドメスティック》の女と、敬意を払わなくてもよい国外の女に分断するものである（竹村 2000：12）。

ここで竹村は「ドメスティック（domestic）」という言葉に二重の意味を持たせている。ひとつは私的領域である「家庭内の（domestic）」という意味であり、今ひとつは「国内の（domestic）」という意味である。「ドメスティック・イデオロギー」のもとでは、女性は家庭の内と外に分断されるだけでなく、国家の内と外にも分けられる。そして、家庭内／国内という「ドメスティック」な領域にいる女性は保護されるべき対象であるのに対して、家庭外／国外にいる女性は「いかがわし」く「敬意を払わなくてもよい」対象とされるのである。

日本社会において二〇〇〇年以降に登場した女性たちの保守運動は、このような二重の意味での「ドメスティック」な女性運動であるといえる。男女の対等な社会参画の実現を掲げる男女共同参画社会基本法に反対する女性たちは、「母親」「妻」「主婦」といった家族役割に関する立場で運動を担う。「慰安婦」問題の解決に反対し、主に韓国の元「慰安婦」女性を非難する「行動する保守」の女性たちは、「日本人」でありかつ「女性」であるという立場を取る。このように、「母親」と「女性」という立場性の違いはあるにせよ、女性たちの保守運動は家庭内／国内というドメスティックな領域に留まることを選び、家庭内で「良き母」「良き妻」でいることや国内の「良き日本人女性」

でいることを重視した「女性運動」であるといえるのではないだろうか。

四 - 二 「保守フェミニズム」はあり得るか

第二章でみたように、米国では右派女性を「フェミニスト」として捉える研究潮流が近年になって登場してきている。その背景には右派の運動の中で「フェミニスト」であることを明言する女性が増加し、また、「フェミニスト」とは自称しなくとも、「女性」という集合的アイデンティティを有して、自分たちこそが女性の政治的代表性を持つのだという運動戦略が取られていることがある。

さらに、このような研究潮流は米国だけに限らない。ドイツの極右運動に参加する女性を論じたR・ロンメルスパッハーは、暴力を伴う右翼運動の活動から排除されがちな女性たちが、男性と対等な運動参加を訴えていることをもって、彼女たちを「ラディカルな右翼フェミニスト (radical right-wing feminist)」と呼んでいる (Rommelspacher 1999)。欧米では右派の女性たちの中に「フェミニズム」の要素を見出す取り組みが行われ始めているのである。

翻って日本の事例を見た場合、女性たちの保守運動を日本の文脈において「フェミニスト」と呼ぶことはやはり難しい。しかし、二〇〇〇年代以降に顕在化するようになった女性たちの保守運動を「ドメスティック・イデオロギー」にもとづいた女性運動という観点から捉えるならば、彼女たちの中から「フェミニスト」を名乗る潮流が今後生じてくる可能性がないとは言い切れない。

先にも述べたように、竹村は米国の第一波フェミニズム運動の限界点として「ドメスティック・イデオロギー」にもとづいた運動であったことを指摘している。女性に参政権がなく、高等教育を受ける機会もほとんどなかった時代において、第一波フェミニズム運動は女性が公的領域に進出することの意義を訴えなければならなかった。そのために持ちだされたのが、女性には「敬虔さ、純潔、従順さ、家庭的である」といった素養がありこれらの「女性的要素は男性的要素より優位である」とする論理であった（栗原 2009：47）。また、米国の場合は女性参政権の実現よりも先に奴隷制度が廃止されアフリカ系アメリカ人や移民男性に対して参政権が付与されたこともあり、[7] とくに米国南部では一時的・局所的なものではあったが、人種や階級に関する差別意識を含みつつも「教育のある女性」への参政権付与を主張する活動家も存在した（有賀 1988）[8]。

米国の第一波フェミニズム運動は、女性の活動の場が家庭という私的領域に限られていたために、女性が公的領域に進出して政治参加することが国家にとってどのようなメリットがあるのかを繰り返し論じていかなければならなかった。そのために、女性の道徳的優位性という今日の目から見れば本質主義的な主張を展開したのであった。しかし、女性参政権が実現し、高等教育への門戸が女性にも開かれ、経済的にも政治的にも女性もキャリアを積むことが形式的には可能となった今日の米国において、フェミニズム運動はもはや国家や男性にとって「良い」女性であろうとする必要性はなくなった。

それとは対照的に、現代日本社会で登場した女性たちの保守運動は、家庭において、あるいは国民国家という領域の中で、「良き」女性であろうとする。しかし、彼女たちが「良き母」「良き日本女性」であろうとすることは、単に男性中心的価値観を内面化しているだけではない。ケア責任を広く社会で担おうとする議論が登場している一方で、家事・育児・介護といったケアは家庭内で女性が負うべきだとする認識は根強い。また、性暴力に遭った女性たちがその被害を告発することは依然として法的にも社会的にも困難であり、被害を告発することによってセカンド・レイプといった二次被害を受けるのが現状である。このような日本社会における性差別と女性の生／性に対する抑圧の強固さを背景とし、女性たちの保守運動はその現状を変えるのではなく、そのような現状の中で少しでも「安全」でいられる場所を「保守」しようとしている。彼女たちにとって保守運動とは、既存の社会制度や社会構造を変えることなく、家庭内／国内という「ドメスティック」な領域に留まることを志向する女性たちの地位向上を目指す運動であるといえよう。

女性たちの保守運動が「女性」という集合的アイデンティティを有する限り、同じ運動内の男性中心団体や男性参加者との間には、常に緊張関係がつきまとう。一九七〇年代初頭に新左翼運動内に蔓延していた性差別に異議を唱えることでウーマン・リブが形作られ、第二波フェミニズム運動が始まったように、保守運動内の性差別への気づきから日本でも保守フェミニズムが生まれる可能性がある。これまで多くの論者がそれぞれの領域で指摘してきたように、女性に対する差別や抑圧は人種や民族・階級・性的指向・障害の有無を超えて、あるいはそれらの要素と交錯しながら存在する。そしてそのことはまた、政治的イデオロギーの右／左に関しても同様である。政治的イデオロギーとしては「右」に位置する女性たちが「フェミニスト」として独立した運動を展開するようになった時、従来のフェミニズム運動で希求されてきた「男女平等」や「女性解放」といった概念、あるいは「フェミニズム」という概念自体の問い直しが迫られるのかもしれない。

五 「右傾化」現象とジェンダー

女性たちの保守運動に着目すると、日本の「右傾化」の背景にはジェンダーに関する社会変化も大きく作用しているということが指摘できる。一九九〇年代後半に「つくる会」が結成されてから、草の根レベルで保守運動団体が作られるようになった。在特会をはじめとする今日の排外主義運動の登場に至るまで、保守運動の中では全国規模の大組織とローカルなグループ双方が共存している。保守運動の活発化は日本の「右傾化」の現れとして言及されるようになり、保守運動が台頭し人びとを惹きつける要因について幾つもの説が唱えられてきた。その例として、グローバル化と雇用の不安定化に伴う社会の流動性の増大によって人びとの間に「不安」が蓄積されていることや（小熊・上野 2003：高原 2006：安田 2012）、中国や韓国などの東北アジア諸国の政治的・経済的台頭による東アジア地政学の変化（樋口 2014）などがあげられる。

これらの説に対して本書で行ってきた議論からは、女性の生き方をめぐるジェンダー的要因も、保守運動が今日台頭してきたことの理由であることが示唆される。男女間の賃金格差や非正規労働者に占める女性の割合の高さといった問題は存在するものの、今日では女性の社会進出が促進され、多くの女性が就労するようになった。そして、女性が働くようになるにつれて、家事・育児・介護といったケアの分配が家庭内の問題だけではなく、民間企業や行政といった公的領域にまで及ぶようになっている。これまで家庭内で女性に課されてきたケア責任が男性や公的領域にも求められるようになったことで、無償のケア労働をこれまで行わずに済んできた人びとや、ケア負担に関するコストを抑制したい人びとがまず女性の社会進出の促進に反発している。さらに、フェミニズムの一部にはケアという営みへの関心が生まれてはいるものの、これまで家庭内のケア責任を一手に担ってきた女性たちにとって、男女共同参画社会基本法をはじめとするより広範な社会制度上の日本社会の変容が、ケア実践の意義を見落としているかのように映っているのではないだろうか。

また、女性に対する暴力に関しては、国際的な認識と国内の認識には大きな溝がある。「慰安婦」問題は日本と韓国の間の歴史認識・外交問題として浮上してきたわけではない。その背景のひとつとして、戦時性暴力を戦争犯罪であるとする見方が国際的に共有されるようになったことがある。これに対して日本国内では、そもそも性暴力被害に対する認識が一般的にも制度的にも不十分であり、性暴力被害は低く見積もられている。日本国内のこのような現状からは、「慰安婦」問題に象徴される国家による性暴力を厳しく問う国際社会のまなざしは日本に対する「圧力」としか感じられず、そのことへの反発が「慰安婦」バッシングとして現れているのである。

女性たちの保守運動に着目することで、日本の「右傾化」現象とそれらを牽引する保守運動が台頭したことは、女性の社会進出や女性の性をめぐる認識の国際的・国内的変化もまたひとつの要因となっていることが浮き彫りになる。女性たちの保守運動とは、「右傾化」する現代日本社会におけるジェンダーを映す鏡なのである。

（1） ファインマン自身も述べているが、ここでいう「母子関係」とはメタファーであり実際の母親と子どもの関係とは限られない。「ケアの倫理」に関しては本質主義に陥らないように多くの論者が留意しながら議論を展開しているが、ファインマンがあえてケアを提供する者とそれを受ける者の関係性を「母子関係」と呼ぶのは、ケアという営みが主として女性によって担われてきたことの歴史性を忘却しないためである。

（2） キテイの議論については、講演録と豊富な解説が収録されたキテイ（2011）も参照されたい。

（3） この他に、「ケア」や「ケアの倫理」から既存の社会政治体制を問うものとして、F・ブルジェール（2013＝2014）やR・ルブラン（1999＝2012）を参照。

（4） 国内における「ケアの倫理」概念の導入過程や議論については上野（2011）に詳しい。

（5） 「ケア」あるいは「ケアの倫理」にもとづいたフェミニズム理論を展開するものとしてこの他に、有賀（2011）や岡野（2012）がある。また、男性学においても「ケア」という営みや「ケアの倫理」から男性性を批判的に検討している平山（2017）の研究がある。

（6） 「ケアの倫理」から民主主義制度を再考している国内の研究は岡野（2015）を参照。

（7） 米国で女性参政権を求めた第一波フェミニズム運動が形成されていく前史として、一八八〇年代の社会改良運動と奴隷制廃止運動がある。社会改良運動としての禁酒運動には多くの女性が参加しており、女性たちに「公的活動の訓練の場を与え、また、一九世紀後半以降のフェミニズム運動の支持基盤を提供すること」へとつながったとされている（有賀 1988：62）。また、ウィリアム・ロイド・ギャリソンが主導した戦闘的な奴隷制廃止運動に女性が参加したこともまた、「女性の伝統的な場を超えたラディカルなフェミニズム運動の発生に繋がった」とされている（栗原 2009：290）。

（8） ただし、こうした人種差別的主張は一九〇五年以降になると米国北部の女性参政権運動家らを中心に批判されるようになる（栗原 2009）。

あとがき

先日、海外赴任中の友人が一時帰国するとのことだったので、北千住でひさしぶりに会った。日本で暮らすことにしんどさを抱えていた彼女は、海外での生活が性に合っていたようで、とても元気になっていた。

お茶をしながらお互いの近況などを話しているなかで、彼女は私との待ち合わせの前に行ってきた美容院での出来事を話してくれた。担当していた美容師と何かの拍子に韓国の話になったのだそうだ。その頃は日本政府が韓国を「ホワイト国」から除外したことがニュースとなっており、そのことについて美容師から「俺はそんなの当たり前だと思うんすよねー」と急に言われてびっくりしたとのことだった。私は「右傾化だなぁ」と思いながらその話を聞いていたのだが、何か引っかかるものを覚え、数日間この北千住の美容師の話は頭の片隅に残り続けた。

結論として、私が引っかかっていたものとは、美容師という接客業に携わる人が初対面の客に対してこの話をしたということだった。政治の話は賛成か反対かに分かれやすい。新規の客に対して、どのようなきっかけであれ政治の話をした場合、もしその客が異なる見解を持っていたとしたら、店に対してクレームが付くという可能性もあるし、よほど技術が優れていない限り固定客にはならないだろう。それにもかかわらず、その美容師は友人に対して、日韓関係という現在非常にセンシティブな話題を、自分の見解をつけ加え、それに客も賛同するだろうという姿勢で切り出した。そのことに私は引っかかりを覚えたのだった。

おそらく彼は、日韓関係についてのこの話題が、人によって賛否が分かれるという意味において、「政治的」な話であるとすら思っていなかったのかもしれない。彼にとってこの日韓関係についての話題は、「今年の梅雨は長いですね」といった世間話や、ワイドショーなどで大騒ぎされる芸能人の不倫話などのように、誰もが知っていて、かつ、「当たり障り」のないレベルの話だと考えられていたのではないだろうか。実際、この時期に大手新聞社やテレビ局が実施した世論調査では、韓国の「ホワイト国」除外に賛成という回答が五割を超えたとする報道が目立った。彼がそういう認識に至ったのも無理はない。

本書で取り上げてきたものはある意味で「分かりやすい」。名前を出して論陣を張る有識者や政治家、市民運動団体などは、可視的で特定しやすい。しかし、日本の「右傾化」を考えるためには、もはやこういったレベルの対象を捉えるだけでは不十分になっている。日常生活において接する何気ない人々が、まるで世間話でもするかのように「嫌韓」を口にし、インターネット空間は憎悪と怒りに溢れ、政治も行政もマスメディアも、この事態に歯止めをかけようとしない。そもそも「右傾化」以前に、日本社会の「劣化」という言葉も頻繁に聞かれるようになってきた。なぜこんな社会になってしまったのだろうか。そして、そういった状況を社会学はこれからどのように捉えていくことができるのだろうか。煽られるだけ煽られた憎悪が詰め込まれた社会を、私は次の世代に手渡したくはない。

本書は二〇一六年に大阪大学大学院人間科学研究科に提出した博士学位論文「現代日本社会における右傾化現象と女性たちの保守運動」を大幅に加筆・修正したものである。出版にあたって、JSPS科研費（JP19HP5158）の助成を受けた。また、本書にまとめた研究は、JSPS科研費（12J00489; 15J04286; 16H06926）による助成を受けて実施されたものである。各章を執筆する際に依拠した論文は次のとおりである。

序章　書き下ろし
第一章「保守運動と「家族の価値」に関する一考察――〝苦労する母親〟像の変遷に着目して」『女性・戦争・人権』一三号、二〇一四年、三一–五一頁のうち第二節
第二章「米国右派女性に関するフェミニズム研究の展開――〈被害者〉から〈右派フェミニスト〉へ」『女性学』二二号、二〇一五年、八六–九二頁
第三章「保守運動と「家族の価値」に関する一考察――〝苦労する母親〟像の変遷に着目して」『女性・戦争・人権』一三号、二〇一四年、三一–五一頁
第四章「主婦たちのジェンダーフリー・バックラッシュ――保守系雑誌記事の分析から」『ソシオロジ』一七一号、二〇一一年、二一–三七頁

第五章 「草の根保守の男女共同参画反対運動――愛媛県におけるジェンダー・フリーをめぐる攻防」大阪大学大学院人間科学研究科社会学・人間学・人類学研究室『年報人間科学』三四号、二〇一三年、二三一―二三八頁

第六章 Women's Worlds 2014 (University of Hyderabad): "Women's Extreme Right Movements in Japan: Hatred towards 'Comfort Women'" の報告原稿

第七章 「「行動する保守」運動における参加者の相互行為とジェンダー――非―示威行動の場での参与観察調査から」『フォーラム現代社会学』一六号、二〇一七年、二九―四二頁

終章 書き下ろし

本書の刊行までに、多くの先生方にご指導いただいた。大阪大学大学院での指導教員である牟田和恵先生には、長年にわたって厳しくも温かいご指導をしていただいた。論文の草稿を読んでいただく度に、先生からつねに現状よりも三つくらい高い水準の課題を示していただき、それを無我夢中でクリアしようとすることを繰り返して、研究者としてここまで育てて下さったように思う。感謝してもしきれない。副指導教員である辻大介先生には、保守運動をジェンダーの視点から研究する際につい紛れ込んでしまいがちな価値判断を毎回鋭くご指摘いただき、価値中立を堅持することの大切さを教えていただいた。研究に行き詰まり困っていたときに、「珈琲でも飲みに行きますか?」と声をかけていただいたき、話を聞いて下さったことに何度救われたかわからない。同じく副指導教員の友枝敏雄先生には、保守運動という新規性のあるトピックを社会学のディシプリンに

しっかりとのせていくことの重要さを教えていただいた。博士論文の公聴会で仰っていただいた「面白い」の一言は、今でも私の励みになっている。

学部時代の指導教員であり日本学術振興会特別研究員（PD）の受入れ研究者でもある同志社大学の岡野八代先生には、社会学的な実証研究と哲学・政治思想を接続することで生まれる知見の豊かさを教えていただいた。岡野先生が当時担当されていた「近代政治思想史」の授業を履修していなければ、私は学問の面白さを知らず、研究者としての道のりを歩もうとも思わなかっただろう。

大阪大学大学院人間科学研究科社会環境学講座の先輩方からは、ゼミ以外の場でも多くのアドバイスをいただいた。とくに日本大学の久保田裕之先生には、本書各章の初出となった論文を執筆している段階から数多くのご助言をいただいた。立命館大学の髙松里江先生には、公私にわたってよく相談にのってもらい、いつも助けていただいている。お二方とも研究室を離れてからも世話になってばかりである。

互いに切磋琢磨した大学院時代の友人たち、とくに玉城福子さんにはとても感謝している。孤独になりがちな大学院生活でも前を向いて過ごすことができたのは、福ちゃんがいてくれたからである。

また、ノートルダム清心女子大学の濱西栄司先生には、本書にとどまらず日頃から社会運動論の観点から多くのご助言をいただいている。感謝申し上げる。

なお、本書の刊行までにはこのように多くの方々からのご指導・ご助言をいただいているが、本書で論じた内容の責任はあくまで私にあることを付言しておく。

人文書院の松岡隆浩さんには、博士論文の出版のお話をいただいてから大変お世話になった。何度も原稿を読んで下さり、文章だけでなく内容に関しても的確なアドバイスをいただいた。初めての単著を松岡さんとご一緒できたことはとても光栄であり、私自身よい勉強にもなった。心から感謝申し上げる。

最後に、大切な友人たちに。どんな時でも私の学業を応援し続けてくれた父と、いつも私のことを気にかけ、産み育ててくれた母に。友人であり、良きライバルであり、くだらないことで笑ってばかりのかけがえのない日常を長い間ともに過ごしてきた夫・加藤誠に。小さな体で私たち夫婦をふりまわし、いつも笑顔にしてくれる愛娘との、二人と一匹の暮らしに。感謝を込めて。

鈴木　彩加

二〇一九年一〇月二二日

社.
――, 2015,『ヘイトスピーチ――「愛国者」たちの憎悪と暴力』文藝春秋.
矢澤澄子, 1999,「女たちの市民運動とエンパワメント」鎌田とし子・矢澤澄子・木本喜美子編『講座社会学14　ジェンダー』東京大学出版会, 249-89.
矢澤修次郎編, 2003,『講座社会学15　社会運動』東京大学出版会.
好井裕明, 1999,『批判的エスノメソドロジーの語り――差別の日常を読み解く』新曜社.
吉原令子, 2013,『アメリカの第二波フェミニズム――1960年代から現在まで』ドメス出版.
Waldron, Jeremy, 2012, *The harm in Hate Speech*, Cambridge: Harvard University Press.（＝2015, 谷澤正嗣・川岸令和訳『ヘイト・スピーチという危害』みすず書房.）

は何か」木村涼子編『ジェンダー・フリー・トラブル——バッシング現象を検証する』白澤社，145-64.
Tuttle, Lisa, 1986, *Encyclopedia of Feminism*, Essex: the Longman Group Ltd.（＝1998，渡辺和子監訳『フェミニズム辞典』明石書店.）
上野千鶴子，2011a,『不惑のフェミニズム』岩波書店.
——，2011b,『ケアの社会学——当事者主権の福祉社会へ』太田出版.
宇野重規，2016,『保守主義とは何か——反フランス革命から現代日本まで』
和田悠・井上恵美子，2010,「「産経新聞」にみるジェンダーバックラッシュの発想と論理」『インパクション』174：72-80.
渡辺秀樹，1999,「戦後日本の親子関係——養育期の親子関係の質の変遷」目黒依子・渡辺秀樹編『講座社会学 9　家族』東京大学出版会，89-117.
山口智美，2006,「「ジェンダー・フリー」論争とフェミニズム運動の失われた10年」『バックラッシュ！』双風舎，244-82.
——，2013,「フェミニズムの視点から見た行動保守運動と「慰安婦」問題」『Journalism』282：81-91.
——，2016,「官民一体の「歴史戦」のゆくえ」山口智美・能川元一・テッサ・モーリス－スズキ・小山エミ『海を渡る「慰安婦」問題——右派の「歴史戦」を問う』岩波書店，97-136.
——，2019,「ネット右翼とフェミニズム」樋口直人・永吉希久子・松谷満・ファビアン・シェーファー・山口智美『ネット右翼とは何か』青弓社，164-95.
山口智美・能川元一・テッサ・モーリス－スズキ・小山エミ，2016,『海を渡る「慰安婦」問題——右派の「歴史戦」を問う』岩波書店.
山口智美・斉藤正美・荻上チキ，2012,『社会運動の戸惑い——フェミニズムの「失われた時代」と草の根保守運動』勁草書房.
山本優美子，2014,『女性が守る日本の誇り——「慰安婦問題」の真実を訴えるなでしこ活動録』青林堂.
山崎雅弘，2016,『日本会議——戦前回帰への情念』集英社.
山崎望，2015,「奇妙なナショナリズム？」山崎望編『奇妙なナショナリズムの時代——排外主義に抗して』岩波書店，1-28.
安田浩一，2012,『ネットと愛国——在特会の「闇」を追いかけて』講談高原基彰，2006，『不安型ナショナリズムの時代——日韓中のネット世代が憎みあう本当の理由』洋泉社.
竹村和子，2000，『フェミニズム』岩波書店.
竹信三恵子，2005，「やっぱりこわい？ジェンダー・フリー・バッシング」木村涼子編『ジェンダー・フリー・トラブル——バッシング現象を検証する』白澤社，19-34.
玉城福子，2016，「沖縄における性暴力と性売買——ポストコロニアル・フェミニズムの可能性」大阪大学大学院人間科学研究科博士論文.
田中美津，2001，『いのちの女たち——とり乱しウーマン・リブ論』パンドラ.
田中伸尚，1995，「遺族の半世紀」田中伸尚・田中宏・波田永実『遺族と戦後』岩波書店，1-79.
——，1997，『「戦争の記憶」その隠蔽の構造——国立戦争メモリアルを通して』緑風出版.
俵義文，2008，『「つくる会」分裂と歴史偽造の深層——正念場の歴史教科書問題』花伝社.
富永京子，2015，「社会運動の変容と新たな「戦略」——カウンター運動の可能性」山崎望編『奇妙なナショナリズムの時代——排外主義に抗して』岩波書店，113-138.
Tronto, Joan, 2013, *Caring Democracy: Markets, Equality, and Justice*, New York: New York University Press.
辻大介，2017，「計量調査から見る「ネット右翼」のプロファイル——2007年/2014年ウェブ調査の分析結果をもとに」『年報人間科学』38：211-24.
辻大介・藤田智博，2011，「「ネット右翼」的なるものの虚実——調査データからの実証的検討」小谷敏・土井隆義・芳賀学・浅野智彦編『〈若者の現在〉政治』日本図書センター，131-57.
塚田穂高，2015，『宗教と政治の転轍点——保守合同と政教一致の宗教社会学』花伝社.
塚田穂高編，2017，『徹底検証 日本の右傾化』筑摩書房.
角田由紀子，2013，『性と法律——変わったこと、変えたいこと』岩波書店.
鶴田敦子，2005，「家庭科教科書バッシングを検証する——攻撃の意図ト」野田裕久編『保守主義とは何か』ナカニシヤ出版，182-204.
佐々木毅，1993，『アメリカの保守とリベラル』講談社.
笹沼朋子，2004，『女性解放の人権宣言――愛媛県男女共同参画推進条例批判』創風社出版.
佐藤文香，2006，「フェミニズムに苛立つ「あなた」へ――「怒り」はどこへ向かうべきなのか」『論座』131：212-7.
Schreiber, Ronne, 2008, *Righting Feminism: Conservative Women and American Politics*, New York: Oxford University Press, Inc.
佐藤達也，1982，「蠢き始めた“草の根”改憲運動――「日本を守る国民会議」の改憲戦略と戦術」『現代の眼』23(5)：227-35.
申キヨン，2004，「男女共同参画条例の制定とそのバックラッシュ対策で私たちは何を学んだのか――２つのケース」『国・自治体のジェンダー政策――若手研究者・NGO 中心型ワークショップ報告書』お茶の水女子大学21世紀 COE プログラム「ジェンダー研究のフロンティア」プロジェクト A-1「アジアにおけるジェンダー政策とその評価に関する研究」，45-55.
塩川伸明，2008，『民族とネイション』岩波書店.
石楿，2016，『ジェンダー・バックラッシュとは何だったのか――史的総括と未来へ向けて』インパクト出版会.
菅野完，2016，『日本会議の研究』扶桑社.
杉田水脈，2014，『なでしこ復活――女性政治家ができること』青林堂.
Suzuki, Ayaka, 2019, “Uncustomary Sisterhood: Feminist Research in Japanese Conservative Movements,” Toscano, Emanuele ed., *Researching Far-Right Movements: Ethics, Methodologies, and Qualitative Inquiries*, Oxford: Routledge, 84-101.
鈴木彩加・関めぐみ・堀あきこ，2014，「女性運動と行政の協働に関する一考察――縫田曄子と男女共同参画ビジョンに着目して」『女性学研究』大阪府立大学女性学研究センター，120-41.
鈴木裕子，1997，『戦争責任とジェンダー――「自由主義史観」と日本軍「慰安婦」問題』未來社.
社会運動論研究会編，1990，『社会運動論の統合をめざして――理論と分析』成文堂.
高史明，2015，『レイシズムを解剖する――在日コリアンへの偏見とインターネット』勁草書房.

子・大日方純夫・山科三郎編『ジェンダー視点から戦後史を読む』大月書店，171-200.
大沢真理，2002,「女性政策をどうとらえるか」大沢真理編『改訂版 21世紀の女性政策と男女共同参画社会基本法』ぎょうせい，2-26.
Osawa, Kimiko, 2015, "Traditional Gender Norms and Women's Political Participation: How Conservative Women Engage in Political Activism in Japan," *Social Science Japan Journal*, 18(1): 45-61.
大嶽秀夫，2005,『再軍備とナショナリズム――戦後日本の防衛観』講談社.
大友優子，2006,「母子世帯の当事者組織の意義と歴史的展開――日本における主要な当事者組織を事例として」『社会福祉学評論』6：47-59.
大月隆寛，2000,『あたしの民主主義』毎日新聞社.
大内裕和，2003,「教育現場から 愛媛「つくる会」教科書採択と極右の台頭」『世界』709：264-270.
尾辻秀久，1988,「ボッケモン人生④」日本遺族会『日本遺族通信』456.
Power, Margaret, 2002, *Right-Wing Women in Chile: Feminine Power and the Struggle Against Allende, 1964-1973*, Pennsylvania: Pennsylvania State University Press.
Ridgeway, James, 1991, *Blood in the Face: The Ku Klux Klan, Aryan Nations, Nazi Skinheads, and the Rise of a New White Culture*, New York: Thunder's Mouth Press.（＝1993，山本裕之訳『アメリカの極右――白人右派による新しい人種差別運動』新宿書房.）
Rommelspacher, Brigit, 1999, "Right-Wing 'Feminisim': a Challenge to Feminism as an Emancipatory Movement," Yuval-Davis, Nira & Werbner, Pnina ed., *Women, Citizenship and Difference*, London: Zed Books Ltd., 54-64.
Rouff J. Kenneth, 2002, *The People's Emperor: Democracy and the Japanese Monarch, 1945-1995*, Cambridge: Harvard University Asia Center.（＝2009，高橋紘監修・木村剛久・福島睦男訳『国民の天皇――戦後日本の民主主義と天皇制』岩波書店.）
佐波優子，2013,『女子と愛国』祥伝社.
佐野亘，2010,「ハードウィック・ローンズリィとナショナル・トラス落合仁司，1987，『保守主義の社会理論――ハイエク・ハート・オースティン』勁草書房．

荻野美穂，2001，『中絶論争とアメリカ社会――身体をめぐる戦争』岩波書店．

小熊英二，2002，『〈民主〉と〈愛国〉――戦後日本のナショナリズムと公共性』新曜社．

小熊英二・上野陽子，2003，『〈癒し〉のナショナリズム――草の根保守運動の実証的研究』慶応義塾大学出版会．

岡真樹子・山本優美子ほか，2013，「大座談会 いざ往かん！慰安婦問題に女性たちの声を（総力大特集 韓国の「性奴隷」捏造を許すな！）」『WiLL』105：222-31．

岡本雅亨，2013，「日本におけるヘイトスピーチ拡大の源流とコリアノフォビア」駒井洋監修・小林真生編『移民・ディアスポラ研究3 レイシズムと外国人嫌悪』明石書店，50-75．

岡野八代，2000，「家族と政治」『立命館法學』2000年（3・4）：854-889．

――，2005a，「ジェンダーの政治――何が見失われているのか」木村涼子編『ジェンダー・フリー・トラブル――バッシング現象を検証する』白澤社，55-74．

――，2005b，「繕いのフェミニズムへ」『現代思想』33(10)：80-91．

――，2012，『フェミニズムの政治学――ケアの倫理をグローバルな社会へ』みすず書房．

――，2015，『戦争に抗する――ケアの倫理と平和の構想』岩波書店．

――，2016，「フェミニズム倫理学から考える日韓合意」前田朗編『「慰安婦」問題・日韓「合意」を考える――日本軍性奴隷制の隠ぺいを許さないために』54-64．

――，2018，「道徳的責任とは何か――日韓合意と「平和の碑」をめぐって」牟田和恵編『架橋するフェミニズム――歴史・性・暴力』(http://doi.org/10.18910/67844)

Okin, M. Susan, 1989, *Justice, Gender, and the Family*, Basic Books.（＝山根純佳・内藤準・久保田裕之訳，2013，『正義・ジェンダー・家族』岩波書店．）

奥健太郎，2009，「参議院全国区選挙と利益団体――日本遺族会の事例分析」『選挙研究』25(2)：67-82．

大日方純夫，2009，「戦争の体験・記憶・認識とジェンダー」米田佐代

――, 1981b,「今日の天皇イデオロギーのとらえ方」山口啓二・松尾章一編『戦後史と反動イデオロギー』新日本出版社, 70-90.
中島岳志, 2013,『「リベラル保守」宣言』新潮社.
仲正昌樹, 2014,『精神論ぬきの保守主義』新潮社.
中村一成, 2014,『ルポ 京都朝鮮学校襲撃事件――〈ヘイトクライム〉に抗して』岩波書店.
中村桃子, 2007,『「女ことば」はつくられる』ひつじ書房.
中野晃一, 2015,『右傾化する日本政治』岩波書店.
中野敏男・板垣竜太・金昌禄・岡本有佳・金富子, 2017,『「慰安婦」問題と未来への責任――日韓「合意」に抗して』大月書店.
中山俊宏, 2013,『アメリカン・イデオロギー――保守主義運動と政治的分断』勁草書房.
奈良県歴史研究会編, 1997,『戦後歴史学と「自由主義史観」』青木書店, 39-71.
成田悧, 1982,「改憲派のあらたな策動――「日本を守る国民会議」の「現実的」戦略」『前衛』476：188-99.
日本遺族会, 1974,「母の像予定通り竣工」『日本遺族通信』287.
――, 2006,「巡回特別企画展　秋田, 岐阜県で開催　昭和館」『日本遺族通信』670.
日本遺族会編, 1987,『日本遺族会の40年』財団法人日本遺族会.
日本遺族会婦人部編, 1995,『婦人部40年』財団法人日本遺族会婦人部.
日本女性の会編, 2007,『家族の絆を守るために――女性も元気に国づくり人づくり』日本会議事業センター.
野田裕久編, 2010,『保守主義とは何か』ナカニシヤ出版.
Nozaki, Yoshiko, 2008, *War Memory, Nationalism and Education in Postwar Japan, 1945-2007: The Japanese History Textbook Controversy and Ienaga Saburo's Court Challenges*, Oxford: Routledge.
落合恵美子, 2004,『21世紀家族へ 第3版――家族の戦後体制の見かた・超えかた』有斐閣.
落合恵美子・城下賢一, 2015,「歴代首相の国会発言に見る「家族」と「女性」――「失われた20年」のイデオロギー的背景」落合恵美子・橘木俊詔編『変革の鍵としてのジェンダー――歴史・政策・運動』ミネルヴァ書房, 207-34.

脅迫，迫害』三一書房．

前田朗編，2016，『「慰安婦」問題・日韓「合意」を考え――日本軍性奴隷制の隠ぺいを許さないために』彩流社．

Mannheim, Karl, 1927, "Das Konservative Denken: Soziologische Beiträge zum Werden des Politisch-historischen Denkens in Deutschland," *Archiv für Sozialwissenschaft und Sozialpolitik*, Bd. 57, 1927, I, S. 68-142, II, S. 470-95.（＝1997，森博訳『保守主義的思考』筑摩書房．）

Mansbridge, Jane J, 1986, *Why We Lost the ERA*, Chicago: The University of Chicago Press.

丸山眞男，1957，「反動の概念」『岩波講座現代思想 5　反動の思想』岩波書店，3-31．

宮地正人，1981，「反動化における靖国問題の位置」山口啓二・松尾章一編『戦後史と反動イデオロギー』新日本出版社，91-117．

百田満広，1987，「"下からの軍事化" の先兵――改憲を演出する「日本を守る国民会議」」『月刊社会党』376：64-74．

森脇健夫，1997，「歴史教育学の確立のために――藤岡信勝氏の提言をめぐって」奈良県歴史研究会編『戦後歴史学と「自由主義史観」』青木書店，39-71．

師岡康子，2013，『ヘイト・スピーチとは何か』岩波書店．

Munson, Ziad W, 2008, *The Making of Pro-Life Activists: How Social Movement Mobilization Works*, London: The University of Chicago Press.

村井淳志，1997，『歴史認識と授業改革』教育史料出版会．

牟田和恵，1996，『戦略としての家族――近代日本の国民国家形成と女性』新曜社．

――，2001，『実践するフェミニズム』岩波書店．

――，2006，『ジェンダー家族を超えて――近現代の生／性の政治とフェミニズム』新曜社．

永吉希久子，2019，「ネット右翼とは誰か――ネット右翼の規定要因」樋口直人・永吉希久子・松谷満・ファビアン・シェーファー・山口智美『ネット右翼とは何か』青弓社，13-43．

中島三千男，1981a，「政治反動における宗教教団の役割」山口啓二・松尾章一編『戦後史と反動イデオロギー』新日本出版社，142-82．

815.
児玉勇二，2009，『性教育裁判——七生養護学校事件が残したもの』岩波書店.
小泉明子，2011a，「家族の価値（family values）とはなにか（１）——宗教右派と同性婚」『法学論叢』170(1)：62-79.
——，2011b，「家族の価値（family values）とはなにか（２・完）——宗教右派と同性婚」『法学論叢』170(2)：65-89.
——，2015，「「家族の価値」が意味するもの——アメリカにおける同性婚訴訟」落合恵美子・橘木俊詔編『変革の鍵としてのジェンダー——歴史・政策・運動』ミネルヴァ書房，165-82.
小柴久子，2008，「特性論に基づく男女共同参画条例制定とその後の逆転——宇部市の事例」『女性学』16：53-67.
Köttig, Michaela, Renate Bitzan and Andrea Petö ed., 2017, *Gender and Far Right Politics in Europe*, Cham: Palgrave Macmillan.
久保文明・東京財団［現代アメリカ］プロジェクト編，2012，『ティーパーティー運動の研究——アメリカ保守主義の変容』NTT 出版.
久木山一進，2015，「「愛国コミュニティ」に集う人々のライフストーリー——その場がもつ意味と危うさ」『日本オーラル・ヒストリー研究』11：53-67.
倉橋耕平，2018，『歴史修正主義とサブカルチャー——90年代保守言説のメディア文化』青弓社.
栗原涼子，2009，『アメリカの第一波フェミニズム運動史』ドメス出版.
LeBlanc, Robin, 1999, *Bicycle Citizens: The Political World of the Japanese Housewife*, California: University of California Press.（＝2012，尾内隆之訳『バイシクル・シティズン——「政治」を拒否する日本の主婦』勁草書房.）
Luker, Kristin, 1984, *Abortion and the Politics of Motherhood*, Los Angeles: University of California Press.
Mackinnon, Catharine, 2005, *Women's Live, Men's Law*, Cambridge: Harvard University Press.（＝2011，森田成也・中里見博・武田万里子訳『女の生，男の法（上・下)』岩波書店.）
前田朗，2013，『増補新版 ヘイト・クライム——憎悪犯罪が日本を壊す』三一書房.
前田朗編，2013，『なぜ，いまヘイト・スピーチなのか——差別，暴力，

9-79.
木村涼子，2005，「教育における「ジェンダー」の視点の必要性――「ジェンダー・フリー」が問題なのか」木村涼子編『ジェンダー・フリー・トラブル――バッシング現象を検証する』白澤社，75-94.
金城珠代，2012，「将来への不安と母性から「国を守れ」 右傾化する女子の“正義”」『AERA』25(52)：10-3.
木下半治，1951a，「〈資料〉戦後極右政党の生態」『社会学評論』2(1)：29-43.
――，1951b，「新生右翼運動を衝く――日本版“ナショナリズム”の芽生え」『改造』32(11)：71-9.
――，1965，「日本の右翼・世界の右翼――その系譜と思想的背景」『朝日ジャーナル』7(35)：12-9.
――，1976，「転換期に当面する右翼運動（下）――ロッキード事件をめぐって」『月刊社会党』234：123-30.
――，1977，『日本右翼の研究』現代評論社.
木下直子，2017，『「慰安婦」問題の言説空間――日本人「慰安婦」の不可視化と現前』勉誠出版.
北田暁大，2005，『嗤う日本の「ナショナリズム」』日本放送出版協会.
北河賢三，2000，『戦後の出発――文化運動・青年団・戦争未亡人』青木書店.
――，2005，「戦争未亡人と遺族会・未亡人会」早川紀代編『戦争・暴力と女性3　植民地と戦争責任』吉川弘文館，155-74.
北原みのり・朴順梨，2014，『奥さまは愛国』河出書房新社.
北島万次，1987，「『新編日本史』をめぐる歴史学上の問題点――現代歴史学の課題によせて」『歴史評論』444：12-29.
Kittay, F. Eva, 1999, *Love's Labor: Essays on Women, Equality, and Dependency*, Routledge.（＝2010，岡野八代・牟田和恵訳『愛の労働あるいは依存とケアの正義論』白澤社.）
キテイ，エヴァ・フェダー著，岡野八代・牟田和恵編著・訳，2011，『ケアの倫理からはじめる正義論――支えあう平等』白澤社.
Klatch, E. Rebecca, 1987, *Women of the New Right*, Philadelphia: Temple University Press.
――, 2001, “The Formation of Feminist Consciousness among Left-and Right-wing Activists of the 1960s,” *Gender & Society*, 15(6): 791-

213-31.

上丸洋一，2011，『「諸君！」「正論」の研究――保守言論はどう変容してきたか』岩波書店．

城下賢一，2012，「占領期の日本遺族厚生連盟の活動とその政治的影響力」『立命館大学人文科学研究所紀要』97：91-114．

蒲島郁夫・竹内佳彦，1996，『現代日本人のイデオロギー』東京大学出版会．

戒能民江，2006，「日本における女性の人権政策課題」『F-GENS ジャーナル』お茶の水女子大学21世紀 COE プログラム ジェンダー研究のフロンティア，5：81-5．

海妻径子，2005，「対抗文化としての〈反『フェミナチ』〉――日本における男性の周縁化とバックラッシュ」木村涼子編『ジェンダー・フリー・トラブル――バッシング現象を検証する』白澤社，35-53．

――，2017，「日本における女性保守政治家の軍事強硬主義とジェンダーの変容」『ジェンダー法研究』4：91-110．

――，2018，「フェミニズムの姉妹，保守とリベラルのキマイラ――軍事強硬主義的女性保守政治家の支持獲得構造とイメージ機能」『現代思想』46(2)：135-49．

金井淑子，1990，「ウーマンリブ登場から80年代論争まで」別冊宝島編集部編『わかりたいあなたのためのフェミニズム・入門』52-61．

――，2008，『異なっていられる社会を――女性学／ジェンダー研究の視座』明石書店．

神原元，2014，『ヘイト・スピーチに抗する人びと』新日本出版社．

加納実紀代，2012，「当事者性と一代主義」『女性学』20：16-24．

片桐新自，1995，『社会運動の中範囲理論――資源動員論からの展開』東京大学出版会．

鹿嶋敬，2018，「男女共同参画の新たなステージ――性別役割分担意識の解消を地方自治体から考える」独立行政法人国立女性教育会館編『NWEC 実践研究』8：6-23．

河添恵子・葛城奈海・赤尾由美・兼次映利加，2014，『国防女子が行く――なでしこが国を思うて何が悪い』ビジネス社．

河添恵子・杉田水脈，2016，『「歴史戦」はオンナの闘い』PHP 研究所．

木村元彦・園子温・安田浩一，2013，「鼎談 民族はフィクションだ」木村元彦・園子温・安田浩一，『ナショナリズムの誘惑』ころから，

Tradition, Cambridge: the Press Syndicate of the University of Cambridge.（＝1992, 前川啓治・梶原景昭他訳『創られた伝統』紀伊國屋書店.）
堀内かおる編, 2006,『家庭科再発見――気づきから学びがはじまる』開隆堂.
堀幸雄, 2000,『増補 戦後の右翼勢力』勁草書房.
細谷実, 2005,「男女平等化に対する近年の反動はなぜ起きるのか？」『世界』738：96-105.
伊田広行, 2006,「バックラッシュの背景をさぐる」日本女性学会ジェンダー研究会編『Q&A 男女共同参画／ジェンダーフリー・バッシング――バックラッシュへの徹底反論』明石書店, 176-186.
イダヒロユキ, 2005,「家族のあり方とジェンダー・フリー・バッシング――問題の解決を探る議論を」木村涼子編『ジェンダー・フリー・トラブル――バッシング現象を検証する』白澤社, 117-43.
井口和起, 1981,「靖国神社の「論理」」山口啓二・松尾章一編『戦後史と反動イデオロギー』新日本出版社, 118-41.
飯山雅史, 2008,『アメリカの宗教右派』中央公論新社.
――, 2013,『アメリカ福音派の変容と政治――1960年代からの政党再編成』名古屋大学出版会.
今井勇, 2002,「戦没者遺族運動の形成と戦後国家への再統合――戦争犠牲者遺族同盟分裂をめぐって」『年報日本史叢』2002：83-108.
――, 2003,「戦後国家との関係確立を求めた戦没者遺族運動――の展開と「愛国心」問題」『年報 日本史叢』2003：115-34.
――, 2017,『戦後日本の反戦・平和と「戦没者」――遺族運動の展開と三好十郎の警鐘』御茶の水書房.
猪野健治, 2005,『日本の右翼』筑摩書房.
猪野健治編, 2006,『右翼・行動の論理』筑摩書房.
伊藤公雄, 2002,「男女共同参画社会の見取り図――バックラッシュ（逆流）を越えて」『都市問題研究』54(3)：17-29.
――, 2003a,『「男女共同参画」が問いかけるもの――現代日本社会とジェンダー・ポリティクス』インパクト出版会.
――, 2003b,「バックラッシュの構図」『女性学』11：8-19.
Josephson JYL. J and Burack, Cynthia, 1998, "The Political Ideology of the Neo-traditional Family," *Journal of Political Ideologies*, 3(2):

Women's Development, Cambridge: Harvard University Press.（＝1986，岩男寿美子監訳『もうひとつの声——男女の道徳観のちがいと女性のアイデンティティ』川島書店.）
Guido, Diane J, 2010, *The German League for the Prevention of Women's Emancipation: Antifeminism in Germany, 1910–1920*, New York: Peter Lang Publishing, Inc.
Haidt, Jonathan, 2012, *The Righteous Mind: Why Good People are Divided by Politics and Religion*, New York: Pantheon Books.（＝2014，高橋洋訳『社会はなぜ左と右にわかれるのか——対立を超えるための道徳心理学』紀伊國屋書店.）
Hardisty, Jean, 1999, *Mobilizing Resentment: Conservative Resurgence from the John Birtch Society to the Promiss Keepers*, Massachusetts: Beacon Press.
長谷川公一，1991,「社会紛争 なぜ原子力をめぐる合意形成は困難か」吉田民人編『社会学の理論でとこう現代のしくみ』新曜社，243–59.
橋川文三，1968,「日本保守主義の体験と思想」橋川文三編『戦後日本思想大系 7　保守の思想』筑摩書房，3–43.
波田永実，2002,「小泉首相靖国参拝の政治過程——「国家と慰霊」に関する序論」『季刊 戦争責任研究』36：10–18.
波多野澄雄，2011,『国家と歴史——戦後日本の歴史問題』中央公論新社.
樋口直人，2012,「在特会の論理（6）——ワールドカップがきっかけとなったＦ氏の場合」『徳島大学社会科学研究』25：97–104.
——，2014,『日本型排外主義——在特会・外国人参政権・東アジア地政学』名古屋大学出版会.
平野久美子，2009,「台湾が愛した日本人——今甦る「鳥居信平」伝説」『正論』443：268–77.
平山亮，2017,『介護する息子たち——男性性の死角とケアのジェンダー分析』勁草書房.
Hirschman, O. Albert, 1991, *The Rhetoric of Reaction, Perversity, Futility, Jeopardy*, The Belknap Press of Harvard University Press.（＝1997，岩崎稔訳『反動のレトリック——逆転，無益，危険性』法政大学出版局.）
Hobsbawm, Eric & Ranger, Terence eds., 1983, *The Invention of*

Idioculture of Little League Baseball Teams," *American Sociological Review*, 44(5): 733–45.
——, 1987, *With the Boys: Little League Baseball and Preadolescent Culture*, The University of Chicago Press.（＝2009，住田正樹監訳『リトルリーグの社会学——前青年期のサブカルチャー』九州大学出版会.）
Fine, Gary Alan and Soucey, Michaela, 2005, "Joking Cultures: Humor Themes as Social Regulation in Group Life," *Humore*, 18(1): 1–22.
Fineman, A. Martha, 1995, *The Neutered Mother, the Sexual Family and Other Twentieth Century Tragedies*, Routledge.（＝2003，上野千鶴子・穐田信子・速水葉子訳『家族，積みすぎた方舟——ポスト平等主義のフェミニズム法理論』学陽書房.）
藤目ゆき，2015，『「慰安婦」問題の本質——公娼制度と日本人「慰安婦」の不可視化』白澤社.
藤本一美・末次俊之，2011，『ティーパーティー運動——現代米国政治分析』東信堂.
藤岡信勝，1996，『近現代史教育の改革』明治図書.
藤岡信勝ほか，2005，『市販本 新しい歴史教科書 改訂版』扶桑社.
藤沢秀夫，1977，「日本宗教放送協会が実施した世論調査「靖国神社問題と世論の動向」」『長崎大学教養部紀要』17：51–8.
藤生明，2017，『ドキュメント 日本会議』筑摩書房.
——，2018，『徹底検証 神社本庁——その起源から内紛，保守運動まで』筑摩書房.
船橋邦子，2003，「条例をめぐる「攻防」から見えてきたもの——今後を展望するために」『女性学』11：37–49.
——，2007，「ジェンダー平等政策とバックラッシュの背景」『東西南北』和光大学総合文化研究所，2007：18–29.
具裕珍，2009，「「新しい歴史教科書をつくる会」の Exit, Voice, loyalty——東アジア国際関係への含意を中心に」『相関社会科学』19：18–38.
Gellner, Ernest, 1983, *Nations and Nationalism*, Oxford: Blackwell Publishers.（＝2000，加藤節監訳『民族とナショナリズム』岩波書店.）
Gilligan, Carol, 1982, *In a Different Voice: Psychological Theory &*

Bleich, Erik, 2011, *The Freedom to Be Racist?: How the United States and Europe Struggle to Preserve Freedom and Combat Racism*, Oxford: Oxford University Press.（＝2014, 明戸隆浩・池田和弘・河村賢・小宮友根・鶴見太郎・山本武秀訳『ヘイトスピーチ――表現の自由はどこまで認められるか』明石書店.）
Brugère, Fabienne, 2013, *L'éthique du care*, Paris: Presses Universitaires de France.（＝2014, 原山哲・山下えり子訳『ケアの倫理――ネオリベラリズムへの反撃』白水社.）
Burack, Cynthia and Josephson, J. JYL., 2003, *Fundaental Differences: Feminists Talk Back to Social Conservatives*, Maryland: Rowman & Littlefield Publishers, Inc.
Burke, Edmund, 1790, *Reflections on the Revolution in France and on the Proceeding in Certain Societies in London Relative to That Event in a Letter Intended to Have Been Sent to a Gentleman in Paris*.（＝1978, 半澤孝麿訳『フランス革命の省察』みすず書房.）
Clement, Grace, 1996, *Care, Autonomy, and Justice: Feminism and the Ethic of Care*, Westview Press.
Cohen, David S. and Krysten Connon, 2016, *Living in the Crosshairs: The untold Stories of Anti-abortion Terrorism*, New York: Oxford University Press.
Crawford, Mary, 2003, "Gender and Humor in Social Context," *Journal of Pragmatics*, 35: 1413-30.
Cudd, E. Ann, 2002, "Analyzing Backlash to Progressive Social Movements," Superson M. Anita and Cudd, E. Ann eds., *Theorizing Backlash: Philosophical Reflections on the Resistance to Feminism*, Maryland, Rowman & Littlefield Publishers, INC., 3-16.
Dworkin, Andrea, 1983, *Right-wing Women*, New York: Perigee Books.
江原由美子, 1985,『女性解放という思想』勁草書房.
――, 2007,「「ジェンダー・フリー」のゆくえ」友枝敏雄・山田真茂留編『Do! ソシオロジー』有斐閣, 171-96.
Faludi, Susan, 1991, *Backlash: The Undeclared War against American Women*, New York: Anchor Books.（＝1994, 伊藤由紀子・加藤真樹子訳『バックラッシュ――逆襲される女たち』新潮社.）
Fine, Gary Alan, 1979, "Small Groups and Culture Creation: The

参考文献

間場寿一，2000，「総論 日本政治へのプレリュード」間場寿一編『講座社会学 9　政治』東京大学出版会，1-42.

赤松克麿，1952，『日本社会運動史』岩波書店.

青木理，2016，『日本会議の正体』平凡社.

青木慧，1986，「黒い勢力の「教科書」戦略――「日本を守る国民会議」の正体」『文化評論』305：46-57.

荒井容子，2014，「「市民活動資料」センターと市民運動を支える社会教育」『大原社会問題研究所雑誌』666：53-66.

荒木菜穂・西倉実季・福嶋由里子・堀江有里，2012，「特集にあたって」『女性学』20：4-13.

有賀美和子，2011，『フェミニズム正義論――ケアの絆をつむぐために』勁草書房.

有賀夏紀，1988，『アメリカ・フェミニズムの社会史』勁草書房.

浅井春夫・北村邦夫・橋本紀子・村瀬幸治，2003，『ジェンダーフリー・性教育バッシング――ここが知りたい50の Q&A』大月書店.

Bacchetta, Paola and Power, Margaret eds., 2002, *Right-Wing Women: From Consevatives to Extremists Around the World*. New York: Routledge.

Blee, M. Kathleen, 1991, *Women of the Klan: Racism and Gender in the 1920s*, Berkeley: University of California Press.

——, 1996, “Becoming a Racist: Women in Contemporary Ku Klux Klan and Neo-Nazi Groups” *Gender & Society*, 10(6): 680-702.

——, 2002, *Inside Organized Racism: Women in the Hate Movement*, Berkeley: University of California Press.

——, 2018, *Understanding Racist Activism: Theory, Methods, and Research*, Oxford: Routledge.

Blee. M. Kathleen and Creasap A. Kimberly, 2010, “Conservative and Right-Wing Movements” *The Annual Review of Sociology* 36: 269-86.

著者略歴

鈴木彩加（すずき　あやか）

1985年生まれ。大阪大学大学院人間科学研究科博士後期課程修了。博士（人間科学）。現在、大阪大学大学院人間科学研究科招へい研究員。主な論文に、“Uncustomary Sisterhood: Feminist Research in Japanese Conservative Movements”（Toscano, Emanuele, ed., *Researching Far-Right Movements: Ethics, Methodologies, and Qualitative Inquiries*, Routledge, 2019）、「国を感じる」（入戸野宏編『シリーズ人間科学３　感じる』大阪大学出版会，2019）ほか。

JIMBUN SHOIN　Printed in Japan
ISBN978-4-409-24128-8 C3036

女性たちの保守運動
――右傾化する日本社会のジェンダー

二〇一九年　一二月三〇日　初版第一刷発行
二〇二〇年　一二月三〇日　初版第三刷発行

著　者　鈴木彩加
発行者　渡辺博史
発行所　人文書院
〒六一二-八四四七
京都市伏見区竹田西内畑町九
電話　〇七五(六〇三)一三四四
振替　〇一〇〇〇-八-一一〇三

印刷　創栄図書印刷株式会社
装丁　上野かおる

中沢けい著

アンチヘイト・ダイアローグ

一八〇〇円

メディアで、路上で、ＳＮＳで、隣国や在日などへの憎悪が煽られ続けている。他方で政権与党は、ヘイトスピーチの広がりと歩調を合わせるかのように、復古的な改憲運動を推し進めている。これを冷笑している時間はない。旗幟を鮮明にしたリアリストたちと縦横無尽に語る、ヘイトスピーチ、安保法制、そして民主主義の現在。対談者：中島京子、平野啓一郎、星野智幸、中野晃一、明戸隆浩、向山英彦、上瀧浩子、泥憲和。